書名：滴天髓闡微——附李雨田命理初學捷徑
系列：心一堂術數珍本古籍叢刊　星命類
增補、校訂：〔民國〕李雨田

主編、責任編輯：陳劍聰
心一堂術數珍本古籍叢刊編校小組：陳劍聰　素聞　梁松盛　鄒偉才　虛白盧主

出版：心一堂有限公司
地址／門市：香港九龍尖沙咀東麼地道六十三號好時中心LG 六十一室
電話號碼：+852-6715-0840
網址：www.sunyata.cc
電郵：sunyatabook@gmail.com
網上書店：http://book.sunyata.cc
網上論壇：http://bbs.sunyata.cc/

版次：二零一三年九月初版
平裝

定價：港幣　一百八十元正
人民幣　一百八十元正
新台幣　五百八十元正

國際書號：ISBN 978-988-8266-05-0

香港及海外發行：香港聯合書刊物流有限公司
地址：香港新界大埔汀麗路三十六號中華商務印刷大廈三樓
電話號碼：+852-2150-2100
傳真號碼：+852-2407-3062
電郵：info@suplogistics.com.hk

台灣發行：秀威資訊科技股份有限公司
地址：台灣台北市內湖區瑞光路七十六巷六十五號一樓
電話號碼：+886-2-2796-3638
傳真號碼：+886-2-2796-1377
網路書店：www.govbooks.com.tw
www.bodbooks.com.tw
經銷：易可數位行銷股份有限公司
地址：台灣新北市新店區寶橋路二三五巷六弄三號五樓
電話號碼：+886-2-8911-0825
傳真號碼：+886-2-8911-0801
email：book-info@ecorebooks.com
易可部落格：http://ecorebooks.pixnet.net/blog

中國大陸發行・零售：心一堂書店
深圳地址：中國深圳羅湖立新路六號東門博雅負一層零零八號
電話號碼：+86-755-8222-4934
北京地址：中國北京東城區雍和宮大街四十號
心一店淘寶網：http://sunyatacc.taobao.com

心一堂術數古籍珍本叢刊 總序

術數定義

術數，大概可謂以「推算、推演人(個人、群體、國家等)、事、物、自然現象、時間、空間方位等規律及氣數，並或通過種種『方術』，從而達致趨吉避凶或某種特定目的」之知識體系和方法。

術數類別

我國術數的內容類別，歷代不盡相同，例如《漢書・藝文志》中載，漢代術數有六類：天文、曆譜、無行、蓍龜、雜占、形法。至清代《四庫全書》，術數類則有：數學、占候、相宅相墓、占卜、命書、相書、陰陽五行、雜技術等，其他如《後漢書・方術部》、《藝文類聚・方術部》、《太平御覽・方術部》等，對於術數的分類，皆有差異。古代多把天文、曆譜、及部份數學均歸入術數類，而民間流行亦視傳統醫學作為術數的一環；此外，有些術數與宗教中的方術亦往往難以分開。現代學界則常將各種術數歸納為五大類別：命、卜、相、醫、山，通稱「五術」。

本叢刊在《四庫全書》的分類基礎上，將術數分為九大類別：占筮、星命、相術、堪輿、選擇、三式、讖緯、理數(陰陽五行)、雜術。而未收天文、曆譜、算術、宗教方術、醫學。

術數思想與發展—從術到學，乃至合道

我國術數是由上古的占星、卜蓍、形法等術發展下來的。其中卜蓍之術，是歷經夏商周三代而通過「龜卜、蓍筮」得出卜(卦)辭的一種預測(吉凶成敗)術，之後歸納並結集成書，此即現傳之《易經》。經過春秋戰國至秦漢之際，受到當時諸子百家的影響、儒家的推崇，遂有《易傳》等的出現，原本是卜蓍術書的《易經》，被提升及解讀成有包涵「天地之道(理)」之學。因此，《易・繫辭傳》曰：「易與天地準，故能彌綸天地之道。」

漢代以後，易學中的陰陽學說，與五行、九宮、干支、氣運、災變、律曆、卦氣、讖緯、天人感應說等相結合，形成易學中象數系統。而其他原與《易經》本來沒有關係的術數，如占星、形法、選擇，亦漸漸以易理（象數學說）為依歸。《四庫全書‧易類小序》云：「術數之興，多在秦漢以後。要其旨，不出乎陰陽五行，生尅制化。實皆《易》之支派，傅以雜說耳。」至此，術數可謂已由「術」發展成「學」。

及至宋代，術數理論與理學中的河圖洛書、太極圖、邵雍先天之學及皇極經世等學說給合，通過術數以演繹理學中「天地中有一太極，萬物中各有一太極」（《朱子語類》）的思想。術數理論不單已發展至十分成熟，而且也從其學理中衍生一些新的方法或理論，如《梅花易數》、《河洛理數》等。

在傳統上，術數功能往往不止於僅僅作為趨吉避凶的方術，及「能彌綸天地之道」的學問，亦有其「修心養性」的功能，「與道合一」（修道）的內涵。《素問‧上古天真論》：「上古之人，其知道者，法於陰陽，和於術數。」數之意義，不單是外在的算數、歷數、氣數，而是與理學中同等的「道」、「理」—心性的功能，北宋理氣家邵雍對此多有發揮：「聖人之心，是亦數也」、「萬化萬事生乎心」、「心為太極」。《觀物外篇》：「先天之學，心法也。……蓋天地萬物之理，盡在其中矣，心一而不分，則能應萬物。」反過來說，宋代的術數理論，受到當時理學、佛道及宋易影響，認為心性本質上是等同天地之太極。天地萬物氣數規律，能通過內觀自心而有所感知，即是內心也已具備有術數的推演及預測、感知能力；相傳是邵雍所創之《梅花易數》，便是在這樣的背景下誕生。

《易‧文言傳》已有「積善之家，必有餘慶；積不善之家，必有餘殃」之說，至漢代流行的災變說及讖緯說，我國數千年來都認為天災，異常天象（自然現象），皆與一國或一地的施政者失德有關；下至家族、個人之盛衰，也都與一族一人之德行修養有關。因此，我國術數中除了吉凶盛衰理數之外，人心的德行修養，也是趨吉避凶的一個關鍵因素。

術數與宗教、修道

在這種思想之下，我國術數不單只是附屬於巫術或宗教行為的方術，又往往已是一種宗教的修煉手段—通過術數，以知陰陽，乃至合陰陽（道）。「其知道者，法於陰陽，和於術數。」例如，「奇門遁甲」術中，即分為「術奇門」與「法奇門」兩大類。「法奇門」中有大量道教中符籙、手印、存想、內煉的內容，是道教內丹外法的一種重要外法修煉體系。甚至在雷法一系的修煉上，亦大量應用了術數內容。此外，相術、堪輿術中也有修煉望氣色的方法；堪輿家除了選擇陰陽宅之吉凶外，也有道教中選擇適合修道環境（法、財、侶、地中的地）的方法，以至通過堪輿術觀察天地山川陰陽之氣，亦成為領悟陰陽金丹大道的一途。

易學體系以外的術數與的少數民族的術數

我國術數中，也有不用或不全用易理作為其理論依據的，如楊雄的《太玄》、司馬光的《潛虛》。也有一些占卜法、雜術不屬於《易經》系統，不過對後世影響較少而已。

外來宗教及少數民族中也有不少雖受漢文化影響（如陰陽、五行、二十八宿等學說）但仍自成系統的術數，如古代的西夏、突厥、吐魯番等占卜及星占術，藏族中有多種藏傳佛教占卜術、苯教占卜術、擇吉術、推命術、相術等；北方少數民族有薩滿教占卜術；不少少數民族如水族、白族、布朗族、佤族、彝族、苗族等，皆有占雞（卦）草卜、雞蛋卜等術，納西族的占星術、占卜術，彝族畢摩的推命術、占卜術…等等，都是屬於《易經》體系以外的術數。相對上，外國傳入的術數以及其理論，對我國術數影響更大。

曆法、推步術與外來術數的影響

我國的術數與曆法的關係非常緊密。早期的術數中，很多是利用星宿或星宿組合的位置（如某星在某州或某宮某度）付予某種吉凶意義，并據之以推演，例如歲星（木星）、月將（某月太陽所躔之宮次）等。不過，由於不同的古代曆法推步的誤差及歲差的問題，若干年後，其術數所用之星辰的位置，已與真實星辰的位置不一樣了；此如歲星（木星），早期的曆法及術數以十二年為一周期（以應地支），與木星真實周期十一點八六年，每幾十年便錯一宮。後來術家又設一「太歲」的假想星體來解決，是歲星運行的相反，週期亦剛好是十二年。而術數中的神煞，很多即是根據太歲的位置而定。又如六壬術中的「月將」，原是立春節氣後太陽躔娵訾之次而稱作「登明亥將」，至宋代，因歲差的關係，要到雨水節氣後太陽才躔娵訾之次，當時沈括提出了修正，但明清時六壬術中「月將」仍然沿用宋代沈括修正的起法沒有再修正。

由於以真實星象周期的推步術是非常繁複，而且古代星象推步術本身亦有不少誤差，大多數術數除依曆書保留了太陽（節氣）、太陰（月相）的簡單宮次計算外，漸漸形成根據干支、日月等的各自起例，以起出其他具有不同含義的眾多假想星象及神煞系統。唐宋以後，我國絕大部份術數都主要沿用這一系統，也出現了不少完全脫離真實星象的術數，如《子平術》、《紫微斗數》、《鐵版神數》等。後來就連一些利用真實星辰位置的術數，如《七政四餘術》及選擇法中的《天星選擇》，也已與假想星象及神煞混合而使用了。

隨着古代外國曆（推步）、術數的傳入，如唐代傳入的印度曆法及術數，元代傳入的回回曆等，其中我國占星術便吸收了印度占星術中羅睺星、計都星等而形成四餘星，又通過阿拉伯占星術而吸收了其中來自希臘、巴比倫占星術的黃道十二宮、四元素學說（地、水、火、風），並與我國傳統的二十八宿、五行說、神煞系統並存而形成《七政四餘術》。此外，一些術數中的北斗星名，不用我國傳統的星名：天樞、天璇、天璣、天權、玉衡、開陽、搖光，而是使用來自印度梵文所譯的：貪狼、巨門、祿存、文曲，廉貞、武曲、破軍等，此明顯是受到唐代從印度傳入的曆法及占星術所影響。如星命術的《紫微斗數》及堪輿術的《撼龍經》等文獻中，其星皆用印度譯名。及至清初《時憲曆》，置潤之法則改用西法「定氣」。清代以後的術數，又作過不少的調整。

術數在古代社會及外國的影響

術數在古代社會中一直扮演着一個非常重要的角色，影響層面不單只是某一階層、某一職業、某一年齡的人，而是上自帝王，下至普通百姓，從出生到死亡，不論是生活上的小事如洗髮、出行等，大事如建房、入伙、出兵等，從個人、家族以至國家，從天文、氣象、地理到人事、軍事，從民俗、學術到宗教，都離不開術數的應用。如古代政府的中欽天監（司天監），除了負責天文、曆法、輿地之外，亦精通其他如星占、選擇、堪輿等術數，除在皇室人員及朝廷中應用外，也定期頒行日書、修定術數，使民間對於天文、日曆用事吉凶及使用其他術數時，有所依從。

在古代，我國的漢族術數，甚至影響遍及西夏、突厥、吐蕃、阿拉伯、印度、東南亞諸國、朝鮮、日本、越南等地，其中朝鮮、日本、越南等國，一至到了民國時期，仍然沿用着我國的多種術數。

術數研究

術數在我國古代社會雖然影響深遠，「是傳統中國理念中的一門科學，從傳統的陰陽、五行、九宮、八卦、河圖、洛書等觀念作大自然的研究。……傳統中國的天文學、數學、煉丹術等，要到上世紀中葉始受世界學者肯定。可是，術數還未受到應得的注意。術數在傳統中國科技史、思想史，文化史、社會史，甚至軍事史都有一定的影響。……更進一步了解術數，我們將更能了解中國歷史的全貌。」（何丙郁《術數、天文與醫學 中國科技史的新視野》，香港城市大學中國文化中心。）

可是術數至今一直不受正統學界所重視，加上術家藏秘自珍，又揚言天機不可洩漏，「（術數）乃吾國科學與哲學融貫而成一種學說，數千年來傳衍嬗變，或隱或現，全賴一二有心人為之繼續維繫，賴以不絕，其中確有學術上研究之價值，非徒癡人說夢，荒誕不經之謂也。其所以至今不能在科學中成立一種地位者，實有數困。蓋古代士大夫階級目醫卜星相為九流之學，多恥道之；而發明諸大師又故為惝恍迷離之辭，以待後人探索；間有一二賢者有所發明，亦秘莫如深，既恐洩天地之秘，複恐譏為旁門左道，始終不肯公開研究，成立一有系統說明之書籍，貽之後世。故居今日而欲研究此種學術，實一極困難之事。」（民國徐樂吾《子平真詮評註》，方重審序）

現存的術數古籍，除極少數是唐、宋、元的版本外，絕大多數是明、清兩代的版本。其內容也主要是明、清兩代流行的術數，唐宋以前的術數及其書籍，大部份均已失傳，只能從史料記載、出土文獻、敦煌遺書中稍窺一麟半爪。

術數版本

坊間術數古籍版本，大多是晚清書坊之翻刻本及民國書賈之重排本，其中豕亥魚魯，或而任意增刪，往往文意全非，以至不能卒讀。現今不論是術數愛好者，還是民俗、史學、社會、文化、版本等學術研究者，要想得一常見術數書籍的善本、原版，已經非常困難，更遑論稿本、鈔本、孤本。在文獻不足及缺乏善本的情況下，要想對術數的源流、理法、及其影響，作全面深入的研究，幾不可能。

有見及此，本叢刊編校小組經多年努力及多方協助，在中國、韓國、日本等地區搜羅了一九四九年以前漢文為主的術數類善本、珍本、鈔本、孤本、稿本、批校本等千餘種，精選出其中最佳版本，以最新數碼技術清理、修復版面，更正明顯的錯訛，部份善本更以原色精印，務求更勝原本，以饗讀者。不過，限於編校小組的水平，版本選擇及考證、文字修正、提要內容等方面，恐有疏漏及舛誤之處，懇請方家不吝指正。

心一堂術數古籍珍本叢刊編校小組

二零零九年七月

滴天髓闡微

蕉巢老人書

袁序

壬申孟冬、句章衡園主人、偕其哲嗣篁齋、及老友陳君莘莊、林君茹香、因事來鎮。乃蒙謬採虛聲。引為知命。召余讌飲於李氏挹江樓上。一見傾心。知為豪傑之士。余贈詩有句云、相逢邂逅渾如舊。閑話陰陽共樂天。篁齋工詩能文。其酬詩有云、媿我十年初學易。心欣康節樂追陪。虛懷若谷。令人心折。翌日、孫君偶以精鈔本、任鐵樵先生增註之滴天髓闡微見示。余披閱至再。知其以古本滴天髓正文為綱。古註為目。古註外、復增新註。闡發要旨。並於逐條、排列命造。以資佐證。學宗陳沈。筆有鑪錘。理必求精。語無泛設。誠命學中罕見之孤本也。及觀覲復居士原跋。乃知此書為海甯陳氏藏本。並謂安得有心人、壽諸梨棗。以廣流傳。余遂起謂主人曰。嘗聞張文襄公云、立名不朽。莫如刊布古書。其書終古不廢。則刻書之人、終古不泯。且刻書者、傳先哲之精蘊。啟後學之顓蒙。亦利濟之先務。積善之雅談。君其留意及之。語未竟。主人躍然曰。此書、論命有道。寫作俱佳。余早有影印出版、公諸同好之心。簋齋又曰。家大人謀印此書、籌之熟矣。陳君林君復謂余曰。吾等力任校讎。乞先生以言弁其首、可乎。余頷之。今歲初夏、簋齋果以是書影印本四卷、郵寄至鎮。並函索序言。以踐前約。余迴環盥誦。至卷二第四十五葉、載有鐵樵先生命造、為癸巳、戊午、丙午、壬辰。始知先生乃乾隆廿八年四月十八日辰時生。觀其敘述本命有曰。上不能繼父志、以成名。下不能守田園、而務本。始知先生之先德、必為名宦。先生之家產、必為中人。又曰、至卯運、壬水絕地。陽刃逢生。變生骨肉。家產蕩然。又曰、先嚴逝後。潛心命學。計為餬口。始知先生學命之年、已逾三旬矣。又曰、予賦性古拙。無諂態。多傲骨。交游往來落落寡合。所凜凜者、吾祖若父、忠厚之訓。不敢失墜。吾於是知先生之人格、必為亮節高風。安貧樂道也。再證以卷三第十二葉、某君癸巳命、有曰。余造年月日皆同。換一壬辰時。弱殺不能相制。亦有六弟。得力者早亡。其餘、皆不肖。以致受累破家。吾於是知先生之友于兄弟。困苦不辭也。再證以卷二第七十四葉、某鹹生壬子命、有云。丁已運、連遭回祿。查該生之命。五十六歲、始行丁運。適在道光二十七年、歲次丁未。可以知先生壽已七十有五、猶垂簾賣卜。勤勤懇懇。爲人推命也。觀復居士原跋、謂陳君言、任先生、何時人。吾生也晚、不及知。此殆未觀全書、而不諳命學之故。至任先生里居、原書未載。不敢臆斷。然觀其書中增註。大都採自命理約言、子平真詮。約言、爲海甯陳相國素菴著。真詮、爲山陰沈進士孝瞻著。二公、皆浙人也。其書世無刊本。閒有私家傳鈔。亦必浙人爲多。且陳相國、謝世於康熙五年。沈進士、通籍於乾隆四年。以先生乾隆三十八年誕生計之。其相距、遠亦不過甫逾百年。近僅數十年耳。由是觀之。先生殆亦爲浙人乎。約言、真詮學說。余素所服膺。曩著命理探原、採錄不少。然以鐵樵先生之闡微較之。又有泰山培塿之判矣。蓋先生研精覃思。匪伊朝夕。故能綜貫本末。發爲文章。其論五行、生尅衰旺顛倒之理。固極玄妙。而尤以旺者宜尅旺極宜洩弱者宜生。弱極宜尅二條。最爲精湛。至云、人有厚薄。山川不同。命有貴賤。世德懸殊。此又以天命而合地利、人事言也。故其爲人論命。嘗曰、某造純粹中和。太平宰相。某造仕路清高才華卓越。某造經營獲利。勤儉成功。某造背井離鄉。潤身富屋。某造貪婪無厭。性情乖張。某造揮金如土。破家亡身。某造不事生產。必有後災。某造出身貧寒。為人賢淑。某造青年守節。教子成名。某造愛富嫌貧。背夫棄子。某造若不急流勇退。能無意外風波。某造蒲柳望秋而彫。松柏經霜彌茂。衰褒斧貶。莫不各具苦心。大義微言。要皆有關世道。古之君子、所謂既沒而言立者。其在斯人乎。讀者若徒以命學觀之。舉一遺二。見寸昧尺。其亦有負衛園喬梓影印流傳之盛意也已。

民國二十二年歲次癸酉夏五月庚寅朔越二十有一日庚戌鎮江袁樹珊撰

孫序

命理之學。由來久矣。古之言命者、簡而賅。故庖犧曰正命。仲尼曰天命。老聃曰復命。類皆以得之於天。賦之於人者。正其性。循其理。以安其命而已。後世不安於天理之自然。旁趨曲解。以取悅當世。蓋騖於理之外、而流於術。牽引附會。學者遂愈趨、而愈歧。雖然、以理定命者。所謂以簡御繁。固為順天之正。而以術合理者。果能以繁就簡。亦足探命之原。特精斯道者之不數覯耳。滴天髓一書。相傳為京圖撰。劉誠意註。取通神、六親、為兩大綱。自天道、至貞元。凡分六十二章。析理竟原。悉臻微妙。第其辭旨古奧。學者病之。余夙好星命之學。暇輒披覽。亦患少心得。去歲、有持示是編者。讀任鐵樵先生增註。喜其分篇詮釋。援格舉證。於天地陰陽之分化。三元五行之推旋。反覆引申。辭明理達。使曩所捍格者。罔不觸類旁通。翕歸於理。其為作者功臣。而足以津梁後學、信矣。逮觀觀復居士書後。始知書藏海甯陳氏。為觀復假於陳、而手錄之者。原刻、已燬於火。則斯篇、已為海內孤本。彌可寶貴。向使陳氏祕藏、不以示人。雖示人、而無若觀復之樂為手錄者、是書、安得復見於世耶。今既幸見之。苟無以善其後。終至若陳氏原本之歸於湮沒。且繹觀復書後語意。非廣為流傳。壽諸梨棗。不大負增註者、啟發古書之精蘊。手錄者、嘉惠後學之苦心乎。爰付影印、公諸同好。署曰闡微、異於衆也。惜觀復居士、不詳其時代姓氏。僅於文字間。譯其言、而察其行。殆亦古之安命達理。好術數、而邃於學。所謂隱君子之流亞歟。方斯人欲橫流之世，使讀者鑒其盈虛消長之理。示天心之默運。範世道於隱微。俾頑者儆。靡者奮。豈不足為覺世牖民之一助哉。天下事。莫非緣法。茲編、祕藏於陳氏有年矣。既得鐵樵之增註。觀復之手錄。復及余為之刊行。數子者。生不並代。而志同道合。此中之展轉引致。雖曰人事。夫豈偶然哉。

中華民國二十二年歲次癸酉五月衡園主人識

序

滴天髓一書。學命學者、莫不奉為瓌寶。劉青田之註、固多發揮。然猶略而不詳。清道光朝、任氏鐵樵、闡微增註。始大發厥詞。不特抉原書之精蘊。抑且補前賢之不逮。至各條之下、繫以命造。評論簡明。藉資印證。尤足為後學之津梁也。惜原書僅有鈔本。未受剞劂。民國壬申冬、四明孫衡甫先生、因公過鎮。與袁師樹珊、商量舊學。出示此編。袁師擊節贊美。為之校勘譌脫、凡二百零一條。衡甫先生、懼其湮沒。斥資影印。僅贈知交。未登賈肆。是故流傳不廣。覓讀為難。同好每引以為憾。庚辰秋、海上大東書局、創議製版。復匄袁師、及張恆夫、洪懋森、任可盦諸先生、詳加校讎。旋因軍興。版未成、而中輟。予聞之、喟然。書之傳不傳、其有幸有不幸也歟。丙戌冬、曹子礪兄、自內地來滬。賴其贊助。並承大東當局慨讓。歸予續版印行。校訂之責。自無傍貸。耗時兩月。始克蕆事。不憚辭費。復增補初學捷徑四十二則。藉為有志於此者、入門之一助。予

誠意伯祕授天官五星元微通旨

滴天髓闡微目錄

初學捷徑

通神論

六親論

誠意伯秘授天官五星元微通旨

滴天髓闡微

李雨田增補

初學捷徑

本書卷首、原有初學捷徑一篇。惟次序淩亂。闕略甚多。雨田不辭譾陋。爰就學命所得。兼採淵海子平、神峯通考、三命通會、子平真詮、命理約言、命學玄通、命理探原等書。節要增補。原書間有似是而非者。稍加釐正。藉便初學。非敢謂為盡當也。

雨田識

本原

天干地支

甲、乙、丙、丁、戊、己、庚、辛、壬、癸、此為十天干。
子、丑、寅、卯、辰、巳、午、未、申、酉、戌、亥、此為十二地支。

干支陰陽

甲、丙、戊、庚、壬為陽。乙、丁、己、辛、癸、為陰。

子、寅、辰、午、申、戌為陽。丑、卯、巳、未、酉、亥、為陰。子、午、為陽中之陰、巳、亥、為陰中之陽、

地支生肖

子、肖鼠。丑、肖牛。寅肖虎。卯、肖兔。辰、肖龍。巳、肖蛇。午、肖馬。未、肖羊。申、肖猴。酉、肖鷄。戌、肖犬。亥、肖猪。

十二月建

正月建寅。二月建卯。三月建辰。四月建巳。五月建午。六月建未。七月建申。八月建酉。九月建戌。十月建亥。十一月建子。十二月建丑。

二十四節氣

正月 節立春 氣雨水　二月 節驚蟄 氣春分　三月 節清明 氣穀雨　四月 節立夏 氣小滿

五月 節芒種 氣夏至　六月 節小暑 氣大暑　七月 節立秋 氣處暑　八月 節白露 氣秋分

月	節	氣
九月	寒露	霜降
十月	立冬	小雪
十一月	大雪	冬至
十二月	小寒	大寒

附歌訣　正月立春雨水節、二月驚蟄及春分、三月清明並穀雨、四月立夏小滿方、五月芒種及夏至、六月小暑大暑當、七月立秋還處暑、八月白露秋分忙、九月寒露及霜降、十月立冬小雪張、冬月大雪與冬至、臘月小寒大寒昌、

干支五行及四時方位

甲、乙、屬木。為東方。丙、丁、屬火。為南方。庚、辛、屬金。為西方。壬、癸、屬水。為北方。戊、己、屬土。為中央。

寅、卯、辰、屬木。司春。為東方。巳、午、未、屬火。司夏。為南方。申、酉、戌、屬金。司秋。為西方。亥、子、丑、屬水。司冬。為北方。　辰、未、戌、丑、四支單位言之、屬土。為四季。為四維。

支藏人元五行

子藏	癸水
丑藏	癸水 辛金 己土
寅藏	甲木 丙火 戊土
卯藏	乙木
辰藏	乙木 戊土 癸水
巳藏	庚金 丙火 戊土
午藏	丁火 己土
未藏	乙木 己土 丁火
申藏	庚金 壬水 戊土
酉藏	辛金
戌藏	辛金 丁火 戊土
亥藏	壬水 甲木

附歌訣．子宮癸水在其中、丑癸辛金己土同、寅宮甲木兼丙戊、卯宮乙木獨相逢、辰藏乙戊三分癸、巳中庚金丙戊叢、午宮丁火並己土、未宮乙己丁共宗、申位庚金壬水戊、酉宮辛字獨豐隆、戌宮辛金及丁戊、亥藏壬甲是真蹤、

六十花甲子

甲子、乙丑、丙寅、丁卯、戊辰、己巳、庚午、辛未、壬申、癸酉、甲戌、乙亥、丙子、丁丑、戊寅、己卯、庚辰、辛巳、壬午、癸未、甲申、乙酉、丙戌、丁亥、戊子、己丑、庚寅、辛卯、壬辰、癸巳、甲午、乙未、丙申、丁酉、戊戌、己亥、庚子、辛丑、壬寅、癸卯、甲辰、乙巳、丙午、丁未、戊申、己酉、庚戌、辛亥、壬子、癸丑、甲寅、乙卯、丙辰、丁巳、戊午、己未、庚申、辛酉、壬戌、癸亥。

附納音五行歌訣　甲子、乙丑海中金。丙寅、丁卯爐中火。戊辰、己巳大林木。庚午、辛未路傍土。壬申、癸酉劍鋒金。甲戌、乙亥山頭火。丙子、丁丑澗下水。戊寅、己卯城頭土。庚辰、辛巳白蠟金。壬午、癸未楊柳木。甲申、乙酉泉中水。丙戌、丁亥屋上土。戊子、己丑霹靂火。庚寅、辛卯松柏木。壬辰、癸巳長流水。甲午、乙未沙中金。丙申、丁酉山下火。戊戌、己亥平地木。庚子、辛丑壁上土。壬寅、癸卯金箔金。甲辰、乙巳覆燈火。丙

午、丁未天河水。戊申、己酉大驛土。庚戌、辛亥釵釧金。壬子、癸丑桑柘木。甲寅、乙卯大溪水。丙辰、丁巳沙中土。戊午、己未天上火。庚申、辛酉石榴木。壬戌、癸亥大海水。

五合五行

甲、與己合、化土。乙、與庚合、化金。丙、與辛合、化水。丁、與壬合、化木。戊、與癸合、化火。

六合五行

子、與丑合、屬土。寅、與亥合、屬木。卯、與戌合、屬火。辰、與酉合、屬金。巳、與申合、屬水。午、與未合、午太陽、未太陰也。

三合五行

申、子、辰、合水局。亥、卯、未、合木局。寅、午、戌、合火局。巳、酉、丑、合金局。

六衝

子、午、相衝。丑、未、相衝。寅、申、相衝。卯、酉、相衝。辰、戌、相衝。巳、亥、相衝。

六害 一名六穿

子、未、相害。丑、午、相害。寅、巳、相害。卯、辰、相害。申、亥、相害。酉、戌、相害。

三刑

子刑卯、卯刑子、為無禮之刑。　寅刑巳、巳刑申、申刑寅、為恃勢之刑。　丑刑戌、戌刑未、未刑丑、為無恩之刑。　辰、午、酉、亥、為自刑之刑。

五行相生

木生火。火生土。土生金。金生水。水生木。

五行相尅

木尅土。土尅水。水尅火。火尅金。金尅木。

天干生旺死絕

長生、沐浴、冠帶、臨官、帝旺、衰、病、死、墓、絕、胎、養、此十干寄臨之十二名詞也。

甲木、長生在亥。乙木、長生在午。丙火、戊土、長生俱在寅。丁火、己土、長生俱在酉。庚金、長生在巳。辛金、長生在子。壬水、長生在申。癸水、長生在卯。陽干順行、陰干逆行、自長生、沐浴、至胎、養、十二支周矣。

附十干生旺死絕檢查表

生絕 ＼ 地支 ＼ 天干	甲	乙	丙	丁	戊	己	庚	辛	壬	癸
長生	亥	午	寅	酉	寅	酉	巳	子	申	卯
沐浴	子	巳	卯	申	卯	申	午	亥	酉	寅
冠帶	丑	辰	辰	未	辰	未	未	戌	戌	丑
臨官	寅	卯	巳	午	巳	午	申	酉	亥	子
帝旺	卯	寅	午	巳	午	巳	酉	申	子	亥
衰	辰	丑	未	辰	未	辰	戌	未	丑	戌
病	巳	子	申	卯	申	卯	亥	午	寅	酉
死	午	亥	酉	寅	酉	寅	子	巳	卯	申
墓	未	戌	戌	丑	戌	丑	丑	辰	辰	未

絕	申	酉	亥	子	亥	子	寅	卯	巳	午
胎	酉	申	子	亥	子	亥	卯	寅	午	巳
養	戌	未	丑	戌	丑	戌	辰	丑	未	辰

雨田按古書論十干長生。皆分陰陽。所謂陽生陰死。陽死陰生是也。但陽長生、則有力。陰長生、不甚有力。陽逢庫、為有根。陰逢庫、則無用。斯稍差別耳。查陳素庵先生命理約言、有謂陰陽同生同死。不可岐而為二。又謂長生、沐浴、命名取義。亦多未通。必須正其名曰生、長、成、盛、旺、衰、病、死、墓、絕、胎、養。又謂土屬中央。貫乎八方。旺於四季。不必與木、火、金、水、四行同例。只以巳、午、為生。辰、戌、丑、未、為旺。寅、卯、為尅。申、酉、為洩。亥、子、為財。何必拘拘數十二位乎。云云。此說、亦有見地。姑併錄之。以備學者參證。

五行用事

甲、乙、寅、卯木。旺於春。丙、丁、巳、午火。旺於夏。庚、辛、申、酉金、旺於秋。壬、癸、亥、子水、旺於冬。

戊、己、辰、戌、丑、未土、旺於四季。

歷例云、立春木、立夏火、立秋金、立冬水、各旺七十二日。土于四立之前、各旺一十八日。合之、亦為七十二日。總三百有六十日、而歲成矣。

四時休旺

春。木旺、火相、水休、金囚、土死。夏。火旺、土相、木休、水囚、金死。秋。金旺、水相、土休、火囚、木死。冬。水旺、木相、金休、土囚、火死。四季。土旺、金相、火休、木囚、水死。

月令分日用事

子月	壬水十日	癸水二十日	
丑月	癸水九日	辛金三日	己土十八日
寅月	戊土七日	丙火七日	甲木十六日
卯月	甲木十日	乙木二十日	
辰月	乙木九日	癸水三日	戊土十八日

巳月　戊土五日　庚金九日　丙火十六日
午月　丙火十日　己土九日　丁火十一日
未月　丁火九日　乙木三日　己土十八日
申月　己土七日　戊土三日　壬水三日　庚金十七日
酉月　庚金十日　辛金二十日
戌月　辛金九日　丁火三日　戊土十八日
亥月　戊土七日　甲木五日　壬水十八日

雨田按分日用事。相傳已久。素庵老人、頗不謂然。試以上表統計。全年、甲乙木用事、計六十三日。丙丁火用事、計五十六日。庚辛金用事、計六十八日。壬癸水用事、計六十三日。戊己土用事、計一百十日。證以歷例四時木火金水土、各旺七十二日之說。與此、殊不相合。而況上表又載、申月用己、亥月用戊。尤屬牽強。且各書所載、分日用事。均有出入。豈可盡信。若以四時休旺為主。庶幾精確。而無惝恍迷離之弊也。

五行生尅衰旺顛倒妙義

木本生火、木多火熾。金尅木、則生火。
火本生土、火多土焦。水尅火、則生土。
土本生金、土多金埋。木尅土、則生金。
金本生水、金多水弱。火尅金、則生水。
水本生木、水多木浮。土尅水、則生木。此母多滅子之理也

木本生火、火多木焚。水尅火、則生木。火生土、則存木也。
火本生土、土重火熄。木尅土、則生火。土生金、則存火也。
土本生金、金多土洩。火尅金、則生土。金生水、則存土也。
金本生水、水泛金沉。土尅水、則生金。水生木、則存金也。
水本生木、木旺水涸。金尅木、則生水。木生火、則存水也。此子衆滅母之理也

木生火也、木火兩旺、宜水以養木。

火生土也、火土兩旺、宜木以生火。

土生金也、土金兩旺、宜火以助土。

金生水也、金水兩旺、宜土以生金。

水生木也、水木兩旺、宜金以生水。此則母子皆安矣。

木能生火、然火亦能生木也。水生木者、潤地之燥也。火生木者、解天之凍也。

火能生土、然土亦能生火也。木生火者、冬木之枯也。土生火者、夏土之燥也。

土能生金、然金亦能生土也。火生土者、去地之濕也。金生土者、防土之傾也。

金能生水、然水亦能生金也。土生金者、砥水之溢也。水生金者、制火之烈也。

水能生木、然木亦能生水也。金生水者、阻其洩漏也。木生水者、去其淤塞也。

木本尅土、土多木折。水生木、則木能尅土。

火本尅金、金多火熄。木生火、則火能尅金。

金尅木也、金木兩旺、宜土以折木。此剛柔健順之序也。

木能尅土、然土亦能尅木也。木尅土者、春土之柔也。土尅木者、夏土之燥也。

土能尅水、然水亦能尅土也。土尅水者、夏水之涸也。水尅土者、冬水之凍也。

水能尅火、然火亦能尅水也。水尅火者、金水寒凝也。火尅水者、杯水車薪也。

火能尅金、然金亦能尅火也。火尅金者、春火之相也。金尅火者、秋火之囚也。

金能尅木、然木亦能尅金也。金尅木者、金堅水凍也。木尅金者、木盛金脆也。

旺者、宜尅。然旺之極者。宜洩而不宜尅也。所謂實則瀉其子。是以春木森森、宜火旺以通輝。夏火炎炎、宜土多而斂威。秋金銳銳、宜水盛以流清。冬水洋洋、宜木衆而納勢。季土疊疊、宜金重以吐秀。

弱者、宜生。然弱之極者。宜尅而不宜生也。所謂虛則補其母。是以秋木凋落、宜金而不宜水也。冬火熄滅、宜水而不宜木也。春金銷鎔、宜火而不宜土也。夏水枯涸、宜土而不宜金也。仲春之土、無火生、反宜木也。仲秋之土、無火生、反宜金也。

木旺極者、而似金也。火旺極者、而似水也。土旺極者、而似木也。金旺極者、而似火也。水旺極者、而似土也。（雨田按此條有誤、蓋木旺極者似火、火旺極者似土、土旺極者似金、金旺極者似水、水旺極者似木、參看卷二衰旺篇自知。）木衰極者、而似金也。火衰極者、而似土也。土衰極者、而似金也。金衰極者、而似水也。水衰極者、而似木也。（雨田按此條亦誤、蓋木衰極者似土、火衰極者似金、土衰極者似水、金衰極者似木、水衰極者似火、參看卷二衰旺篇卽知。）陽之極者、陰至也。陰之極者、陽至也。寒極、則熱生也。熱極、則寒生也。（以上皆五行生化之妙論也。）

起例

命造、由年、月、日、時、八字組織而成。八字分為四柱。所謂年柱、月柱、日柱、時柱是也。茲將四柱推演之法、分別說明於後。

推年法

推年之法。視人所值生年之干支為主。而以立春節為綱。其區別有三。如在本年正月、立春後生者。卽以本年之干支為主。在本年正月、立春前生者。卽以上一年之干支為主。在本年十二月、立春後生者。卽以下一年之干支為主。

附手掌圖

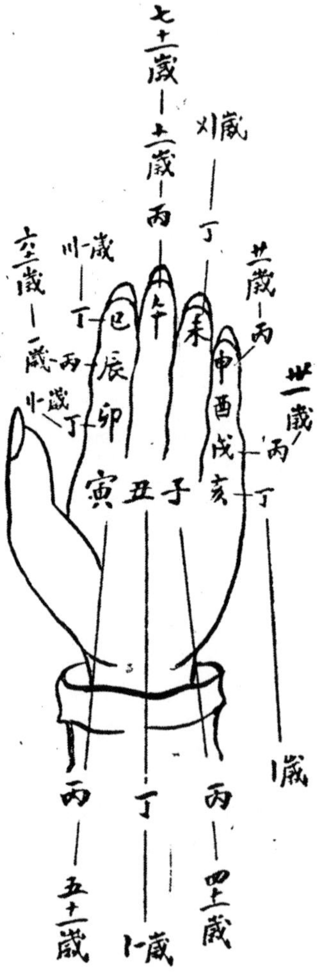

（例一）假如今年丁亥、其人四十九歲。欲知所生之年、為何干支。須用掌上捷法推之。便自確當。由本年一歲起丁亥、十一歲起丁丑、二十一歲起丁卯、三十一歲起丁巳、四十一歲起丁未、由丁未、再以次逆行八位。（一位丙午、二位乙巳、三位甲辰、四位癸卯、五位壬寅、六位辛丑、七位庚子、八位己亥、）即知四十九歲、為己亥年矣。列式於左。

己亥（年柱）

（例二）又如今年丙辰、其人七十一歲。欲知所生之年、為何干支。亦用掌上捷法推之。由本年一歲起丙辰、十一歲起丙午、二十一歲起丙申、三十一歲起丙戌、四十一歲起丙子、五十一歲起丙寅、周而復始。六十一歲、又起丙辰。即知七十一歲、又為丙午年矣。列式於左。

丙午（年柱）

（例三）又如丙午年正月初九日巳時生。萬年曆、載明是年正月初九日午時立春。是巳時、在午時之前。猶未立春、當作上一年乙巳年推。列式於左。

丙午作乙巳（年柱）

（例四）又如丙午年正月初九日午時生。萬年曆、載明是日午時立春。是午時、已交立春。即作丙午年推。列式於左。

丙午（年柱）

（例五）又如丙午年十二月十九日戌時生。萬年曆、載明是年十二月十九日酉時立春。是戌時、在酉時之後。已過立春。應作下一年丁未年推。列式於左。

丙午作丁未（年柱）

（例六）又如丙午年十二月十九日申時生。萬年曆、載明是年十二月十九日酉時立春。是申時、在酉時之前。猶未立春。仍作丙午年推。列式於左。

丙午（年柱）

推月法

推月之法。由人生年、遁月之干支為主。以節令為綱。其區別有三。如在本月、節令後生者。卽以本月所遁干支為主。在本月、節令前生者。卽以上月所遁干支為主、在本月、下一節令生者。卽以下月所遁干支為主。甲年、己年、正月起丙寅、乙年、庚年、正月起戊寅、丙年、辛年、正月起庚寅、丁年、壬年、正月起壬寅、戊年、癸年、正月起甲寅、逐月依次順數、

附歌訣　甲己之年丙作首、乙庚之歲戊為頭、丙辛必定尋庚起、丁壬壬位順行流、更有戊癸何方覓、

甲寅之上好追求。

（例一）假如丙午年正月初九日巳時生。萬年曆、載明是年正月初九日午時立春。是巳時、在午時之前。猶未立春。不獨丙午年、作乙巳年推。且須作乙巳年十二月推。歌訣云。乙庚之歲戊為頭。是乙年正月、遁戊寅。依次順數至十二月、遁得己丑也列式如左。

丙午作乙巳（年柱）

己丑（月柱）

（例二）又如丙午年正月初九日午時生。萬年曆、載明是年正月初九日午時立春。是午時、已交立春。卽作丙午年、正月推。歌訣云。丙辛必定尋庚起。是丙年正月、遁得庚寅也。列式於左。

丙午（年柱）

庚寅（月柱）

(例三)又如丙午年十二月十九日戌時生。萬年曆、載明是年十二月十九日酉時立春。是戌時、在酉時之後。已過立春。不獨丙午年、作丁未年推。且須作丁未年、正月推。歌訣云。丁壬壬位順行流。是丁年正月、遁得壬寅也。列式於左。

丙午作丁未(年柱)

壬寅(月柱)

(例四)又如丙午年十二月十九日申時生。萬年曆、載明是日酉時立春。是申時、在酉時之前。猶未立春。仍屬丙午年、十二月推。歌訣云。丙辛必定尋庚起。是丙年正月、遁庚寅依次順數、至十二月、遁得辛丑也。列式於左。

丙午(年柱)

辛丑(月柱)

附年上起月檢查表

月 生 乂 年 / 月文	甲	乙	丙	丁	戊	己	庚	辛	壬	癸

寅	卯	辰	巳	午	未	申	酉	戌	亥	子	丑
丙	丁	戊	己	庚	辛	壬	癸	甲	乙	丙	丁
戊	己	庚	辛	壬	癸	甲	乙	丙	丁	戊	己
庚	辛	壬	癸	甲	乙	丙	丁	戊	己	庚	辛
壬	癸	甲	乙	丙	丁	戊	己	庚	辛	壬	癸
甲	乙	丙	丁	戊	己	庚	辛	壬	癸	甲	乙
丙	丁	戊	己	庚	辛	壬	癸	甲	乙	丙	丁
戊	己	庚	辛	壬	癸	甲	乙	丙	丁	戊	己
庚	辛	壬	癸	甲	乙	丙	丁	戊	己	庚	辛
壬	癸	甲	乙	丙	丁	戊	己	庚	辛	壬	癸
甲	乙	丙	丁	戊	己	庚	辛	壬	癸	甲	乙

推日法

推日之法。由人生日、定其干支。視萬年曆所載某月初一日、某干支。十一日、某干支。二十一日、某干支。依次順數。則某月某日之干支。可屈指得矣。

(例)假如丙午年正月初九日午時生。萬年曆、載明正月初一日、丁巳。依次順數。初二戊午、初三己未、初四庚申、初五辛酉、初六壬戌、初七癸亥、初八甲子、初九乙丑、至初九日、即知為乙丑矣。列式於左。

丙午(年柱)

庚寅(月柱)

乙丑(日柱)

推時法

推時之法。由人生日、遁得生時之干支為主。甲日、己日、起甲子時、乙日、庚日、起丙子時、丙日、辛日、起戊子時、丁日、壬日、起庚子時、戊日、癸日、起壬子時、依次順數、

附歌訣　甲己還加甲、乙庚丙作初、丙辛從戊起、丁壬庚子居、戊癸何方發、壬子是真途、

（例）假如丙午年、庚寅月、乙丑日、午時生。歌訣云。乙庚丙作初。是乙日子時、遁丙子。依次順數。至午時、遁得壬午矣。列式於左。

丙午（年柱）

庚寅（月柱）

乙丑（日柱）

壬午（時柱）

附日上起時檢查表

生日 時干 時支	子	丑	寅	卯
甲	甲	乙	丙	丁
乙	丙	丁	戊	己
丙	戊	己	庚	辛
丁	庚	辛	壬	癸
戊	壬	癸	甲	乙
己	甲	乙	丙	丁
庚	丙	丁	戊	己
辛	戊	己	庚	辛
壬	庚	辛	壬	癸
癸	壬	癸	甲	乙

辰	戊	庚	壬	甲	丙	戊	庚	壬	甲	丙
巳	己	辛	癸	乙	丁	己	辛	癸	乙	丁
午	庚	壬	甲	丙	戊	庚	壬	甲	丙	戊
未	辛	癸	乙	丁	己	辛	癸	乙	丁	己
申	壬	甲	丙	戊	庚	壬	甲	丙	戊	庚
酉	癸	乙	丁	己	辛	癸	乙	丁	己	辛
戌	甲	丙	戊	庚	壬	甲	丙	戊	庚	壬
亥	乙	丁	己	辛	癸	乙	丁	己	辛	癸

附推夜子時法

夜子時、與正子時不同。推法亦稍異。查子時之時間。由夜十一點鐘開始、至一點鐘為止。在夜十一點、至十二點鐘之間、生人者。乃是夜子時。在十二點至一點鐘之間、生人者。乃是正子時。算日、以夜十二點鐘為分界。在十二點鐘前、屬今日。十二點鐘後、屬明日。所謂夜子者、乃今日之夜。非明日之早也。正子者、乃明日之早。非今日之夜也。（一時、有兩點鐘、前一點鐘是夜子、後一點鐘是正子、）推算遁干之法。與日上起時法。稍有區別。必須於遁得亥時之後。再加遁一位也。

（例）假如丙午年、庚寅月、乙丑日十一點鐘後、十二點鐘前、夜子時生。歌訣云。乙庚丙作初。是乙日子時、（此指正子、）遁丙子。依次順數。（丑遁丁丑、寅遁戊寅、卯遁己卯、辰遁庚辰、巳遁辛巳、午遁壬午、未遁癸未、申遁甲申、酉遁乙酉、戌遁丙戌、亥遁丁亥、夜子遁戊子、）至夜子時、遁得戊子矣。列式於左。

丙午（年柱）

庚寅（月柱）

乙丑（日柱）

戊子（時柱）

推大運法

凡推大運始行之歲數。俱從所生之日起。陽年生男、陰年生女、則順行。數至未來節。

陰年生男、陽年生女則逆行。數至已往節。皆遇節而止。得足數三日為一歲。三十日、為十歲。餘一日、作多一百二十天算。少一日、作欠一百二十天算。餘一時、作多十天算。少一時、作欠十天算。夜子時、不論多欠、只作五天算、不多不欠者、作整數論。其起大運之干支、當以所生之月、干支為主。順行者、依次順佈。逆行者、依次逆排。上干、下支。共為一運。管十年吉凶。淵海子平云。運行十載數。上下五年分。此之謂也。

陽男陰女

陽男者。甲、丙、戊、庚、壬、五陽年、所生之男也。假如丙午年、庚寅月、初九日、午時生男。順數至二月初九日卯時、驚蟄節。實歷有三十天、欠三時。以三日、為一歲折之。是為十歲、欠三十天。起運、從生月庚寅順佈。始行辛卯、繼行壬辰、下類推。列式於左。

丙午　初十 二十　辛卯 壬辰

庚寅　三十 四十　癸巳 甲午

乙丑　五十 六十　乙未 丙申

壬午	七十 丁酉
	八十 戊戌

大運十歲。扣足、欠三十天。每逢乙庚之年、十二月初九日午時交換。

陰女者。乙、丁、己、辛、癸、五陰年、所生之女也。假如丙午年、十二月、十九日、戌時生女。作丁未年、壬寅月推。起大運、當以丁未為陰。壬寅、為正月。由丙午年、十二月（是月小建）十九日戌時、順數至丁未年、正月二十日午時、驚蟄節。實歷有三十天、欠四時。以三日、為一歲折之是為十歲、欠四十天。起運、從生月壬寅順佈。始行癸卯、繼行甲辰、下類推。

列式於左。

四柱	大運	
丙午作丁未	初十 癸卯	二十 甲辰
壬寅	三十 乙巳	四十 丙午
庚午	五十 丁未	六十 戊申
丙戌	七十 己酉	八十 庚戌

大運十歲。扣足、欠四十天。每逢丙辛之年、十一月初九日戌時交換。

陰男陽女

陰男者。乙、丁、己、辛、癸、五陰年、所生之男也。假如丁卯年、壬寅月、初一日、子時生男。逆數至丙寅年十二月三十日未時、立春節。實歷有五時。以三日、為一歲折之。是為二歲、欠三百一十天、起運、從生月壬寅逆佈。始行辛丑、繼行庚子、下類推。列式於左。

丁卯	初一	十一	辛丑	庚子
壬寅	廿一	卅一	己亥	戊戌
丙辰	四一	五一	丁酉	丙申
戊子	六一	七一	乙未	甲午

大運一歲。扣足、欠三百十天。每逢丁壬之年、二月二十一日子時交換。

陽女者。甲、丙、戊、庚、壬五陽年、所生之女也。假如丙午年、辛丑月、十九日、申時生女。逆數至十一月十九日卯時小寒節。實歷有三十天、零五時。以三日、為一歲折之。是為十歲、多五十天。起運、從生月辛丑逆佈。始行庚子、繼行己亥、下類推。列式於左。

丙午　初十　庚子
　　　二十　己亥
辛丑　三十　戊戌
　　　四十　丁酉
庚午　五十　丙申
　　　六十　乙未
甲申　七十　甲午
　　　八十　癸巳

大運十歲。扣足多五十天。每逢丁壬之年、二月初九日申時交換。

十干生尅定名

凡推十干生尅。以日干為我。與年干、月干、時干、及支中所藏之干、相比較。觀其為比、為生、為尅。陽見陰、陰見陽、則為正。陽見陽、陰見陰、則為偏。與我比者、為比肩、比刼。我生者、為傷官食神。我尅者、為正財、偏財。尅我者、為正官、偏官。生我者、為正印、偏印。比刼亦曰刼財、又曰敗財、偏官亦曰七殺、偏印亦曰倒食、又曰梟神、

附十干生尅檢查表

日干／生尅	甲	乙	丙	丁	戊	己	庚	辛	壬	癸

比肩	比劫	食神	傷官	偏財	正財	偏官	正官	偏印	正印
甲	乙	丙	丁	戊	己	庚	辛	壬	癸
乙	甲	丁	丙	己	戊	辛	庚	癸	壬
丙	丁	戊	己	庚	辛	壬	癸	甲	乙
丁	丙	己	戊	辛	庚	癸	壬	乙	甲
戊	己	庚	辛	壬	癸	甲	乙	丙	丁
己	戊	辛	庚	癸	壬	乙	甲	丁	丙
庚	辛	壬	癸	甲	乙	丙	丁	戊	己
辛	庚	癸	壬	乙	甲	丁	丙	己	戊
壬	癸	甲	乙	丙	丁	戊	己	庚	辛
癸	壬	乙	甲	丁	丙	己	戊	辛	庚

推命宮小限法

凡推命宮。須以生月之數、（如過中氣、作次月之數推、）與生時之數、合算。（寅一、卯二、辰三、巳四、午五、未六、申七、酉八、戌九、亥十、子十一、丑十二、）

得十四、為本位。如月時之數、不滿十四者當加之、加到十四為止。卽以所加之數、為某宮。如滿十四數者。當加至二十六、為本位。亦以所加之數為某宮。欲知某宮之干。再以年干遁之。（與年上起月法同、）若推小限。須以命宮之數、與生年之數合算。再減本流年之數。卽以所餘之數、為某限。如命宮、與生年之數合算。而不足減本流年之數者、當再加十二。若減本流年之數、而有餘者。當再減十二。均以所餘之數、為某限。欲知某限之干。再以命宮之干、依次逆數、至本流年為止。卽知某限之干矣。

附命宮檢查表

節氣／時／命宮	卯宮	寅宮	丑宮	子宮
大寒後雨水前	子時	丑時	寅時	卯時
雨水後春分前	亥時	子時	丑時	寅時
春分後穀雨前	戌時	亥時	子時	丑時
穀雨後小滿前	酉時	戌時	亥時	子時
小滿後夏至前	申時	酉時	戌時	亥時
夏至後大暑前	未時	申時	酉時	戌時
大暑後處暑前	午時	未時	申時	酉時
處暑後秋分前	巳時	午時	未時	申時
秋分後霜降前	辰時	巳時	午時	未時
霜降後小雪前	卯時	辰時	巳時	午時
小雪後冬至前	寅時	卯時	辰時	巳時
冬至後大寒前	丑時	寅時	卯時	辰時

亥宮	戌宮	酉宮	申宮	未宮	午宮	巳宮	辰宮
辰時	巳時	午時	未時	申時	酉時	戌時	亥時
卯時	辰時	巳時	午時	未時	申時	酉時	戌時
寅時	卯時	辰時	巳時	午時	未時	申時	酉時
丑時	寅時	卯時	辰時	巳時	午時	未時	申時
子時	丑時	寅時	卯時	辰時	巳時	午時	未時
亥時	子時	丑時	寅時	卯時	辰時	巳時	午時
戌時	亥時	子時	丑時	寅時	卯時	辰時	巳時
酉時	戌時	亥時	子時	丑時	寅時	卯時	辰時
申時	酉時	戌時	亥時	子時	丑時	寅時	卯時
未時	申時	酉時	戌時	亥時	子時	丑時	寅時
午時	未時	申時	酉時	戌時	亥時	子時	丑時
巳時	午時	未時	申時	酉時	戌時	亥時	子時

雨田按宮限吉凶。關繫甚大。看命者、每多知而不論。要知命宮與人所生年月、日、時、四柱。同時成立。終身決無變更。故命宮之吉凶。關繫一生。能補八字之不逮。小限、從命宮遞嬗而來。一年一易。故小限之吉凶。關繫一年。亦能左右流年之成敗。茲特附述於此。學者幸毋忽略視之。欲知其詳。可參看命理探原。

神煞

各書所載神煞甚多。茲擇其較有義理。切於實用者。選錄數則。分列於后。

天德

正月在丁　二月在坤　三月在壬　四月在辛　五月在乾　六月在甲　七月在癸　八月在艮　九月在丙　十月在乙　十一月在巽　十二月在庚

命理探原云、淵海子平謂、坤即申、乾即亥、巽即巳、艮即寅、而考原謂、乾即戌、艮即丑、巽即辰、坤即未、以支論之似異、以卦論之實同、蓋一卦管三山、然考之協紀辨方之月表、二、五、八、十一月、並無天德、可見只用天干、不用地支也、

月德

正五九月在丙　二六十月在甲　三七十一月在壬　四八十二月在庚

天月二德。主人慈祥敏慧。吉者增吉。凶者減凶。臨於財、官、印、食。福力倍隆。臨於梟、殺、刼、傷。暴橫益化。若二德、自遭冲尅。則亦無力。

月將　一名太陽

正月雨水後在亥　二月春分後在戌　三月穀雨後在酉　四月小滿後在申
五月夏至後在未　六月大暑後在午　七月處暑後在巳　八月秋分後在辰
九月霜降後在卯　十月小雪後在寅　十一月冬至後在丑　十二月大寒後在子

月將、即為太陽。太陽所臨。吉增、凶散。其用、與天月二德同。係吉神、則益吉。係凶神、則減凶。較太歲三合之將星。尤為親切。即值空亡。亦不以空亡論。蓋太陽、為諸曜之主。不可得而空也。

天赦

春季戊寅日　夏季甲午日　秋季戊申日　冬季甲子日

天赦、在命。逢凶不凶。惟易貪杯嗜酒。

天乙貴人

甲日（陽貴在未　陰貴在丑）　乙日（陽貴在申　陰貴在子）　丙日（陽貴在酉　陰貴在亥）　丁日（陽貴在亥　陰貴在酉）　戊日（陽貴在丑　陰貴在未）
己日（陽貴在子　陰貴在申）　庚日（陽貴在丑　陰貴在未）　辛日（陽貴在寅　陰貴在午）　壬日（陽貴在卯　陰貴在巳）　癸日（陽貴在巳　陰貴在卯）

附歌訣　甲戊庚牛羊、乙己鼠猴鄉、丙丁猪鷄位、壬癸兔蛇藏、六辛逢虎馬、此是貴人方。
天乙貴人、主聰明。易得人贊助。

文昌

甲日在巳　乙日在午　丙日在申　丁日在酉　戊日在申

己日在酉　庚日在亥　辛日在子　壬日在寅　癸日在兔

附歌訣　甲乙巳午報君知、丙戊申宮丁己雞、庚猪辛鼠壬逢虎、癸人見兔入雲梯。

文昌、主聰明過人。逢凶化吉。

華蓋

寅午戌日見戌　巳酉丑日見丑　申子辰日見辰　亥卯未日見未

華蓋、主聰明。乃藝術之星。又主孤寡。縱貴、亦不免孤獨。所以華蓋逢空。偏宜僧道、隱士。華蓋多、主辛苦。然印逢華蓋。又主貴顯。

將星

寅午戌日見午　巳酉丑日見酉　申子辰日見子　亥卯未日見卯

將星、主有威權。文武皆宜。

驛馬

申子辰日見寅　寅午戌日見申　巳酉丑日見亥　亥卯未日見巳

驛馬、主勞碌好動。如吉神為馬。大則超遷之喜。小則順動之利。凶神為馬。大則奔蹶之患。小則馳逐之勞。逢沖、譬之加鞭。遇合、等於掣足。行運、流年亦然。

雨田 按華蓋、將星、驛馬、三煞。亦有以年為主者。學者可參看。

三奇

甲戊庚天上三奇　乙丙丁地下三奇　壬癸辛人中三奇　以日為主、順治者是、逆亂者非。

三奇、主人精華異常。襟懷卓越。好奇尚大。博學多能。帶天乙貴人者、勳業超羣。帶天月二德者、凶災消散。帶三合入局者、國家良臣。帶空亡生旺者、山林隱士。

六甲空亡 孤虛附

甲子旬中空戌亥　甲戌旬中空申酉　甲申旬中空午未　甲午旬中空辰巳

甲辰旬中空寅卯　甲寅旬中空子丑（如日元、在甲子旬中者。年、月、時支、見戌、亥、即是空亡。見辰、巳、即是孤虛。）

空亡、逢生旺。主人氣度寬大多獲意外名利。逢死絕。主人多成多敗。飄泊無蹤。與貴人、華蓋、三奇、長生、併見者。主大聰明。

無祿一名十惡大敗

甲辰　乙巳　壬申　丙申　丁亥　庚辰　戊戌　癸亥

辛巳　己丑（以日見者、為是。年、月、時、不論。）

通書云甲祿在寅、乙祿在卯、甲辰旬寅卯空、故甲辰、乙巳、為無祿日也、庚祿在申、辛祿在酉、甲戌旬申酉空、故庚辰、辛巳、為無祿日也、丙戊祿在巳、甲午旬巳空、故丙申、戊戌、為無祿日也、丁己祿在午、甲申旬午空、故丁亥、己丑、為無祿日也、壬祿在亥、甲子旬亥空、故壬申為無祿日也、癸祿在子、甲寅旬子空、故癸亥為無祿日也、此十日、故曰無祿。

無祿、多主惡敗。其實未必皆凶。與天德、月德併者。不忌。得歲建、月建、太陽填實者。亦不忌。惟癸亥、為干支俱盡。雖得吉解、仍忌。

咸池一名敗神一名桃花煞

寅午戌日納音屬火見卯月時 巳酉丑日納音屬金見午月時 申子辰日納音屬水見酉月時 亥卯未日納音屬木見子月時 此以日元為主、亦有以月為主者。如寅、午、戌月、見卯日之類。

咸池、主人貪好酒色。雨田按此說、不可拘泥。

羊刃

甲日在卯 乙日在辰 丙戊日在午 丁己日在未 庚日在酉 辛日在戌 壬日在子 癸日在丑

雨田按三才分類粹言云。甲丙戊庚壬、五陽干、皆順行。羊刃在卯午酉子。乙丁己辛癸、五陰干、皆逆行。羊刃在寅巳申亥。恰合祿前一位之說。故乙以寅為刃。丁己以巳為刃，辛以申為刃，癸以亥為刃。此說、亦有理解。特併錄之。

看命要訣

用神不可傷

用之官星不可傷。不用官星儘可傷。用之財星不可刼。不用財星儘可刦。用之印綬不可壞。不用印綬儘可壞。用之食神不可奪。不用食神儘可奪。用之七殺不可制。制殺太過反為凶。身殺兩停宜制殺。殺重身輕宜化殺。身強殺淺宜生殺。羊刃重重喜食傷。若逢官殺亦生殃。財多身弱宜刼刃。刦重財輕喜食神。官旺身衰宜印地。官衰印旺利財鄉。莫道梟神無用處。殺多食重最為良。勿謂羊刃是凶物。財多殺黨亦為貞。此是子平真要訣。後之學者仔細吟。

衰旺強弱之別

看命、衰旺強弱之理、最難。旺者。日干生當令之時。又見比刦印綬。謂之旺。若只當令、無刦印生扶。仍作衰論。強者。日干當令、四柱皆刦印。謂之強。弱者。日干逢休囚、柱中無刦印。謂之弱。四柱有刦印。謂之衰。日干雖不當令、而四柱刦印重。亦作、旺論。必須審察的確。旺者宜尅。強者宜洩。衰者宜扶。弱者宜抑。此不易之法也。

雨田按本文論旺衰強弱之理。殊嫌含混。查日干雖不當令、而四柱刦印重、謂之旺。日干逢休囚、四柱有刦印、謂之衰。此旺衰二字。無大差異。日干生當令之時、又見比刦印綬、謂之旺。日干當令、四柱皆刦印、謂之強。此旺強二字。亦無若何區別。求明反晦。學者愈難。茲就得時俱作旺論。失令便作衰看之義。改正如下。日干當令、謂之旺。四柱又見刦印、謂之強。日干失令、謂之衰。四柱又無刦印、謂之弱。日干失令、而四柱刦印多者。亦作旺論。日干當令、而四柱尅洩重者。亦作衰看。旺者宜尅。強者（強卽太旺）宜洩。衰者宜扶。（扶卽是生）弱者（弱卽太衰）宜抑。（抑卽是尅）此常理也。又有旺極宜生。衰極宜洩者。此變法也。（見卷二衰旺、卷三從象篇、）

又按旺衰強弱四字。諸家著述。不盡分明界限。本書前篇、五行生尅衰旺顛倒妙義、一則曰旺者宜尅。一則曰弱者宜生。旺弱並列。卽是一例。（本書此例、多不勝舉、）夫旺強、衰弱。不過代表太過、不及之謂耳。有時旺強分明。衰弱有別。有時強卽是旺。弱卽是衰。學者宜活看。毋拘泥也。

看命三法

看命之法。大要有三。一曰得時。一曰得勢。一曰得地。此三者、不可偏廢。無論日主、用神、忌神、皆作如是觀。假使日主得時。而用神得勢、或得地者。或日主得勢。而用神得時、或得地者。或日主得地。而用神得時、或得勢者。支配停勻。必可為富、為貴、或主壽考。反之。日主失時、失勢、失地。而忌神得時、得勢、得地者。偏枯太過。其為貧、賤、夭折、無疑。何謂得時。如生於祿旺之月。指日主、用神、忌神言、下同、當令氣盛。謂之得時。何謂得勢。如生於休囚之月。而黨多援衆。謂之得勢。何謂得地。如生於非旺之月。而坐下通根、支乘生旺。謂之得地。能明此理。自不難舉一反三矣。

五行衰旺取用法

木

木旺者、取金為上、火次之、金少者取土、
木衰者、取水為上、木次之、
木衰金多者、取火、火少者取木、
木衰火多者、取水、水少者取金、

木衰水多者、取土、土少者取火、
木衰土多者、取木、木少者取水、

火

火旺者、取水為上、土次之、水少者取金、
火衰者、取木為上、火次之、
火衰水多者、取土、土少者取火、
火衰土多者、取木、木少者取水、
火衰木多者、取金、金少者取土、
火衰金多者、取火、火少者取木、

土

土旺者、取木為上、金次之、木少者取水、
土衰者、取火為上、土次之、
土衰木多者、取金、金少者取土、
土衰金多者、取火、火少者取木、
土衰火多者、取水、水少者取金、
土衰水多者、取土、土少者取火、
金旺者、取火為上、水次之、火少者取木、
金衰者、取土為上、金次之、
金衰火多者、取水、水少者取金、

金

金衰水多者、取土、土少者取火、
金衰土多者、取木、木少者取水、
金衰木多者取金、金少者取土、

水

水旺者、取土為上、木次之、土少者取火、
水衰者、取金為上、水次之、
水衰土多者、取木、木少者取水、
水衰木多者、取金、金少者取土、
水衰金多者、取火、火少者取木、
水衰火多者、取水、水少者取金、

富貴貧賤壽殀困亨判斷法

日主強——逢旺財
日主弱——逢旺助
必富

日主強——逢旺尅
日主弱——逢旺生
必貴

日主強——逢助
日主弱——逢尅
必貧

日主強——逢旺生
日主弱——逢旺洩
必賤

日主強——逢洩
日主弱——逢生
必壽

日主強——逢旺助
日主弱——逢旺尅
必殀

日主強——逢生
日主弱——逢財
必困

日主強——逢尅
日主弱——逢助
必亨

註 生、為生我者、指正印、偏印而言、財、為我尅者、指正財、偏財而言、尅、為尅我者、指正官七殺而言、洩、為洩我者、指傷官、食神而言、助、為助我者、指比肩、比刼而言、

以上三則。就五行正常之理而論。其他從、化、變格、不在此例。法雖簡易。實參考各書平時體驗得來。學者倘能反覆細玩。對於看命、取用。決斷貴賤吉凶。自可得其梗概耳。

誠意伯秘授天官五星玄澈通旨

滴天髓闡微

任鐵樵增注
李雨田校訂

通神論

天道

欲識三元萬法宗。先觀帝載與神功。（原注）天有陰陽。故春木、夏火、秋金、冬水、季土。隨時顯其神功。命中天地人三元之理。悉本于此。

任氏曰、干爲天元、支爲地元、支中所藏爲人元、人之稟命、萬有不齊、總不越此三元之理、所謂萬法宗也、陰陽本乎太極、是謂帝載、五行播于四時、是謂神功、乃三才之統系、萬物之本原、滴天髓首明天道如此、

地道

坤元合德機緘通。五氣偏全定吉凶。(原注)地有剛柔。故五行生于東南西北中。與天合德。而感其機緘之妙。賦于人者。有偏全之不一。故吉凶定于此。

任氏曰、大哉乾元、萬物資始、至哉坤元、萬物資生、乾主健、坤主順、順承天、德與天合、煦嫗覆育、機緘流通、特五行之氣有偏全、故萬物之命有吉凶、

人道

戴天履地人爲貴。順則吉兮凶則悖。(原注)萬物莫不得五行而戴天履地。惟人得五行之全故爲貴。其有吉凶之不一者。以其得于五行之順與悖也。

任氏曰、人居覆載之中、戴天履地、八字貴乎天干地支順而不悖也、順者接續相生、悖者反剋爲害、故吉凶判然、如天干氣弱、地支生之、地支神衰、天干輔之、皆爲有情而順則吉、如天干衰弱、地支抑之、地支氣弱、天干剋之、皆爲無情而悖則凶也、假如干是木、畏金之剋、地支有亥子生之、支無

亥子、天干有壬癸以化之、干無壬癸、地支有寅卯以通根、支無寅卯、天干有丙丁以制之、木有生機、吉可知矣、若天干無壬癸、而反透之以戊己、支無亥子寅卯、而反加之以辰戌丑未申酉、黨助庚辛之金、木無生理、凶可知矣、餘可類推、凡物莫不得五行戴天履地、卽羽毛鱗介、亦各得五行專氣而生、如羽蟲屬火、毛屬木、鱗屬金、介屬水、惟人屬土、土居中央、乃木火金水中氣所成、獨是五行之全爲貴、是以人之八字、最宜四柱流通、五行生化、大忌四柱缺陷、五行偏枯、謬書妄言四戊午者、是聖帝之造、四癸亥者、是張桓侯之造、究其理皆後人訛傳、試思自漢至今二千餘載、週甲循環、此造不少、謬可知矣、余行道以來、推過四戊午、四丁未、四癸亥、四乙酉、四辛卯、四庚辰、四甲戌者甚多、皆作偏枯論、無不應驗、同邑史姓有四壬寅者、寅中火土長生、食神祿旺、尚有生化之情、而妻財子祿、不能全美、只因寅中火土之氣、無從引出、以致幼遭孤苦、中受飢寒、至三旬外、運轉南方、引出寅中火氣、得際遇、經營發財、後竟無子、家業分奪一空、可知仍作偏枯論也、由此觀之、命貴中和、偏枯終于有損、理求平正、奇異不足爲憑、

知命

要與人間開聾聵。順逆之機須理會。〔原注〕不知命者如聾聵。知命于順逆之機而能理會之。庶可以開天下之聾聵。

任氏曰、此言有至理、惟恐後人學命、不究順悖之機、妄談人命、貽悞不淺、混看奇格異局、一切神殺、荒唐取用、桃花咸池、專論女命邪淫、受責鬼神、金鎖鐵蛇、謬指小兒關煞、憂人父母、不論日主之衰旺、總以財官爲喜、傷殺爲憎、定人終身、不管日主之强弱、盡以食印爲福、梟刧爲殃、不知財官等名、乃六親取用而列、竟認作財可養命、官可榮身、何其愚也、如財可養

命、則財多身弱者、不爲富屋貧人、而成巨富、官可榮身、則身衰官重者、不至夭賤、而成顯貴、余詳考古書、子平之法、全在四柱五行、察其衰旺、究其順悖、審其進退、論其喜忌、是謂理會、至於奇格異局、神煞納音諸名目、乃好事妄造、非關命理休咎、若據此論命、必致以正爲謬、以是爲非、訛以傳訛、遂使吉凶之理、昏昧難明矣、書云、用之爲財不可刦、用之爲官不可傷、用之印綬不可壞、用之食神不可奪、此四句原有至理、其要在一用字、無如學命者、不究用字根源、專以財官爲重、不知不用財星儘可刦、不用官星儘可傷、不用印綬儘可壞、不用食神儘可奪、順悖之機不理會、與聾瞶何異、豈能論吉凶、辨賢否、而有功於世哉、反誤世惑人者多矣、

高宗純皇帝御造

劫	辛	卯	財
官	丁	酉	劫
	庚	午	印官
殺	丙	子	傷

丙申　乙未　甲午　癸巳　壬辰　辛卯　庚寅　己丑

天干庚辛丙丁、正配火煉秋金、地支子午卯酉、又配坎離震兌、支全四正、氣貫八方、然五行無土、雖誕秋令、不作旺論、最喜子午逢沖、水剋火、使午火不破酉金、足以輔主、更妙卯酉逢沖、金克木、則卯木不助午火、制伏得宜、卯酉爲震兌、主仁義之眞機、子午爲坎離、宰天地之中氣、且坎離得日月之正體、無消無滅、一潤一暄、坐下端門、水火既濟、所以八方賓服、四海攸同、金馬朱鳶、並隸版圖之內、白狼元兎、咸歸覆幬之中、天下熙寧也、

食	庚	申	食才比

辛巳

董中堂造、戊土生于季春、午時、似乎旺相、第春時虛土、

食		比
庚	戊	戊
辰	辰	午
官比財	官比財	印刦

壬午　癸未　甲申　乙酉　丙戌　丁亥　戊子

非比六九月之實也、且兩辰蓄水爲濕、足以洩火生金、干透兩庚、支會申辰、日主過洩、用神必在午火、喜水木不見、日主印綬不傷、精神旺足、純粹中和、一生宦海無波、三十餘年、太平相業、直至子運會水局、不祿、壽已八旬矣、

印	印		殺
壬	壬	甲	庚
辰	寅	寅	午
刦才印	比食才	比食才	傷財

癸卯　甲辰　乙巳　丙午　丁未　戊申

同邑王姓造、俗以身强殺淺論、取庚金爲用、謂春木逢金、必作棟梁之器、勸其讀書必發、至三旬外、不但讀書未售、而且家業漸消、屬余推之、觀其支坐兩寅、乘權當令、干透兩壬、生助旺神、年支之辰土、乃水之庫、木之餘氣、能蓄水養木、不能生金、一點庚金、休囚已極、且午火

敵之、壬水洩之、不惟無用、反爲生水之病、大凡旺之極者、宜洩而不宜剋、宜順其氣勢、弗悖其性也、以午火爲用、將來運至火地、雖不貴于名、定當富于利、可棄名就利、如再守芸窗、終身誤矣、彼卽棄儒就經營、至丙午運、剋盡庚金之病、不滿十年、發財十餘萬、則庚金爲病明矣、

比	傷		卩
癸酉	甲子	癸亥	辛酉
卩	比	傷刦	卩

癸亥 壬戌 辛酉 庚申 己未 戊午

此福建人不知姓氏、庚午冬、余推之、大取金水運、不取火土、彼曰、金水旺極、何以又取金水、則命書不足憑乎、書曰、旺則宜洩宜傷、今滿局金水、反取金水、是命書無憑矣、余曰、命書何爲無憑、皆因不能識命中五行之奧妙耳、此造水旺逢金、其勢沖奔、一點甲木枯浮、難洩水氣、如止其流、反成水患、不若順其流爲美、初行癸亥、助其旺神、蔭庇有餘、一交壬戌、水不通

根、逆其氣勢、刑耗並見、辛酉庚申、丁財並旺、己未戊午、逆其性、半生事業、盡付東流、刑妻剋子、孤苦無依、此所謂崑崙之水、可順而不可逆也、順逆之機、不可不知也、

理氣

理承氣行豈有常。進兮退兮宜抑揚。〔原注〕闔闢往來皆是氣。而理行乎其間。行之始而進。進之極則爲退之機。如三月之甲木是也。行之盛而退。退之極則爲進之機。如九月之甲木是也。學者宜抑揚其淺深。斯可以言命也。

任氏曰、進退之機、不可不知也、非長生爲旺、死絕爲衰、必當審明理氣之進退、庶得衰旺之眞機矣、凡五行旺相休囚、按四季而定之、將來者進、是謂相、進而當令、是謂旺、功成者退、是謂休、退而無氣、是謂囚、須辨其旺相休囚、以知其進退之機、爲日主、爲喜神、宜旺相、不宜休囚、爲凶煞、爲忌神、

宜休囚、不宜旺相、然相妙于旺、旺則極盛之物、其退反速、相則方長之氣、其進無涯也、休甚乎囚、囚則旣極之勢、必將漸生、休則方退之氣、未能遽復也、此理氣進退之正論也、爰舉兩造爲例、

傷	殺		卩
丁	庚	甲	壬
亥	戌	辰	申
卩比	官傷才	封才印	殺卩才

己　戊　丁　丙　乙　甲

酉　申　未　午　巳　辰

甲木休囚已極、庚金祿旺剋之、一點丁火、難以相對、加之兩財生殺、似乎殺重身輕、不知九月甲木進氣、壬水貼身相生、不傷丁火、丁火雖弱、通根身庫、戌乃燥土、火之本根、辰乃溼土、木之餘氣、天干一生一制、地支又遇長生、四柱生化有情、五行不爭不妒、至丁運科甲聯登、用火敵殺明矣、雖久任京官、而官資豐厚、皆一路南方運也、

劫	殺		卩
乙	庚	甲	壬
亥	辰	戌	申
比卩	印才劫	官傷才	殺卩才

己 戊 丁 丙 乙 甲

卯 寅 丑 子 亥 戌

此與前大同小異、以俗論之、甲以乙妹妻庚、凶為吉兆、貪合忘沖、較之前造更佳、何彼則翰苑、此則寒衿、不知乙庚合而化金、反助其暴、彼則甲辰、辰乃溼土、能生木、此則甲戌、戌燥土不能生木、彼則申辰拱化、此則申戌生殺、彼則甲木進氣、而庚金退、此則庚金進氣、而甲木退、推此兩造、天淵之隔、進退之機、不可不知也、

配合

配合干支仔細詳。定人禍福與災祥。〔原注〕天干地支相為配合。仔細推詳其進退之機。則可以斷人之禍福災祥矣。

任氏曰、此章乃闢謬之要領也、配合干支、必須正理、搜尋詳推、與衰旺喜忌之理、不可將四柱干支置之弗論、專從奇格異局神殺等類妄譚、以致

禍福無憑、吉凶不驗、命中至理、只存用神、不拘財官印綬比刦食傷梟殺、皆可爲用、勿以名之美者爲佳、惡者爲憎、果能審日主之衰旺、用神之喜忌、當抑則抑、當扶則扶、所謂去留舒配、取裁確當、則運途否泰、顯然明白、禍福災祥、無不驗矣、

才 甲	子	傷
卩 戊	辰	傷卩財
庚	申	卩食比
食 壬	午	印官

己巳　庚午　辛未　壬申　癸酉　甲戌

此造以俗論之、干透三奇之美、支逢拱貴之榮、且又會局不沖、官星得用、主名利雙收、然庚申生于季春、水本休囚、原可用官、嫌其支會水局、則坎增其勢、而離失其威、官星必傷、不足爲用、欲以强衆敵寡而用壬水、更嫌三奇透戊、根深奪食、亦難作用、甲木之財、本可借用、疎土衛水、洩傷生官、似乎有情、不知甲木退氣、戊土當權、難以疎通、縱用甲

木、亦是假神、不過庸碌之人、況運走西南、甲木休囚之地、雖有祖業、亦一敗而盡、且不免刑妻剋子、孤苦不堪、以三奇拱貴等格論命、而不看用神者、皆虛謬耳、

十神	四柱	藏干	大運
傷	丙子	印	庚子
才	己亥	刦印	辛丑
	乙丑	才殺印	壬寅
印	壬午	才食	癸卯
			甲辰
			乙巳

此造初看、一無可取、天干壬丙一剋、地支子午遙沖、且寒木喜陽、正遇水勢泛濫、火烝剋絕、似乎名利無成、余細推之、三水二土二火、水勢雖旺、喜無金、火本休囚、幸有土衛、謂兒能救母、況天干壬水生乙木、丙火生己土、各立門戶、相生有情、必無爭剋之意、地支雖北方、然喜己土原神透出、通根祿旺、互相庇護、其勢足以止水衛火、正謂有病得藥、且一陽後萬物懷胎、木火進氣、以傷官秀氣爲用、中年運走東南、用神生旺、必是甲第中人、

交、寅火生木旺、連登甲榜、入翰苑、是以青雲直上、由此兩造觀之、配合干支之理、其可忽乎、

天干

五陽皆陽丙爲最。五陰皆陰癸爲至。（原注）甲丙戊庚壬爲陽。獨丙火秉陽之精。而爲陽中之陽。乙丁己辛癸爲陰。獨癸水秉陰之精。而爲陰中之陰。

任氏曰、丙乃純陽之火、萬物莫不由此而發、得此而斂、癸乃純陰之水、萬物莫不由此而生、得此而茂、陽極則陰生、故丙辛化水、陰極則陽生、故戊癸化火、陰陽相濟、萬物有生生之妙、夫十干之氣、以先天言之、故一原同出、以後天言之、亦一氣相包、甲乙一木也、丙丁一火也、戊己一土也、庚辛一金也、壬癸一水也、卽分別所用、不過陽剛陰柔、陽健陰順而已、竊怪命家作爲歌賦、比擬失倫、竟以甲木爲梁棟、乙木爲花果、丙作太陽、丁作燈

燭、戊作城牆、己作田園、庚爲頑鐵、辛作珠玉、壬爲江河、癸爲雨露、相沿已久、牢不可破、用之論命、誠大謬也、如謂甲爲無根死木、乙爲有根活木、同是木而分生死、豈陽木獨稟死氣、陰木獨稟生氣乎、又謂活木畏水泛、死木不畏水泛、豈活木遇水且漂、而枯槎遇水反定乎、論斷諸干、如此之類、不一而足、當盡闢之、以絕將來之謬、

五陽從氣不從勢。五陰從勢無情義。（原注）五陽得陽之氣。卽能成乎陽剛之事。不畏財殺之勢。五陰得陰之氣。卽能成乎陰順之義。故木盛則從木。火盛則從火。土盛則從土。金盛則從金。水盛則從水。於情義之所在者。見其勢衰則忌之矣。蓋婦人之情也。如此若得氣順理正者。亦未必從勢而忘義。雖從亦必正矣。

任氏曰、五陽氣闢、光亨之象易觀、五陰氣翕、包含之蘊難測、五陽之性剛健、故不畏財煞而有惻隱之心、其處世不苟且、五陰之性柔順、故見勢忘

義、而有鄙吝之心、其處世多驕諂、是以柔能制剋剛、剛不能制剋柔也、大都趨利忘義之徒、皆陰氣之爲戾也、豪俠慷慨之人、皆陽氣之獨鍾、然尚有陽中之陰、陰中之陽、又有陽外陰內、陰外陽內、亦當辨之、陽中之陰、外仁義而內奸詐、陰中之陽、外凶險而內仁慈、陽外陰內者、包藏禍心、陰外陽內者、秉持直道、此人品之端邪、固不可以不辨、要在氣勢順正、四柱五行停勻、庶不偏倚、自無損人利己之心、凡持身涉世之道、趨避必先知人、故云擇其善者而從之、卽此意也、

甲木參天。脫胎要火。春不容金。秋不容土。火熾乘龍。水宕騎虎。地潤天和。植立千古。

〔原注〕純陽之木。參天雄壯。火者木之子也。旺木得火而愈敷榮。生於春則欺金而不能容金也。生於秋則助金而不能容土也。寅午戌。丙丁多見而坐辰。則能歸。申子辰。壬癸多見而坐寅。則能納。使土氣不乾。水氣不消。則能長生矣。

任氏曰、甲爲純陽之木、體本堅固、參天之勢、又極雄壯、生于春初、木嫩氣寒、得火而發榮、生于仲春、旺極之勢、宜洩其菁英、所謂强木得火、方化其頑、剋之者金、然金屬休囚、以衰金而剋旺木、木堅金缺、勢所必然、故春不容金也、生于秋、失時就衰、但枝葉雖凋落漸稀、根氣却收斂下達、受剋者土、秋土生金洩氣、最爲虛薄、以虛氣之土、遇下攻之木、不能培木之根、必反遭其傾陷、故秋不容土也、柱中寅午戌全、又透丙丁、不惟洩氣太過、而木且被焚、宜坐辰、辰爲水庫、其土溼、溼土能生木洩火、所謂火熾乘龍也、申子辰全、又透壬癸、水泛木浮、宜坐寅、寅乃火土生地、木之祿旺、能納水氣、不致浮泛、所謂水宕騎虎也、如果金不銳、土不燥、火不烈、水不狂、非植立千古而得長生者哉、

乙木雖柔。刲羊解牛。懷丁抱丙。跨鳳乘猴。虛溼之地。騎馬亦憂。藤蘿繫甲。可

春可秋。〔原注〕乙木者。生於春如桃李。夏如禾稼。秋如桐桂。冬如奇葩。坐丑未能制柔土。如刲宰羊。解割牛然。只要有一丙丁。則雖生申酉之月。亦不畏之。生於子月。而又壬癸發透者。則雖坐午。亦難發生。故益知坐丑未月之爲美。甲與寅字多見。弟從兄義。譬之藤蘿附喬木。不畏斫伐也。

任氏曰、乙木者、甲之質、而承甲之生氣也、春如桃李、金剋則凋、夏如禾稼、水滋得生、秋如桐桂、金旺火制、冬如奇葩、火溼土培、生于春宜火者、喜其發榮也、生于夏宜水者、潤地之燥也、生于秋宜火者、使其剋金也、生于冬宜火者、解天之凍也、刲羊解牛者、生于丑未月、或乙未乙丑日、未乃木庫、得以蟠根、丑乃溼土、可以受氣也、懷丁抱丙、跨鳳乘猴者、生于申酉月、或乙酉日、得丙丁透出天干、有水不相爭剋、制化得宜、不畏金强、虛溼之地、騎馬亦憂者、生于亥子月、四柱無丙丁、又無戌未燥土、即使年支有午、亦難發生也、天干甲透、地支寅藏、此謂蔦蘿繫松柏、春固得助、秋亦合扶、故

曰可春可秋、言四季皆可也、

丙火猛烈。欺霜侮雪。能煅庚金。逢辛反怯。土衆成慈。水猖顯節。虎馬犬鄉。甲木若來。必當焚滅。（一本作虎馬犬鄉甲來成滅）〔原注〕火陽精也。丙火灼陽之至。故猛烈。不畏秋而欺霜。不畏冬而侮雪。庚金雖頑。力能煅之。辛金本柔。合而反弱。土其子也。見戊己多而成慈愛之德。水其君也。遇壬癸旺而顯忠節之風。至於未遂炎上之性。而遇寅午戌三位者。露甲木則燥而焚滅也。

任氏曰、丙乃純陽之火、其勢猛烈、欺霜侮雪、有除寒解凍之功、能煅庚金、遇强暴而施剋伐也、逢辛反怯、合柔順而寓和平也、土衆成慈、不凌下也、水猖顯節、不援上也、虎馬犬鄉者、支坐寅午戌、火勢已過于猛烈、若再見甲木來生、轉致焚滅也、由此論之、洩其威、須用己土、遏其焰、必要壬水、順其性、還須辛金、己土卑溼之體、能收元陽之氣、戊土高燥、見丙火而焦坼矣、壬水剛中之德、能制暴烈之火、癸水陰柔、逢丙火而熯乾矣、辛金柔軟

之物、明作合而相親、暗化水而相濟、庚金剛健、剛又逢剛、勢不兩立、此雖舉五行而論、然世事人情、何莫不然、

丁火柔中。內性昭融。抱乙而孝。合壬而忠。旺而不烈。衰而不窮。如有嫡母。可秋可冬。

〔原注〕丁干屬陰。火性雖陽柔而得其中矣。外柔順而內文明。內性豈不昭融乎。乙非丁之嫡母也。乙畏辛而丁抱之。不若丙抱甲而反能焚甲木也。不若己抱丁而反能晦丁火也。其孝異乎人矣。壬爲丁之正君也。壬畏戊而丁合之。外則撫恤戊土。能使戊土不欺壬也。內則暗化木神。而使戊土不敢抗乎壬也。其忠異乎人矣。生於夏令。雖逢丙火。特讓之而不助其焰。不至於烈矣。生於秋冬。得一甲木。則倚之不滅。而焰至於無窮也。故曰可秋可冬。皆柔之道也。

任氏曰、丁非燈燭之謂、較丙火則柔中耳、內性昭融者、文明之象也、抱乙而孝、明使辛金不傷乙木也、合壬而忠、暗使戊土不傷壬水也、惟其柔中、故無太過不及之弊、雖時當乘旺、而不至赫炎、即時值就衰、而不至于熄

藏干透甲乙、秋生不畏金、支藏寅卯、冬產不忌水、

戊土固重。既中且正。靜翕動闢。萬物司命。水潤物生。火燥物病。若在艮坤。怕沖宜靜。

〔原注〕戊土非城牆隄岸之謂也。較己特高厚剛燥。乃己土發源之地。得乎中氣而且正大矣。春夏則氣闢而生萬物。秋冬則氣翕而成萬物。故爲萬物之司命也。其氣屬陽。喜潤不喜燥。坐寅怕申。坐申怕寅。蓋沖則根動。非地道之正也。故宜靜。

任氏曰、戊爲陽土、其氣固重、居中得正、春夏氣動而闢、則發生、秋冬氣靜而翕、則收藏、故爲萬物之司命也、其氣高厚、生於春夏、火旺宜水潤之、則萬物發生、燥則物枯、生於秋冬、水多宜火暖之、則萬物化成、溼則物病、艮坤者、寅申之月也、春則受剋、氣虛宜靜、秋則多洩、體薄怕沖、或坐寅申日、亦喜靜忌沖、又生四季月者、最喜庚申辛酉之金、秀氣流行、定爲貴格、己土亦然、如柱見木火、或行運遇之則破矣、

己土卑溼。中正蓄藏。不愁木盛。不畏水狂。火少火晦。金多金光。若要物旺。宜助宜幫。

（原注）己土卑薄軟溼。乃戊土枝葉之地。亦主中正而能蓄藏萬物。柔土能生木非木所能剋。故不愁木盛。土深而能納水。非水所能蕩。故不畏水狂。無根之火。不能生溼土。故火少而火反晦。溼土能潤金氣。故金多而金光彩。反清瑩可觀。此其無爲而有爲之妙用。若要萬物充盛長旺。惟土勢固重。又得火氣暖和方可。

任氏曰、己土爲陰溼之土、中正蓄藏、貫八方而旺四季、有滋生不息之妙用焉、不愁木盛者、其性柔和、木藉以培養、木不剋也、不畏水狂者、其體端凝、水得以納藏、水不沖也、火少火晦者、丁火也、陰土能斂火晦火也、金多金光者、辛金也、溼土能生金潤金也、柱中土氣深固、又得丙火去其陰溼之氣、更足以滋生萬物、所謂宜助宜幫者也、

庚金帶煞。剛健爲最。得水而清。得火而銳。土潤則生。土乾則脆。能嬴甲兄。輸

于乙妹。〔原注〕庚金乃天上之太白。帶殺而剛健。健而得水。則氣流而清。剛而得火。則氣純而銳。有水之土。能全其生。有火之土。能使其脆。甲木雖強。力足伐之。乙木雖柔。合而反弱。

任氏曰、庚乃秋天肅殺之氣、剛健爲最、得水而清者、壬水也、壬水發生、引通剛殺之性、便覺淬厲晶瑩、得火而銳者、丁火也、丁火陰柔、不與庚金爲敵、良冶銷鎔、遂成劍戟、洪爐煆煉、時露鋒鍖、生于春夏、其氣稍弱、遇丑辰之溼土則生、逢未戌之燥土則脆、甲木正敵、力能伐之、與乙相合、轉覺有情、乙非盡合庚而助暴、庚亦非盡合乙而反弱也、宜詳辨之、鍖音碪碪音斟

辛

金軟弱。溫潤而清。畏土之疊。樂水之盈。能扶社稷。能救生靈。熱則喜母。寒則喜丁。〔原注〕辛乃陰金。非珠玉之謂也。凡溫軟清潤者。皆辛金也。戊己土多而能埋。故畏之。壬癸水多而必秀。故樂之。辛爲丙之臣也。合丙化水。使丙火臣服壬水。而安扶社稷。辛爲甲之君也。合丙化水。使丙火不焚甲木。而救援生靈。生於九夏而得己土。則能晦火而存之。生於隆冬而

得丁火則能敵寒而養之。故辛金生於冬月。見丙火則男命不貴。雖貴亦不忠。女命剋夫。不剋亦不和。見丁男女皆貴且順。

任氏曰、辛金乃人間五金之質、故清潤可觀、畏土之疊者、戊土太重、而涸水埋金、樂水之盈者、壬水有餘、而潤土養金也、辛爲甲之君也、丙火能焚甲木、合而化水、使丙火不焚甲木、反有相生之象、辛爲丙之臣也、丙火能生戊土、合丙化水、使丙火不生戊土、反有相助之美、豈非扶社稷救生靈乎、生于夏而火多、有己土則晦火而生金、生于冬而水旺、有丁火則溼水而養金、所謂熱則喜母、寒則喜丁也、

壬水通河。能洩金氣。剛中之德。周流不滯。通根透癸。沖天奔地。化則有情。從則相濟。

（原注）壬水即癸水之發源。崑崙之水也。癸水即壬水之歸宿。扶桑之水也。有分有合。運行不息。所以爲百川者此也。亦爲雨露者此也。是不可歧而二之。申爲天關。乃天河之口。壬水

長生於此。能洩西方金氣。周流之性。漸進不滯。剛中之德猶然也。若申子辰全而又透癸。則其勢沖奔。不可遏也。如東海本發端於天河。每成水患。命中遇之。若無財官者。其禍當何如哉。合丁化木。又生丁火。則可謂有情。能制丙火。不使其奪丁之愛。故爲夫義而爲君仁。生於九夏。則巳午未中火土之氣。得壬水薰蒸而成雨露。故雖從火土。未嘗不相濟也。

任氏曰、壬爲陽水、通河者、卽天河也、長生在申、申在天河之口、又在坤方、壬水生此、能洩西方肅殺之氣、所以爲剛中之德也、百川之源、周流不滯、易進而難退也、如申子辰全、又透癸水、其勢泛濫、縱有戊己之土、亦不能止其流、若强制之、反沖激而成水患、必須用木洩之、順其氣勢、不至于沖奔也、合丁化木、又能生火、不息之妙、化則有情也、生於四五六月、柱中火土並旺、別無金水相助、火旺透干、則從火、土旺透干、則從土、調和潤澤、仍有相濟之功也、癸水至弱。達于天津。得龍而運。功化斯神。不愁火土。不論庚辛。合戊見火。化象斯眞。

（原注）癸水乃陰之純而至弱。故扶桑有弱水也。達於天津。隨天而運。得龍以成雲雨。乃能潤澤萬物。功化斯神。凡柱中有甲乙寅卯。皆能運水氣。生木制火。潤土養金。定爲貴格。火土雖多。不畏。至於庚金。則不賴其生。亦不忌其多。惟合戊土化火何也。戊生寅。癸生卯。皆屬東方。故能生火。此固一說也。不知地不滿東南。戊土之極處。卽癸水之盡處。乃太陽起方也。故化火。凡戊癸得丙丁透者。不論衰旺。秋冬皆能化火。最爲眞也。

任氏曰、癸水非雨露之謂、乃純陰之水、發源雖長、其性極弱、其勢最靜、能潤土養金、發育萬物、得龍而運。變化不測。所謂逢龍卽化、龍卽辰也、非眞龍而能變化也、得辰而化者、化辰之原神發露也、凡十干逢辰位、必干透化神、此一定不易之理也、不愁火土者、至弱之性、見火土多卽從化矣、不論庚辛者、弱水不能洩金氣、所謂金多反濁、癸水是也、合戊見火者、陰極

則陽生、戊土燥厚、柱中得丙火透露、引出化神、乃爲眞也、若秋冬金水旺地、縱使支遇辰龍、干透丙丁、亦難從化、宜細詳之、

地支

陽支動且強。速達顯災祥。陰支靜且專。否泰每經年。〔原注〕子寅辰午申戌陽也。其性動。其勢強。其發至速。其災祥至顯。丑卯巳未酉亥陰也。其性靜。其氣專。發之不速。而否泰之驗。每至經年而後見。

任氏曰、地支有以子至巳爲陽、午至亥爲陰者、此從冬至陽生、夏至陰生論也、有以寅至未爲陽、申至丑爲陰者、此分木火爲陽、金水爲陰也、命家以子寅辰午申戌爲陽、丑卯巳未酉亥爲陰、若子從癸、午從丁、是體陽而用陰也、巳從丙、亥從壬、是體陰而用陽也、分別取用、亦惟剛柔健順之理、與天干無異、但生剋制化、其理多端、蓋一支所藏或二干、或三干故耳、然

以本氣爲主、寅必先甲而後及丙、申必先庚而後及壬、餘支皆然、陽支性動而强、吉凶之驗恆速、陰支性靜而弱、禍福之應較遲、在局在運、均以此意消息之、

生方怕動庫宜開。敗地逢沖子細推。

（原注）寅申巳亥生方也。忌沖動。辰戌丑未四庫也。宜沖則開。子午卯酉。四敗也。有逢合而喜沖者。不若生地之必不可沖也。有逢沖而喜合者。不若庫地之必不可閉也。須仔細詳之。

任氏曰、舊說云金水能沖木火、木火不能沖金水、此論天干則可、論地支則不可、蓋地支之氣多不專、有他氣藏在內也、須看他氣乘權得勢、卽木火亦豈不能沖金水乎、生方怕動者、兩敗俱傷也、假如寅申逢沖、申中庚金、剋寅中甲木、寅中丙火、未嘗不剋申中庚金、申中壬水、剋寅中丙火、寅中戊土、未嘗不剋申中壬水、戰剋不靜故也、庫宜開者、然亦有宜不宜、詳

在雜氣章中、敗地逢沖仔細推者、子午卯酉之專氣也、用金水則可沖、用木火則不可沖、然亦須活看、不可執一、倘用春夏之金水、則金水之氣休囚、木火之勢旺相、金水豈不反傷乎、宜參究之、

傷	刦		比
甲	壬	癸	癸
寅	申	巳	亥
傷財官	印刦官	印財官	刦傷

癸	甲	乙	丙	丁	戊	己	庚
酉	戌	亥	子	丑	寅	卯	辰

秋水通源、金當令、水重重、木囚逢沖、不足爲用、火雖休而緊臨日支、況秋初餘氣未熄、用神必在巳火、巳亥逢沖、羣刦紛爭、所以連剋三妻、無子、兼之運走北方水地、以致破耗異常、至戊寅己卯、運轉東方、喜用合宜、得其溫飽、庚運制傷生刦、又逢酉年、喜用兩傷、不祿、

印 癸 巳 殺食才
印 癸 亥 卩比
　 甲 寅 比食才
卩 壬 申 殺卩才

壬戌　辛酉　庚申　己未　戊午　丁巳

甲寅日元、生于孟冬、寒木必須用火、柱中四逢旺水、傷用、無土砥定、似乎不美、妙在寅亥臨合、巳火絕處逢生、此卽興發之機、然初運西方金地、有傷體用、碌碌風霜、奔馳未遇、四旬外、運轉南方火土之地、助起用神、棄印就財、財發數萬、娶妾、連生四子、由是觀之、印綬作用、逢財、爲禍不小、不用就財、發福最大、

傷 辛 卯 官
印 丁 酉 傷
　 戊 子 財
比 戊 午 印刦

丙申　乙未　甲午　癸巳　壬辰　辛卯

此傷官用印、喜神卽是官星、非俗論土金傷官忌官星也、卯酉沖、則印綬無生助之神、子午沖、使傷官得以肆逞、地支金旺水生、木火沖剋已盡、天干火土虛脫、以致讀書未遂、碌碌經營、然喜水不透干、爲人文采風流、精

於書法、更兼中運天干金水、未免有志難申、凡傷官佩印、喜用在木火者、忌見金水也、

才		傷	傷
壬	戊	辛	辛
戌	辰	丑	未
比印傷	財比官	刦傷財	印刦官

乙 丙 丁 戊 己 庚

未 申 酉 戌 亥 子

此造非支全四庫之美、所喜者辛金吐秀、丑中元神透出、洩其精英、更妙木火伏而不見、純清不混、至酉運、辛金得地、中鄉榜、後因運行南方、木火並旺、用神之辛金受傷、由舉而進、而不能選、

印	傷		卩
戊	壬	辛	己
辰	戌	未	丑
才印食	印殺比	殺　才卩	卩比食

癸亥　甲子　乙丑　丙寅　丁卯　戊辰

此滿局印綬、土重金埋、壬水用神傷盡、未辰雖藏乙木、無沖或可借用、以待運來引出、乃被丑戌沖破、藏金暗相砍伐、以至剋妻無子、由此論之、四庫必要沖者、執一之論也、全在天干調劑得宜、更須用神有力、歲運輔助、庶無偏枯之病也、

支神只以沖爲重。刑與穿兮動不動。〔原注〕沖者必是相剋。及四庫兄弟之沖。所以必動。至於刑穿之間。又有相生相合者存。所以有動不動之異。

任氏曰、地支逢沖、猶天干之相剋也、須視其強弱喜忌而論之、至於四庫之沖、亦有宜不宜、如三月之辰、乙木司令、逢戌沖、則戌中辛金、亦能傷乙木、六月之未、丁火司令、逢丑沖、則丑中癸水、亦能傷丁火、按三月之乙、六

月之丁、雖屬退氣、若得司令、竟可爲用、沖則受傷、不足用矣、所謂墓庫逢沖則發者、後人之謬也、墓者、墳墓之意、庫者、木火金水收藏埋根之地、譬如得氣之墳、未有開動而發福者也、如木火金水之天干、地支無寅卯巳午申酉亥子之祿旺、全賴辰戌丑未之身庫通根、逢沖則微根拔盡、未有沖動而强旺者也、如不用司令、以土爲喜神、沖之有益無損、蓋土動則發生矣、刑之義無所取、如亥刑亥、辰刑辰、酉刑酉、午刑午、謂之自刑、本支見本支、自謂同氣、何以相刑、子刑卯、卯刑子、是謂相生、何以相刑、戌刑未、未刑丑、皆爲本氣、更不當刑、寅刑巳、亦是相生、寅申相刑、旣沖何必再刑、又曰子卯一刑也、寅巳申二刑也、丑戌未三刑也、故稱三刑、又有自刑、此皆俗謬、姑置之、穿卽害也、六害由六合而來、沖我合神、故爲之害、如子合丑而未沖丑、合子而午沖之類、子未之害、無非相剋、丑午寅亥之害、乃是相

生、何以爲害、且刑既不足爲憑、而害之義、尤爲穿鑿、總以論其生剋爲是、至于破之義、非害卽刑也、尤屬不經、削之可也、

才丙子刦
印辛卯傷
　壬子刦
刦癸卯傷

壬辰　癸巳　甲午　乙未　丙申　丁酉

壬子日元、支逢兩刄、干透癸辛、五行無土、年干丙火臨絕、合辛化水、最喜卯旺提綱、洩其精英、能化刦刄之頑、秀氣流行、爲人恭而有禮、和而中節、至甲運、木之元神發露、科甲連登、午運、得卯木洩水生火、及乙未丙運、官至郡守、仕途平順、以俗論之、子卯爲無禮之刑、且傷官羊刄逢刑、必至傲慢無禮、凶惡多端矣、

劫 辛未 官印財	財 乙未 官印財	庚辰 傷卩財	官 丁亥 才食

甲午　癸巳　壬辰　辛卯　庚寅　己丑

庚辰日元、生于季夏、金進氣、土當權、喜其丁火司令、元神發露而爲用神、能制辛金之刦、未爲火之餘氣、辰乃木之餘氣、財官皆通根有氣、更妙亥水潤土養金而滋木、四柱無缺陷、運走東南、金水虛、木火實、一生無凶無險、辰運午年、財官印皆有生扶、中鄉榜、由琴堂而遷司馬、壽至丑運、

劫 辛丑 印劫傷	財 乙未 官印財	庚辰 傷卩財	官 丁丑 印劫傷

甲午　癸巳　壬辰　辛卯　庚寅　己丑

此與前造大同小異、財官亦通根有氣、前則丁火司令、此則己土司令、更嫌丑時、丁火熄滅、則年干辛金肆逞、沖去未中木火微根、財官雖有若無、初運甲午、木火並旺、蔭庇有餘、一交癸巳、剋丁拱丑、傷刦並旺、刑喪破耗、壬辰運、妻子兩傷、家業蕩然無存、削髮爲僧、以俗論之、

丑未沖開財官兩庫、名利兩全也、

暗沖暗會尤爲喜。彼沖我兮皆沖起。〔原注〕如柱中無所缺之局。取多者暗沖暗會。沖起暗神而來會合暗神。比明沖明會尤佳。子來沖午。寅與戌會午是也。是日爲我。提綱爲彼。提綱爲我。年時爲彼。四柱爲我。運途爲彼。運途爲我。歲月爲彼。如我寅彼申。申能剋寅。是彼沖我。我子彼午。子能剋午。是我沖彼。皆爲沖起。

任氏曰、支中逢沖、固非美事、然八字缺陷者多、停勻者少、木火旺、金水必乏矣、金水旺、木火必乏矣、若旺而有餘者、沖去之、衰而不足者、會助之爲美、如四柱無沖會之神、得歲運暗來沖會尤爲喜也、蓋有病得良劑以生也、然沖有彼我之分、會有去來之理、彼我者、不必分年時爲彼、日月爲我、亦不必分四柱爲我、歲運爲彼也、總之喜神是我、忌神爲彼可也、如喜神是午、逢子沖、是彼沖我、喜與寅戌會爲吉、喜神是子逢午沖、是我沖彼、忌寅與戌會爲凶、如喜神是子有申得辰會而來之爲吉、喜神是亥、有未得卯會而去之則凶、寧可我去沖彼、不可彼來沖我、我去沖彼、謂之沖起、彼來沖我、謂之不起、水火之沖會如此、餘可例推、

殺	庚	戌	官傷才
刦	乙	酉	官
	甲	寅	比食才
殺	庚	午	傷財

丙戌　丁亥　戊子　己丑　庚寅　辛卯

此造干透兩庚、正當秋令、支會火局、雖制殺有功、而剋洩並見、且庚金銳氣方盛、制之以威、不若化之以德、化之以德者、有益於日主也、制之以威者、洩日主之氣也、由此推之、不喜會火局也、反以火爲病矣、故子運辰年、大魁天下、子運沖破火局、去午之旺神也、引通庚金之性、益我日主之氣、辰年溼土、能洩火氣、拱我子水、培日主之根源也、

比 丁巳 財刦傷　壬子
殺 癸丑 殺才食　辛亥
　 丁卯 卩　　　庚戌
刦 丙午 比食　　己酉
　　　　　　　　戊申
　　　　　　　　丁未

丁火雖生季冬、比刦重重、癸水退氣、無力制刦、不足爲用、必以丑中辛金爲用、得丑土包藏、洩刦生財、爲輔用之喜神也、所嫌者、卯木生刦奪食爲病、以致早年妻子刑傷、初運壬子辛亥、暗沖巳午之火、蔭庇有餘、庚戌運、暗來拱合午火、刑傷破耗、至己酉會金局沖去卯木之病、財發十餘萬、由此觀之、暗沖其忌神、暗會其喜神、發福不淺、暗沖其喜神暗會其忌神、爲禍非輕、暗沖暗會之理、其可忽乎、

才 庚寅 卩比食　壬午
財 辛巳 才比食　癸未
　 丙寅 卩比食　甲申
　　　　　　　　乙酉
　　　　　　　　丙戌

丙火生於孟夏、地支兩寅一卯、巳火乘權、引出寅中丙火天干雖逢庚辛皆虛浮無根、初運壬午癸未無根之水、能洩金氣、地支午未南方、又助旺火、財之氣剋洩已

財辛卯　印丁亥　盡、祖業雖豐、刑喪早見、甲運臨申、本無大患、因流年木火、又刑妻剋子、家計蕭條、一交申字、暗沖寅木之病、天干浮財通根、如枯苗得雨、浡然而興、及乙酉十五年、自挪數倍于祖業、申運驛馬逢財、出外大利、經營得財十餘萬、丙戌運丙子年、凶多吉少、得風疾不起、比肩爭財、乃臨絕地、子水不足以剋火、反生寅卯之木故也、

旺者沖衰衰者拔、衰神沖旺旺神發。（原注）子旺午衰、沖則午拔不能立。子衰午旺。沖則午發而爲福。餘倣此。

任氏曰、十二支相沖、各支中所藏、互相沖剋、在原局爲明沖、在歲運爲暗沖、得令者沖衰則拔、失時者沖旺無傷、沖之者有力、則能去之、去凶神則利、去吉神則不利、沖之者無力、則反激之、激凶神則爲禍、激吉神雖不爲禍、亦不能獲福也、如日主是午、或喜神是午、支中有寅卯巳未戌之類、遇

子沖謂衰神沖旺、無傷日主是午、或喜神是午、支中有申酉亥子丑辰之類、遇子沖、謂旺者沖衰、則拔、餘支皆然、然以子午卯酉寅申巳亥八支爲重、辰戌丑未較輕、如子午沖、子中癸水沖午中丁火、如午旺提綱、四柱無金而有木、則午能沖子、卯酉沖、酉中辛金、沖卯中乙木、如卯旺提綱、四柱有火而無土、則卯亦能沖酉、寅申沖、寅中甲木丙火、被申中庚金壬水所剋、然寅旺提綱、四柱有火、則寅亦能沖申矣、巳亥沖、巳中丙火戊土、被亥中甲木壬水所剋、然巳旺提綱、四柱有木、則巳亦能沖亥矣、必先察其衰旺、四柱有無解救、或抑沖、或助沖、觀其大勢、究其喜忌、則吉凶自驗矣、至于四庫兄弟之沖、其蓄藏之物、看其四柱干支有無引出、如四柱之干支、無所引出、及司令之神、又不關切、雖沖無害、合而得用亦爲喜、原局與歲運、皆同此論、

食	戊辰	印食官	壬戌
財	辛酉	財	癸亥
	丙午	刦傷	甲子
官	癸巳	才比食祿	乙丑
			丙寅
			丁卯

此造旺財當令、加以年上食神生助、日逢時祿、不爲無根、所以身出富家、時透癸水、巳火失勢、逢酉邀而拱金矣、五行無木、全賴午火幫身、則癸水爲病明矣、一交子運、癸水得祿、子辰拱水、酉金黨子沖午、四柱無解救之神、所謂旺者沖衰衰者拔、破家亡身、若運走東南木火之地、豈不名利兩全乎、

財	庚寅	印刦傷	癸未
官	壬午	比食祿	甲申
	丁卯	印	乙酉
殺	癸卯	印	丙戌
			丁亥
			戊子

此財官虛露無根、梟比當權得勢、以四柱觀之、貧夭之命、前造身財並旺、反遭破敗無壽、此則財官休囚、剏業有壽、不知彼則無木、逢水沖則拔、此則有水、遇火刦有救、至甲申乙酉運、庚金祿旺、壬癸逢生、又沖去寅卯之

木、所謂衰神冲旺旺神發、驟然發財巨萬、命好不如運好、信斯言也、

干支總論

陰陽順逆之說。洛書流行之用。其理信有之也。其法不可執一。〔原注〕陰生陽死。陽順陰逆。此理出於洛書。五行流行之用。固信有之。然甲木死午。午爲洩氣之地。理固然也。而乙木死亥。亥中有壬水。乃其嫡母。何爲死哉。凡此皆詳其干支輕重之機。母子相依之勢。陰陽消息之理。而論吉凶可也。若專執生死敗絕之說。推斷多誤矣。

任氏曰、陰陽順逆之說、其理出洛書、流行之用、不過陽主聚、以進爲退、陰主散、以退爲進、若論命理、則不專以順逆爲憑、須觀日主之衰旺、察生時之淺深、究四柱之用神、以論吉凶、則了然矣、至于長生沐浴等名、乃假借形容之辭也、長生者、猶人之初生也、沐浴者、猶人之初生而沐浴以去垢也、冠帶者、形氣漸長、猶人年長而冠帶也、臨官者、由長而旺、猶人之可以

出仕也、帝旺者、壯盛之極、猶人之輔帝而大有爲也、衰者、盛極而衰、物之初變也、病者、衰之甚也、死者、氣之盡而無餘也、墓者、造化有收藏、猶人之埋於土也、絕者、前之氣絕而後將續也、胎者、後之氣續而結胎也、養者、如人之養母腹也、自是而復長生、循環無端矣、人之日主不必生逢祿旺、卽月令休囚、而年日時中、得長生祿旺、便不爲弱、就使逢庫、亦爲有根、時說謂投墓而必沖者、俗書之謬也、古法只有四長生、從無子午卯酉爲陰長生之說、水生木、申爲天關、亥爲天門、天一生水、卽生生不息、故木皆生在亥、木死午爲火旺之地、木至午發洩已盡、故木皆死在午、言木而餘可類推矣、夫五陽育于生方、盛于本方、弊于洩方、盡于剋方、于理爲順、五陰生于洩方、死于生方、于理爲背、卽曲爲之說、而子午之地、終無產金產木之道、寅亥之地、終無滅火滅木之道、古人取格、丁遇酉、以財論、乙遇午、己遇酉、辛遇子、癸遇卯、以食神洩氣論、俱不以生論、乙遇亥、癸遇申、以印論、俱不以死論、即己遇寅藏之丙火、辛遇巳藏之戊土、亦以印論、不以死論、由此觀之、陰陽同生同死可知也、若執定陰陽順逆、而以陽生陰死、陰生陽死論命、則太謬矣、故知命章中、順逆之機須理會、正爲此也、

	四柱		運
傷	丙子	卩	庚子
才	己亥	印刦	辛丑
	乙亥	印刦	壬寅
傷	丙子	卩	癸卯
			甲辰
			乙巳

乙亥日元、生于亥月、喜其天干兩透丙火、不失陽春之景、寒木向陽、清而純粹、惜乎火土無根、水木太重、讀書未售、秉之中年一路水木、生扶太過、局中火土皆傷、以致財鮮聚而志未伸、然喜無金、業必清高、若以年時爲乙木病位、月日爲死地、豈不休囚已極、宜用生扶之運、今以亥子之水作生論、則不宜再見水木也、

官	戊	午	才殺
食	乙	卯	食
食	癸	卯	食
比	癸	亥	刦傷

丙辰　丁巳　戊午　己未　庚申　辛酉

此春水多木、過于洩氣、五行無金、全賴亥時比刦幫身、嫌其亥卯拱局、又透戊土、剋洩並見、交戊午運不壽、若據書云、癸水兩坐長生、時逢旺地、何以不壽、又云食神有壽妻多子、食神生旺勝財官、此名利兩全、多子有壽之格也、總以陰陽生死之說、不足憑也、

故天地順遂而精粹者昌。天地乖悖而混亂者亡。不論有根無根。俱要天覆地載。

任氏曰、取用干支之法、干以載之支爲切、支以覆之干爲切、如喜甲乙、而載以寅卯亥子、則生旺、載以申酉、則剋敗矣、忌丙丁、載以亥子則制伏、載以巳午寅卯、則肆逞矣、如喜寅卯、而覆以甲乙壬癸則生旺、覆以庚辛、則剋敗矣、忌巳午而覆以壬癸則制伏、覆以丙丁甲乙、則肆逞矣、不特此也、

干通根于支、支逢生扶、則干之根堅、支逢沖剋、則干之根拔矣、支受蔭于干、干逢生扶、則支之蔭盛、干逢剋制、則支之蔭衰矣、凡命中四柱干支、有顯然吉神而不爲吉、碻乎凶神而不爲凶者、皆是故也、此無論天干一氣、地支雙清、總要天覆地載、

十神	四柱	藏干十神	大運
印	己亥	食才	丙寅
官	丁卯	財	乙丑
	庚申	比食祿印	甲子
比	庚辰	財印傷	癸亥
			壬戌
			辛酉

庚金雖生春令、支坐祿旺、時逢印比、足以用官、地支載以卯木財星、又得亥水生扶有情、丁火之根愈固、所謂天地順遂而精粹者昌也、歲運逢壬癸亥子、干有己印衞官、支得卯財化傷、生平履險如夷、少年科甲、仕至封疆、經云、日主最宜健旺、用神不可損傷、信斯言也、

印　己酉　刦
官　丁卯　財
　　庚辰　傷卩財
才　甲申　卩食比

丙寅　乙丑　甲子　癸亥　壬戌　辛酉

此亦以丁火官星爲用、地支亦載以卯木財星、與前造大同小異、只爲卯酉逢沖、剋敗丁火之根、支中少水、財星有剋無生、雖時透甲木臨於申支、謂地支不載、雖有若無、故身出舊家、詩書不繼、破耗刑傷、一交戌運、支類西方、貧乏不堪、

刦　庚申　印傷刦
傷　壬午　卩殺
　　辛酉　比
食　癸巳　印官刦

癸未　甲申　乙酉　丙戌　丁亥　戊子

此庚辛壬癸、金水雙清、地支申酉巳午、煅煉有功、謂午火眞神得用、理應名利雙輝、所惜者、五行無木、金雖失令而黨多、火雖當令而無輔、更嫌壬癸覆之、緊貼庚辛之生、而申中又得長生、則壬水愈肆逞矣、雖有巳火助午、無如巳酉拱金、則午火之勢必孤、所以申酉兩運、破耗異常、丙戌運中、

助起用神、大得際遇、一交亥運、壬水得祿、癸水臨旺、火氣剋盡、家破身亡、

劫 庚申 劫傷印　癸未

傷 壬午 殺印　甲申

　 辛酉 比　乙酉

財 甲午 殺印　丙戌

丁亥

戊子

此亦用午中丁火之殺、壬水亦覆之於上、亦有庚金緊貼之生、所喜者午時一助、更妙天干覆以甲木、則火之蔭盛、且壬水見甲木而貪生、不來敵火、四柱有相生之誼、無爭剋之風、中鄉榜、仕至觀察、與前造只換得先後一時、天淵之隔、所謂毫釐千里之差也、

天全一氣。不可使地德莫之載。〔原注〕四甲四乙。而遇寅申卯酉。爲地不載。

任氏曰、天全一氣者、天干四甲、四乙、四丙、四丁、四戊、四己、四庚、四辛、四壬、四癸、皆是也、地支不載者、地支與天干無生化也、非特四甲四乙而遇申酉寅卯爲不載、卽全受剋于地支、或反剋地支、或天干不顧地支、或地支

不顧天干、皆爲不載也、如四乙酉者、受剋于地支也、四辛卯者、反剋地支也、必須地支之氣上升、天干之氣下降、則流通生化、而不至於偏枯、又得歲運安頓、非富亦貴矣、如無升降之情、反有沖剋之勢、皆爲偏枯而貧賤矣、宜細究之、

比　甲申　殺卩才
比　甲戌　官傷才
　　甲寅　比食才
比　甲戌　官傷才

乙亥　丙子　丁丑　戊寅　己卯　庚辰

年支申金、沖去日主寅木、加以戌土乘權重見、生金助殺、謂地支不顧天干、夫四甲一寅、似乎強旺、第秋木休囚、沖去祿神、其根已拔、不作旺論、故寅卯亥子運中、衣食頗豐、一交庚辰、殺之元神透出、四子俱傷、破家不祿、干多不如支重、理固然也、

比　戊子　財
比　戊午　劫印
　　戊戌　比印傷
比　戊午　劫印

己未　庚申　辛酉　壬戌　癸亥　甲子

此滿局火土、子衰午旺、沖則午發而愈烈、熬乾滴水、是謂天干不覆、初交己未、孤苦萬狀、至庚申辛酉運、引通戊土之性、大得際遇、娶妻生子、立業成家、一交壬戌、水不通根、暗拱火局、遭祝融之變、一家五口皆亡、如天干透一庚辛、或地支藏一申酉、豈至若是之結局乎、

比　戊申　食才比
比　戊午　劫印
　　戊子　財
比　戊午　劫印

己未　庚申　辛酉　壬戌　癸亥　甲子

此與前造祇換一申字、而天干之氣下降、地支之水有源、午火雖烈、究不能傷申金、用金明矣、況有子水爲去病之喜神、交申運戊辰年四月入學、九月登科、蓋得太歲辰字、暗會水局之妙、惜將來壬戌運中、天干羣比爭財、地支暗會火局、未見其吉矣、

比 辛卯 才　庚寅
比 辛卯 才　己丑
　 辛卯 才　戊子
比 辛卯 才　丁亥
　　　　　　丙戌
　　　　　　乙酉

此造四木當權、四金臨絕、雖曰反剋地支、實無力剋也、如果能剋、可用財矣、若能用財、豈無成立乎、彼出母腹、數年間父母皆亡、與道士為徒、己丑戊子運、印綬生扶、衣食無虧、一交丁亥、生火剋金、即亡其師、所有微業、嫖賭掃盡而死、

地全三物。不可使天道莫之容。〔原注〕寅卯辰。亥卯未。而遇甲庚乙辛。則天不覆。然不特全一氣與三物者。皆宜天覆地載。不論有根無根。皆要循其氣序。干支不反悖為妙。

任氏曰、地支三物者、支得寅卯辰、巳午未、申酉戌、亥子丑之方是也、如寅卯辰日主是木、要天干火多、日主是火、要天干金旺、日主是金、要天干土重、大凡支全三物、其勢旺盛、如旺神在提綱、天干必須順其氣勢、洩之可也、如旺神在別支、天干制之有力、制之可也、何以旺神在提綱、只宜洩而

不宜制、夫旺神在提綱者、必制神之絕地也、如強制之、不得其性、及激而肆逞矣、旺神者、本方提綱得寅卯是也、制神者、庚辛金也、寅卯乃庚辛之絕地也、如辰在提綱、四柱干支、又有庚辛之助、方可制矣、所謂循其氣序、調劑得宜、斯爲全美、木方如此、餘可例推、

官	殺		食
辛	庚	甲	丙
卯	寅	辰	寅
刦	比食才	刦才印	比食才

己	戊	丁	丙	乙	甲
丑	子	亥	戌	酉	申

此寅卯辰東方、兼之寅時、旺之極矣、年月兩金臨絕、旺神在提綱、休金難剋、而且丙火透時、木火同心、謂強衆而敵寡、勢在去庚辛之寡、早行土運生金、破耗異常、進京入部辦事、至丙戌運、分發廣東、得軍功、升知縣、喜其剋盡庚辛之美、至酉、庚辛得地、不祿宜矣、

殺 庚寅 比食才
殺 庚辰 印才刦
　 甲寅 比食才
傷 丁卯 刦

辛巳　壬午　癸未　甲申　乙酉　丙戌

此亦寅卯辰東方、旺神不是提綱、辰土歸垣、庚金得載力量足以剋木、丁火雖透、非庚金之敵、用殺明矣、至甲申運、庚金祿旺、暗沖寅木、科甲聯登、仕至郡守、一交丙運、制殺、降職歸田、

陽乘陽位陽氣昌。最要行程安頓。〔原注〕六陽之位。獨子寅辰爲陽方。爲陽位之純。五陽居之。如若是旺神。最要行運陰順安頓之地。

任氏曰、六陽皆陽、非子寅辰爲陽之純也、須分陽寒陽暖而論也、西北爲寒、東南爲暖、如若申戌子全、爲西北之陽寒、最要行運遇卯巳未東南之陰暖是也、如寅辰午全、爲東南之陽暖、最要行運遇酉亥丑西北之陰寒是也、此舉大局而論、若遇日主之用神喜神、或木或火或土、是東南之陽暖、歲運亦宜配西北之陰水陰木陰火、方能生助喜神用神、而歡如酬酢、

若歲運遇西北之陽水陽木陽火、則爲孤陽不生、縱使生助喜神、亦難切當、不過免崎嶇而趨平坦也、陽暖之局如此、陽寒之局亦如此論、所謂陽盛光昌剛健之勢、須配以陰盛包寒柔順之地是也、若不深心確究、孰能探其精微、而得其要訣乎、

官　癸巳　食比才
比　丙辰　印食官
　　丙午　劫傷
才　庚寅　卩比食

乙卯　甲寅　癸丑　壬子　辛亥　庚戌

此東南之陽暖、天干金水、似乎無根、喜月支辰土、洩火蓄水而生金、庚金拄角逢生、則庚金可用、癸水卽庚金之喜神、初運乙卯甲寅、金絕火生而水洩、孤苦不堪、一交癸丑、北方陰溼之地、金水通根、又得巳丑拱金之妙、出外大得際遇、驟然發財十餘萬、陽暖逢寒、配合之美也、

食　印　　　才
戊　乙　丙　庚
寅　丑　寅　寅
卩比食　傷財官　卩比食　卩比食

丙寅　丁卯　戊辰　己巳　庚午　辛未

丙寅日元、雖支遇三寅、最喜丑土乘權、財星歸庫、若運走西北土金、財業必勝前造、惜一路東南木火之地、祖業破盡、徧歷數省、奔馳不遇、至午運、暗會刦局、死于廣東、一事無成、莫非運也、

陰乘陰位陰氣盛。還須道路光亨。〔原注〕六陰之位。獨酉亥丑爲陰方。乃陰位之純。五陰居之。如若是旺神。最要行運陽順光亨之地。

任氏曰、六陰皆陰、非酉亥丑爲陰之盛也、須分陰寒陰暖而論也、承上文西北爲寒、東南爲暖、假如酉亥丑全、爲西北之陰寒、最要行運遇東南寅辰午之陽暖是也、如卯巳未全、爲東南之陰暖、最要行運遇申戌子西北之陽寒是也、此舉大局而論、若日主之用神喜神、或金、或水、或土、是西北之陰寒、歲運亦宜配東南之陽金陽火陽土、方能助用神喜神、而福力彌

增、若歲運遇東南之陰金陰火陰土、則爲純陰不育、難獲厚福、不過和平而無災咎也、陰寒之局如此論、陰暖之局亦如此論、所謂陰盛包含柔順之氣、須配以陽盛光昌剛健之地者是也、

傷 丙	子 卩	庚子
才 己	亥 劫印	辛丑
乙	酉 殺	壬寅
印 壬	午 才食	癸卯
		甲辰
		乙巳

此全酉亥子西北之陰寒、寒木更宜向陽、以丙火爲用、壬水卽其病也、然喜壬水遠隔、與日主緊貼、日主本衰、未嘗不喜其生、又有己土透干、亦能砥定中流、且喜天干水木火土、各立門戶、相生有情、地支午火緊制七殺、年月火土、通根祿旺、更喜行運東南陽暖之地、不但四柱有情、而且行運光亨、早年聯登甲第、仕至封疆、皆陰陽配合之妙也、

	才	傷		印
	己亥	丙子	乙丑	壬午
	劫印	印	才殺印	才食

乙亥　甲戌　癸酉　壬申　辛未　庚午

此與前只換一酉字、以俗論之、酉換丑更美、酉乃七殺剋我、丑乃偏財我剋、又能止水、何其妙也、不知丑乃溼土、能洩火不能止水、酉雖七殺、午火緊剋、不洩火之元神、彼則丙火在年、壬水遙遠、又得己土一隔、此則丙火在月、壬水相近、己土不能爲力、子水又逼近相沖、而且運走西北陰寒之地、丙火一無生扶、乙木何能發生、十干體象云、虛溼之地、騎馬亦憂、斯言不謬也、所以屈志芸窗、一貧如洗、剋妻無子、至壬申運、丙火剋盡而亡、所謂陰乘陰位、陰氣盛也、

地生天者。天衰怕沖。〔原注〕如丙寅戊寅丁酉壬申癸卯己酉皆長生日主。甲子乙亥丙寅丁卯己巳皆自生日主。如主衰逢沖。則相拔而禍更甚。

任氏曰、地生天者、如甲子丙寅丁卯己巳戊午壬申癸酉乙亥庚辰辛丑是也、日主生于不得令之月、柱中又少幫扶、用其身印、沖則根拔、生機絕矣、為禍最重、若日主得時當令、或年時皆逢祿旺、或天干比刦重疊、或官星衰弱、反忌印綬之洩、則不怕沖破矣、總之看日主之氣勢、旺相者喜沖、休囚者怕沖、雖以日主而論、歲運沖亦然、

卩	食		比
甲	戊	丙	丙
寅	辰	寅	申
卩比食	食印官	卩比食	才殺食

己巳　庚午　辛未　壬申　癸酉　甲戌

此坐下印綬、生于季春、印氣有餘、又年逢甲寅、則太過矣、土雖當令、而木更堅、喜其寅申逢沖、財星得用、第嫌比肩蓋頭、沖之無力、早年運走南方、起倒異常、至壬申癸酉二十年、幫沖寅木、剋去比肩、剏業興家、此謂乘印就財也、

殺　印　　　比
壬　甲　丙　丙、
申　辰　寅　申
才殺食　印食官　卩比食　才殺食

乙　丙　丁　戊　己　庚
巳　午　未　申　酉　戌

此坐下印綬、亦在季春、印綬未嘗無餘、年干壬殺、生印有情、不足畏也、所嫌者、兩申沖寅、甲木之根拔、還喜壬水洩金生木、運走丙午、刦去申財、入學補廩登科、丁未合去壬水、三走春闈不捷、戊申剋去壬水、三沖寅木、而死於途、此造之壬水、乃甲木之元神、斷不可傷、壬水受傷、甲木必孤、凡獨殺用印者、最忌制殺也、

天合地者。地旺喜靜。〔原注〕如丁亥戊子甲午己亥辛巳壬午癸巳之類。皆支中人元。與天干相合者。此乃坐下財官之地。財官若旺。則宜靜不宜沖。

任氏曰、十干之合、乃陰陽相配者也、五陽合五陰爲財、五陰合五陽爲官、所以必合、倘有陰旺不從陽、陽旺不從陰、雖合不化、有爭合妒合分合之別、若露干合支中暗干、則隨局無所不合、無所不分爭妒忌矣、此節本有

至理、只因原注少變通耳、天合地三字、須活看輕看、重在下句地旺喜靜四字、夫地旺者、天必衰也、喜靜者、四支無沖剋之物、有生助之神也、天干衰而無助、地支旺而有生、天干必懷忻合之意、若得地支元神透出、緣上天下地、升降有情、此合似從之意也、合財似從財、合官似從官、非十干合化之理也、所以靜則居安、尙堪保守、動則履危、難以支持、然可言合者、只有戊子辛巳丁亥壬午四日耳、若甲午日、則午必先丁而後己、己土豈能專權而合甲、己亥日、亥必先壬而後甲、甲豈能出而合己、癸巳日、巳必先丙而後戊、戊豈能越佔而合癸、此三日不論、至於十干、應合而化、則爲化格、另有作用、解在化格章中、

	年	月	日	時
天干	官 己	印 辛	壬	傷 乙
地支	巳	未	午	巳
藏干	殺才卩	財官傷	官財	殺才卩

庚午　己巳　戊辰　丁卯　丙寅　乙丑

支類南方、乘權當令、地旺極矣、火炎土燥、脆金難滋水源、天衰極矣、故日干之情、不在辛金、其意向必在午中丁火而合從矣、己巳戊辰運、生金洩火、刑耗有之、丁卯丙寅、木火並旺、剋盡辛金、經營發財巨萬、

	年	月	日	時
天干	食 己	刦 丙	丁	財 庚
地支	丑	子	亥	子
藏干	食才殺	殺	印官	殺

乙亥　甲戌　癸酉　壬申　辛未　庚午

此造支類北方、地旺極矣、天干火虛、無木生扶、又有溼土晦火、天衰極矣、人皆論其殺重身輕、取火幫身敵殺、戊寅歲、金絕火生、又合去亥水、必有大凶、果卒季夏、此地支官星乘旺、又類官方、天干無印、己土洩丙、未足幫

身此爲天地合而從官也、甲戌運生火剋水、刑喪破耗、家業已盡、癸酉、壬申、剋盡丙火、助起財官、獲利五萬、未運丙子年遭回祿、破去二萬、人皆取其火土幫身、以午未運爲美、殊不知比刦奪財、反致大凶、

甲申戊寅眞爲殺印相生。庚寅癸丑也坐兩神興旺。〔原注〕兩神者。殺印也。庚金見寅中火土。卻多甲木而以財論。癸見丑中土金。卻多癸水則幫身。不如甲見申中壬水庚金。戊見寅中甲木丙火之爲眞也。

任氏曰、支坐殺印、非止此四日、如乙丑辛未壬戌之類、亦是兩神也、癸丑多比肩、戊寅豈無比肩乎、庚寅多財星、甲申豈無財星乎、非惟庚寅癸丑不眞、卽甲申戊寅、亦難作據、若只以日主一字論格、則年月時中、作何安頓理會耶、不過將此數日爲題、用殺則扶之、不用則抑之、須觀四柱氣勢、日主衰旺之別、如身强殺淺、則以財星滋殺、身殺兩停、則以食神制殺、殺

强身弱則以印綬化殺論局中殺重身輕者、非貧卽夭、制殺太過者、雖學無成、論行運殺旺、復行殺地者、立見凶災、制殺再行制鄉者、必遭窮乏之書云、格格推詳、以殺爲重、又云、有殺只論殺、無殺方論用、殺其可忽乎、

印	壬	午	傷財
財	己	酉	官
	甲	申	殺印才
比	甲	子	印

庚戌　辛亥　壬子　癸丑　甲寅　乙卯

甲申日元、生于八月、官殺當權、喜其午火緊制酉金、子水化其申金、所謂去官留煞、煞印相生、木凋金旺、印星爲用、甲第聯登、由郎署出爲觀察、從臬憲而轉封疆、

卩　壬辰　劫才印
財　己酉　官
　　甲申　殺卩才
比　甲子　印

庚戌　辛亥　壬子　癸丑　甲寅　乙卯

此與前造只換一辰字、以俗論之、前則制官留殺、此則合官留殺、功名仕路無所高下、殊不知有天淵之隔、夫制者剋而去之、合者有去有不去也、如以辰土爲財、則化金而助殺、以酉金爲官、仍化金而黨殺、由此觀之、清中帶濁、且以財爲病者、不但功名蹭蹬、而且刑耗難辭、惟亥運逢生、可獲一衿、壬子如逢木年、秋闈有望、癸丑合去子印、一阻雲程、有凶無吉、甲寅運被申沖破、壽元有礙矣、

上下貴乎情協。〔原注〕天干地支雖非相生。宜有情而不反背。

任氏曰、上下情協者、互相衞護、干支不反背者也、如官衰傷旺、財星得局、官旺財多、比刦得局、殺重用印、忌財者、財臨刦地、身强殺淺、喜財者、財坐

食鄉、財輕刦重、有官而官星制刦、無官而食傷化刦、皆謂有情、如官衰遇傷、財星不現、官旺無印、財星得局、殺重用印、忌財者財坐食位、身旺煞輕、喜財者、財坐刦地、財輕刦重、無食傷而官失令、有食傷而印當權、皆爲不協、

傷	官		才
己	癸	丙	庚
巳	酉	寅	寅
才比食	財	卩比食	卩比食

壬申　辛未　庚午　己巳　戊辰　丁卯

此日主兩坐長生、年支又逢祿旺、足以用官、癸水官星被己土貼身一傷、喜得官臨財位、尤妙巳酉拱金、則己土之氣已洩、而官星之根固矣、所以一生不遭凶險、名利兩全也、

官	官		卩
癸	癸	丙	甲
亥	亥	辰	午
殺卩	殺卩	官食印	傷刦

壬戌　辛酉　庚申　己未　戊午　丁巳

此官殺乘旺、原可畏也、然喜午時、生食制煞、時干透甲、生火洩水、旺殺半化爲印、衰木兩遇長生、賴此木根愈固、上下情協、不誣也、白手成家、發財數萬、

刦	官		傷
甲	庚	乙	丙
寅	午	卯	子
財傷刦	才食	比	卩

辛未　壬申　癸酉　甲戌　乙亥　丙子

專祿日主、時支子水生之、年干甲木、亦坐祿旺、用庚金則火旺無土、坐于火地、用丙火則子沖去其旺支、卽或用火、亦無安頓之運、所以一敗如灰、至乙亥運、水木齊來、竟爲乞丐、

比　　才　　　　印
乙　己　乙　壬
丑　卯　亥　午
印殺才　比　劫印　才食

戊寅　丁丑　丙子　乙亥　甲戌　癸酉

此己土之財、通根在丑、得祿于午、似乎身財並旺、不知己土之財、比肩奪去、丑土之財、卯木剋破、午火食神、亥水剋之、壬水蓋之、無從引化、所謂上下無情也、初逢戊寅丁丑、財逢生助、遺業頗豐、一交丙子、沖去午火、一敗而盡、乙亥運、妻子俱賣、削髮爲僧、又不守淸規、凍餓而死、合此兩造觀之、則上下之情協與不協、富貴貧賤、遂判天淵、卽于此證驗焉、

左右貴乎同志。〔原注〕上下左右。雖不全一氣之物。須生化不錯。

任氏曰、左右同志者、制化得宜、左右生扶、不雜亂者也、如殺旺身弱、有羊刃合之、或印綬化之、身旺殺弱、有財星生之、或官星助之、身殺兩旺、有食神制之、或傷官敵之、此謂同志、若身弱而殺有財滋、則財爲累矣、身旺而

刦將官合則官已忘矣、總之日主所喜之神、必要貼身透露、喜殺而殺與財親、忌殺而煞逢食制、喜印而印居官後、忌印而印讓財先、喜財而遇食傷、忌財而遭比刦、日主所喜之神、得閑神相助、不爭不妒、所忌之神、被閑神制伏、不肆不逞、此謂同志宜細究之、

食 壬申 比食
殺 丙午 官印
　 庚午 官印
比 庚辰 財傷

丁未　戊申　己酉　庚戌　辛亥　壬子

此丙火之殺雖旺、壬水之根亦固、日主有比肩之助、溼土之生、謂身殺兩停、用壬制殺、天干之同志者、地支之同志者、辰土也、一制一化、可謂有情、運至金水之鄉、仕途顯赫、位至封疆、

食　壬午　官印
殺　丙午　官印
　　庚申　比食印
印　戊寅　才殺印

丁未　戊申　己酉　庚戌　辛亥　壬子

此造與前合觀、大同小異、況乎日坐祿旺、壬水亦緊制殺、何彼則名利雙收、此則終身不發、蓋彼則壬水逢申之生地、制殺有權、此則壬水坐午之絕地、敵殺無力、彼則時干比刦幫身、又可生水、此則時上梟神剋水、而不能生食、所謂左右不能同志者也、

始其所始。終其所終。富貴福壽。永乎無窮。〔原注〕年月爲始。日時不反背之。日時爲終。年月不妒忌之。凡局中所喜之神。引於時支。有所歸者。爲始終得所。則富貴福壽。永乎無窮矣。

任氏曰、始終之理、要干支流通、四柱生化不息之謂也、必須接續連珠、五行俱足、卽多缺乏、或有合化之情、互相護衛、純粹可觀、所喜者逢生得地、所忌者受剋無根、閑神不黨忌物、忌物合化爲功、四柱干支、一無棄物、縱有傷梟刦刃、亦來輔格助用、喜用有情、日元得氣、未有不富貴福壽者也、

官　印　　　食
壬　甲　丁　己
寅　辰　亥　酉
印刦傷　卩傷殺　官印　才

乙巳　丙午　丁未　戊申　己酉　庚戌　辛亥　壬子

年干壬水爲始、日支亥水爲終、官生印、印生身、食神發用吐秀、財得食神之覆、官逢財星之生、傷官雖當令、印綬制之有情、年月不反背、日時不妒忌、始終得所、貴至二品、富有百萬、子孫濟美、壽至八旬、

官　印　　　食
戊　庚　癸　乙
戌　申　亥　卯
官才卩　印刦官　刦傷　食

辛酉　壬戌　癸亥　甲子　乙丑　丙寅　丁卯　戊辰

此造土生金、金生水、水生木、干支同流、但有相生之誼、而無爭妒之風、戌中財星歸庫、官淸印正分明、食神吐秀逢生、鄉榜出身、仕至黃堂、一妻二妾、子有十三、科第連綿、富有百萬、壽過九旬、

官	印		食
甲	丙	己	辛
子	寅	巳	未
才	官印劫	傷印劫	殺比卩

丁卯　戊辰　己巳　庚午　辛未　壬申　癸酉　甲戌

此造天干木生火、火生土、土生金、地支水生木、木生火、火生土、土生金、且由支而生干、從地支則以年支子水生寅木爲始、至時干辛金爲終、從天干亦以年支子水生甲木爲始、至時干辛金爲終、天地同流、正所謂始其所始、終其所終也、是以科甲聯登、仕至極品、夫婦齊美、子孫繁衍、科甲不絕、壽至九旬、

形象

兩氣合而成象。象不可破也。〔原注〕天干屬木。地支屬火。天干屬火。地支屬木。其象則一。若見金水則破。餘倣此。

任氏曰、兩氣雙清、非獨木火二形也、如土金、金水、水木、木火、火土、相生各半、五局卽相剋之五局亦是也、如木土、土水、水火、火金、金木之各半相敵

也、相生要我生、秀氣流行、相剋要我剋、日主不傷、相生必欲平分、無取稍多稍寡、相剋務須均敵、切忌偏重偏輕、若用金水、則火土不宜夾雜、如取水木、則火金不可交爭、木火成象者、最怕金水破局、水火得濟者、尤忌土來止水、格既如此、取運亦倣此而行、一路澄淸、必位高而祿重、中途混亂、恐職奪而家傾、故此格最難全美、而看法貴在至精、若生而復生、乃是流通之妙、倘剋而遇化、亦爲和合之情、或謂理僅兩神、似嫌狹少、不知格分十種、盡費推詳、

比	傷		傷
甲	丁	甲	丁
午	卯	午	卯
財傷	刦	財傷	刦

戊辰　己巳　庚午　辛未　壬申　癸酉

此造木火各半、兩氣成象、取丁火傷官秀氣爲用、四柱金水全無、純粹可觀、巳運丁火臨官、南宮奏捷、名高翰苑、庚運官殺混局、降知縣、夫南方之金、尙有不足、將來西方之水、難言无咎、

比	卩		卩
丁	乙	丁	乙
卯	巳	卯	巳
卩	傷刦財	卩	傷刦財

甲辰 癸卯 壬寅 辛丑 庚子 己亥

此亦木火各半、兩氣成象、非前傷官之比、日主是火、長于夏令、木從火勢、格成炎上、更不宜見金運、火逢生助、巡撫浙江、至辛運水年、木火皆傷、故不能免禍、所謂二人同心、可順而不可逆也、

比	食		食
丙	戊	丙	戊
午	戌	午	戌
傷刦	食刦財	傷刦	食刦財

己亥 庚子 辛丑 壬寅 癸卯 甲辰

此火土各半、兩氣成象、取戌土食神秀氣爲用、辛丑運、溼土晦火、秀氣流行、登鄉榜、壬運、壬年、赴會試、死于都中、蓋水激丙火、則火滅也、如兩戌換以兩辰、不致燥烈、雖逢水運、亦不至大凶也、

比 戊戌 比印傷
傷 辛酉 傷
　 戊戌 比印傷
傷 辛酉 傷

壬戌 癸亥 甲子 乙丑 丙寅 丁卯

此土金各半、兩氣成象、取辛金傷官爲用、喜其一路北方運、秀氣流行、少年科甲、仕至黃堂、交丙破辛金之用、不祿、凡兩氣成象者、要日主去生、或食或傷、謂英華秀發、多致富貴、所不足者運破局、不免於禍、如金水水木之印綬格、無秀可取、故無富貴、試之屢驗、

比 戊戌 比印傷
財 癸亥 才殺
　 戊戌 比印傷
財 癸亥 才殺

甲子 乙丑 丙寅 丁卯 戊辰 己巳

此水土各半、兩氣成象、喜其通根燥土、財命有一、然氣勢稍寒、所以運至丙寅、寒土逢陽、連登科甲、更妙亥中甲木暗生、仕至郡守、宦途平坦、

殺	殺		比
己未	癸亥	己未	癸亥
才殺食	傷刦	才殺食	傷刦

癸丑　甲寅　乙卯　丙辰　丁巳　戊午

此土水相剋、兩氣成象、純殺無制、日主受傷、初走火土之鄉、生助七殺、正是明月清風誰與共、高山流水少知音、一交乙卯、運轉東方、制殺化權、得奇遇、飛升縣令、由此觀之、生局必須食爲美、印局無秀氣不足爲佳、財局身財均敵、日主本氣無傷、然又要運程安頓得好、斯爲全美、一遇破局、則禍生矣、

五氣聚而成形。形、不可害也。(原注)木必得水以生之。火以行之。土以培之。金以成之。是以成形於要緊之地。或過或缺。則害。餘皆倣之。

任氏曰、木之成形、食傷洩氣、水以生之、官殺交加、火以行之、印綬重疊、土以培之、財輕刦重、金以成之、成形于得用之地、庶無偏枯之病、何患名利不遂乎、即舉木論、五行皆可成形、亦倣此而推、若四柱無成、成之于歲運、

又無成處，則終身碌碌，凶多吉少，有志難伸矣，

卩　卩　　　才
壬　壬　甲　戊
戌　子　子　辰
官傷才　印　印　印才刦

癸　甲　乙　丙　丁　戊　己
丑　寅　卯　辰　巳　午　未

此造水勢猖狂、獨戊土以培之、以作砥柱之功、不致浮泛也、然戊土亦賴有戌土而根固、若有辰而無戌、辰乃溼土、見水則蕩、戊土不能植根而虛矣、無根之土、豈能止百川之源、故此造所重者、戌之燥土也、但寒木無陽、必須火以溫之、則木方可發榮、所以運至南方火旺之鄉、發財數萬、名成異路也、

才　刦
戊　乙　甲
寅　卯　辰
比食才　刦　印才刦

丙　丁　戊　己　庚
辰　巳　午　未　申

此造支類東方、刦刃肆逞、一點微金、成之不足、故書香不繼、初運火土、不失生化之情、財源通裕、至庚申辛酉、辛金得地、而成之異路、加捐仕至州牧、癸運生木洩金、

官
辛未
劫傷
辛酉　不祿、

印 癸未 傷財劫
劫 乙卯 劫
　 甲戌 官傷才
劫 乙亥 比卩

甲寅　癸丑　壬子　辛亥　庚戌　己酉

此造柱中、未土深藏、戌土自坐、謂財來就我、未嘗不美、祇因四柱無金以成之、五行無火以行之、再加亥時、癸水通根生劫、亥卯未全、助起劫刃猖狂、查其歲運、又無成地、以致祖業消磨、剋妻無子、由此推之、命之所重在運、運其可忽乎、諺云、人有凌雲志、無運不能自達也、

獨象喜行化地。而化神要昌。〔原注〕一者爲獨。曲直炎上之類也。所生者爲化神。化神宜旺。則其氣流行。然後行財官之地方可。

任氏曰、權在一人、曲直炎上之類是也、化者、食傷也、局中化神昌旺、歲運行化神之地、名利皆遂也、八字五行全備、固爲合宜、而獨象乘權、亦主光

亨、木日、或方或局全、不雜金爲曲直、火日或方或局全、不雜水爲炎上、土日、四庫皆全、不雜木爲稼穡、金日、或方或局全不雜火爲從革、水日、或方或局全、不雜土爲潤下、皆從一方之秀氣、不同六格之常情、必要得時當令、遇旺逢生、但體質過于自强、須以引通爲妙、而氣勢必有所關、務須審察其情、如木局、見土運、斯雖財神資養、先要四柱有食有傷、庶無分爭之慮、見火運、謂英華發秀、須看原局有財無印、方免反剋爲殃、名利可遂、見金運、謂破局、凶多吉少、見水運、而局中無火、謂生助强神、亦主光亨、故舊有從强之說、再行生旺爲佳、若四柱先有食傷、必主凶禍臨身、如原局微伏破神、須運有合沖之妙、若本主失時得局、要運遇生旺之鄉、亦主功名小就、苟行運偶逢剋地、獨象立見凶災、若局有食傷反剋之能、方無大害、總之干乃領袖之神、陽氣爲强、陰氣爲弱、支乃會格之物、方力較重、局力

較輕、獨象雖美、只怕運途破局、合象雖雜、却喜制化成功、

比	甲	寅	比食才
傷	丁	卯	刦
	甲	辰	刦才印
食	丙	寅	比食才

戊辰　己巳　庚午　辛未　壬申　癸酉

支全寅卯辰、東方一氣、化神者丙丁也、發洩菁華、少年科甲、早登仕路之光、行財地、先有食傷化刦之功、行金運、又得丙丁回剋之能、交壬破局傷秀、降職歸田、不祿、

刦	己	未	官刦印
印	丁	丑	財傷刦
	戊	子	財
刦	己	未	官刦印

丙子　乙亥　甲戌　癸酉　壬申　辛未

費中堂造、天干戊己逢丁、地支重重丑未、子丑化土、斯眞格象、已成稼穡、所不足者、丑中辛金無從引出、且局中丁火三見、辛金暗傷、未得生化之妙、所以嗣息艱難、若天干透一庚辛、地支藏一申酉、必多子矣、

比　卩　　印
丙　甲　丙　乙
寅　午　戌　未
食比卩　傷刦　食刦財　刦傷印

乙　丙　丁　戊　己　庚
未　申　酉　戌　亥　子

支全火局、木從火勢、格成炎上、惜木旺剋土、秀氣有傷、書香難就、武甲出身、仕至副將、行申酉運、亦有戌未之化、所以无咎、亥運、幸得未會、寅合、不過降職、交庚子、干無食傷、支逢沖激、死在軍中、

比　財　　比
庚　乙　庚　庚
申　酉　戌　辰
卩食比　刦　卩官刦　傷卩財

丙　丁　戊　己　庚　辛
戌　亥　子　丑　寅　卯

此造天干乙庚化合、地支申酉戌全、格成從革、惜無水、肅殺之氣太銳、不但書香不利、而且不能善終、行伍出身、官至參將、一交寅運、陣亡、蓋局無食傷之故耳、又寅戌暗拱、觸其旺神也、

刦 壬子 比
卩 辛亥 傷刦
癸丑 殺卩比
刦 壬子 比

壬子 癸丑 甲寅 乙卯 丙辰 丁巳

地支亥子丑、干透壬癸辛、局成潤下、喜行運不背、書香早遂、甲寅運秀氣流行、登科發甲、乙卯宦途平坦、由縣令而遷州牧、丙、原局無食傷之化、羣刦爭財、不祿、

全象喜行財地。而財神要旺。〔原注〕三者爲全。有傷官而又有財也。主旺喜財旺。而不行官殺之地方可。

任氏曰、三者爲全、非專論傷官與財也、傷官生財、固爲全矣、而官印相生、財官並見、豈非全乎、傷官生財、日主旺相、固宜財運、倘四柱比刦多見、財星被刦、官運必佳、傷官運更美、須觀局中意向爲是、日主旺、傷官輕、有印綬、喜財而不喜官、日主旺、財神輕、有比刦、喜官而不喜財、財官並見、日主旺相、喜財而不喜官、官印相生、日主休囚、喜印綬而不喜比刦、大凡論命、

不可執一、須察全局之意向、日主之喜忌爲的、

傷	刦		印
戊	丙	丁	甲
申	辰	卯	辰
財官傷	卩傷殺	卩	卩傷殺

丁巳　戊午　己未　庚申　辛酉　壬戌

丁卯日元、生于季春、傷官生財、嫌其木盛土虛、書香難就、土得其傷官化刦、使丙火無爭財之意、所以運至庚申辛酉、承先人之事業雖微、而自剏之規模頗大、財發十餘萬、

傷	財		刦
己	辛	丙	丁
巳	未	午	酉
才比食	印傷刦	刦傷	財

庚午　己巳　戊辰　丁卯　丙寅　乙丑　甲子　癸亥

此造火長夏天、支類南方、旺之極矣、火土傷官生財、格所嫌者、丁火羊刃透干、局中全無溼氣、刦刃肆逞、祖業無恆、父母早亡、幼遭孤苦、中受飢寒、六旬之前、運走東南木火之地、妻財子祿、一字無成、至丑運、北方溼土、晦

火生金、暗會金局、從此得際遇、立業發財、至七旬又買妾、連生二子、及甲子癸亥、北方水地、獲利數萬、壽至九旬、諺云有其運、必得其福、爲人豈可限量哉、

形全者宜損其有餘。形缺者宜補其不足。〔原注〕如甲木生於寅卯辰月。丙火生於巳午未月皆爲形全。戊土生於寅卯辰月。庚金生於巳午未月。皆爲形缺。餘倣此。

任氏曰、形全宜損、形缺宜補之說、卽子平旺則宜洩宜傷、衰則喜幫喜助之謂也、命書萬卷、總不外此二句、讀之直捷痛快、顯然明白、故人人得而知之、究之深奧異常、其中作用實有至理、庸俗祇知旺用洩傷、衰用幫助、以致吉凶顚倒、宜忌淆亂也、以余論之、須將四字分用爲是、通變在一宜字、

宜洩則洩之爲妙、宜傷則傷之有功、洩者食傷也、傷者官殺也、均是旺也、或洩之有害而傷之有利、或洩之有利、而傷之有害、所以洩傷兩字、宜分而用之也、

宜幫則幫之爲切、宜助則助之爲佳、幫者比刦也、助者印綬也、均是衰也、或幫之則凶、而助之則吉、或幫之則吉而助之則凶、所以幫助兩字、亦宜分而用之也、

如日主旺相、柱中財官無氣、洩之則官星有損、傷則去比刼之有餘、補官星之不足、所謂傷之有利、而洩之有害也、

日主旺相、柱中財官不見、滿局比刦、傷之則激而有害、不若洩之以順其氣勢、所謂傷之有害、而洩之有利也、

日主衰弱、柱中財星重疊、印綬助之反壞、幫則去財星之有餘、補日主

之不足、所以幫之則吉、而助之則凶也、
日主衰弱、柱中官殺交加、滿盤殺勢、幫之恐反剋無情、不若助之以化其强暴、所以幫之則凶、而助之則吉也、　此補前人所未發之言也、至於木生寅卯辰月、火生巳午未月爲形全、亦偏論也、如木生寅卯辰月、干露庚辛、支藏申酉、莫非仍作全形而損之乎、火生巳午未月、干透壬癸、支藏亥子、莫非仍作形全而損之乎、土生于寅卯辰月爲形缺、干丙丁而支巳午、莫非仍作缺形而補之乎、金生於巳午未月、干戊己而支申酉、莫非亦作缺形而補之乎、凡此須究其旺中變弱、弱中變旺之理、不可執一而論、是以實似所當損者、而損之反有害、實似所當補者、而補之反無功、須詳察焉、

官　比　　　才
丁　庚　庚　甲
丑　戌　子　申
印刦傷　卩官刦　傷　卩食比

己酉　戊申　丁未　丙午　乙巳　甲辰

此秋金銳銳、官星虛脫、不能相制、財星臨絕、何暇生官、初運土金、晦火生金、刑傷破耗、無所不見、丁未丙午、助起官星、家業鼎新、乙巳晚景優游、所謂傷之有功也、

卩　食　　　財
戊　壬　庚　乙
申　戌　申　酉
卩食比　卩官刦　卩食比　刦

癸亥　甲子　乙丑　丙寅　丁卯　戊辰

此造乙從庚化、官星不見、支類西方、又坐祿旺、權在一人、從其強勢、雖有壬戌土緊剋、不能引通洩其殺氣、初交癸亥甲子、順其氣勢、財喜如心、一交丙寅、觸其旺神、一敗如灰、衣食難度、自縊而死、所謂洩之有益、傷之有害也、

十神	四柱	藏干
才	庚申	食殺才
財	辛巳	食比才祿
	丙辰	官食印
印	乙未	刦傷印

壬午　癸未　甲申　乙酉　丙戌　丁亥

此造以俗論之、丙火生於巳月、建祿必要用財、無如庚辛重疊根深、獨印受傷弱可知矣、運至甲申乙酉、金得地、木無根、破耗異常、丙戌丁運、重振家聲、此財多身弱、所謂幫之則有功也、

十神	四柱	藏干
殺	壬子	官
官	癸丑	傷財官
	丙午	刦傷
殺	壬辰	官食印

甲寅　乙卯　丙辰　丁巳　戊午　己未

此造滿局官星、日主孤弱、雖食傷並見、但丑辰皆溼土、能蓄水、不能止水、初交甲寅乙卯、化殺生身、早遊泮水、財業有餘、後交丙辰、不但不能幫身、反受官殺回剋、刑妻剋子、家業耗散、中年暗拱殺局而亡、所謂助之則吉、幫之反害也、

方局（上）

方是方兮局是局。方要得方莫混局。（原注）寅卯辰。東方也。搭一亥或卯或未。則太過。豈不爲混局哉。

任氏曰、十二支、寅卯辰東方、巳午未南方、申酉戌西方、亥子丑北方、凡三字全爲成方、如寅卯辰全、其力量較勝于亥卯未木局、戊日遇寅月、見三字、俱以殺論、遇卯月、見三字、俱以官論、己日反是、遇辰月、視寅卯之勢、較量輕重、以分官殺、其餘倣此、若只二字、則竟不取、所言方局莫混之理、愚意以爲不然、且如木方而見亥字、爲生旺之神、見未字、爲我剋之財、又是木盤根之地、亦何不可、卽用三合木局、豈有所損累耶、至于作用、則局之用多、而方之用狹、弗以論方而別生穿鑿也、

殺	印		刦
甲	丁	戊	己
寅	卯	辰	未
比卩殺	官	財比官	印刦官

戊辰　己巳　庚午　辛未　壬申　癸酉

此木方全搭一未字爲混、然無未字則日主虛脫、且天干甲木透出作殺、而不作官、必要未字日主氣貫、身殺兩停、名利雙輝、鼎甲出身、仕至極品、可知方混局之無害也、

傷	官		食
丙	庚	乙	丁
辰	寅	卯	亥
卩財比	財傷刦	比	刦印

辛卯　壬辰　癸巳　甲午　乙未　丙申　丁酉

此支類東方、火明木秀、喜丙火緊剋庚金之濁、然春初木嫩、必得亥時生助、爲人風流瀟灑、學問淵深、丁亥生木助火、采芹攀桂、巳運南宮報捷、名高翰苑、午運拱寅合卯、採梁棟於鄧林、是唯哲匠、搜琳琅於瑤圃、爰藉宗工、至酉、乙木無根、金得地、沖破東方秀氣、犯事落職、若無亥水化之、豈能免大凶、

局混方兮有純疵。行運喜南或喜北。〔原注〕亥卯未木局。混一寅辰。則太强。行運南北。則有純疵。不能俱利。

任氏曰、地支有三位相合而成局者、亥卯未木局、寅午戌火局、巳酉丑金局、申子辰水局、皆取生旺墓、一氣始終也、柱中遇三支合勢、吉凶之力較大、亦有取二支者、然以旺支爲主、或亥卯、或卯未、皆可取、亥未次之、凡會局忌沖、如亥卯未木局、雜一酉丑字于其中、而又與所沖之神緊貼、是爲破局、雖沖字雜于其中而不緊貼、或沖字處于其外而緊貼、則會局與損局兼論、其二支會局者、以相貼爲妙、逢沖卽破、他字間之、亦遙隔無力、須天干領出可用、至於局混方兮有純疵之說、與方要得方莫混局之理相似、究其理亦無所害、見寅字是謂同氣、見辰字是謂餘氣、又是東方溼土、能生助木神、又何損累耶、行運南北之分、須看局中意向爲是、如木局、日主是甲乙、四柱純木、不雜別字、運行南方、謂秀氣流行、則純、運行北方、謂之生助强神、無疵、或干支有火吐秀、運行南方、名利裕如、運行北方、凶災立見、木論如此、餘者可知、

劫	甲	寅 劫傷財
比	乙	亥 劫印
	乙	卯 比
卩	癸	未 食才比

丙子 丁丑 戊寅 己卯 庚辰 辛巳 壬午 癸未

此木局全、混一寅字、然四柱無金、其勢從强、謂深得一方秀氣、少年科第、惟庚辰辛巳運、雖有癸水之化、仍不免刑喪起倒、仕路蹭蹬、至六旬外、運走壬午癸未、由縣令而遷司馬、履黃堂而升觀察、直如揚帆大海、誰能禦之、由此觀之、從强之木局、東南北運皆利、惟忌西方金運剋破耳、

誠意伯秘授天官五星玄微通旨

滴天髓闡微

任鐵樵增注
李雨田校訂

通神論

方局（下）

年	月	日	時
刦	食		食
甲	丁	乙	丁
寅	卯	未	亥
刦傷財	比	比才食	印刦

戊辰　己巳　庚午　辛未　壬申　癸酉

此亦木局全、混一寅字、取丁火食神秀氣、非前造從強論也、至巳運、丁火臨官、登科發甲、庚午辛未、南方金敗之地、不傷體用、仕途平坦、壬申、木火皆傷、破局、死於軍中、前則從強、南北皆利、此則木火西北有害、由此兩造觀之、局混方之無害也、

若然方局一齊來。須是干頭無反覆、（原注）木局木方全者。須要天干全順得序。行運不

背乃好。

任氏曰、方局齊來者、承上文方混局局混方之謂也、如寅卯辰兼亥未、亥卯未兼寅辰、巳午未兼寅戌、寅午戌兼巳未、申酉戌兼巳丑、巳酉丑兼申戌、亥子丑兼申辰、申子辰兼丑亥之類是也、干頭無反覆者、方局齊來、其氣旺盛、要天干順其氣勢爲妙、若地支寅卯辰、日主是木、或再見亥之生、未之庫、如地支亥卯未、日主是木、或再逢寅之祿、辰之餘、旺之極矣、非金所能剋也、須要天干有火、洩其精英、不見金水、則干頭無反覆、然後行土運、乃爲全順得序而不悖矣、如天干無火而有水、謂之從强、行水運、順其旺神、最美、行金運、金生水、水仍生木、逢凶有解、苟有火而見水、或無火而見金、此謂干頭反覆、如得運程安頓、遇土則可止其逆水、遇火則可去其微金、亦不失爲吉耳、如日干是土、別干得火、相生之誼、亦不反覆、見金、以

寡敵衆、見水生助强神、則反覆矣、所以制之以盛、不若化之以德、則其流行全順矣、餘倣此、

封　甲寅　財傷封
食　丁卯　比
　　乙亥　封印
卩　癸未　食才比

戊辰　己巳　庚午　辛未　壬申　癸酉

此方局齊來、得月干丁火獨透、發洩菁英、何其妙也、惜乎時干癸水透露、通根亥支、緊傷丁火秀氣、謂干頭反覆、所以一衿尚不能博、貧乏無子、設使癸水換一火土、名利皆遂矣、

傷　丁卯　封
比　甲辰　印才封
　　甲寅　才食比
封　乙亥　比卩

癸卯　壬寅　辛丑　庚子　己亥　戊戌

此亦方局齊來、干頭無水、丁火秀氣流行、行運不甚反悖、中鄉榜、仕至州牧、子多財旺、賦性仁慈、品行端方、壽越八旬、夫婦齊眉、所謂木主仁、仁者壽、格名曲直仁壽者、信斯言也、由此兩造觀之、干頭反覆與全順得序者、

天淵也、

成方干透一元神。生地庫地皆非福。(原注)寅卯辰全者。日主甲乙木。則透元神。而又遇亥之生。未之庫。決不發福。惟純一火運略好。

任氏曰、成方干透元神者、日主卽方之氣也、如木方、日主是木、火方、日主是火、卽爲元神透出也、生地庫地皆非福者、身旺不宜再助也、然亦要看其氣勢、不可一例而推、成方透元神、旺可知矣、固不宜再行生地庫地、以幇方也、倘年月時干、不雜財官、又有刦印、謂之從强、則生地庫地、亦能發福、如逢純一火運、眞謂秀氣流行、名利皆遂、如年月時干、財官無氣、再行生地庫地之運、不但不能發福、而且刑耗多端、此屢試屢驗、故誌之、

才
戊寅　比食才
乙卯

此成方、干透元神、四柱不雜金水、時干丁火吐秀、純粹

比　　　傷
甲寅　甲辰　丁卯
比食才　劫才印　劫

丙辰　丁巳　戊午　己未　庚申

可觀、初中行運火土、中鄉榜、出宰名區、惜木多火熾、丁火不足以洩之、所以運至庚申、不能免禍、此造如時逢丙寅、必中甲榜、仕路顯赫、庚申運丙火足以敵之、亦不致大凶也、

印　食　　　食
癸卯　丙辰　甲辰　丙寅
劫　劫才印　劫才印　比食才

乙卯　甲寅　癸丑　壬子　辛亥　庚戌

此造財旺提綱、丙食生助、當以財星爲用、丙火爲喜、癸水爲忌、身旺用財、遺業十餘萬、初年水木運、一敗如灰、至辛亥運、火絕木生、水臨旺、凍餓而死、以此觀之、不論成方成局、必先察財官之勢、若財旺提綱、則以財爲用、或官得財助、則以官爲用、如財不通月支、官無旺財生、必須棄其寡而從其衆也、餘皆倣此、

成局干透一官星。左邊右邊空碌碌。(原注)甲乙日遇亥卯未全者。庚辛乃木之官也。又見左辰右寅則名利無成。詳例自見。甲乙日單遇庚辛。則亦無成。

任氏曰、如地支會木局日主元神透出、別干見辛之官、庚之殺、虛脫無氣、即餘干有土、土亦休囚、難以生金、須地支有一申酉丑字爲美、若無申酉丑、反加之寅辰字、則木勢愈盛、金勢愈衰矣、故碌碌終身、名利無成也、若得歲運去其官星、亦可發達、必要柱中先見食傷、然後歲運去淨官煞之根、名利遂矣、木局如此、餘局倣此論之可也、

殺	辛	未	比才食
殺	辛	卯	比
	乙	未	比才食

庚寅　己丑　戊子　丁亥　丙戌

此乙木歸垣、亥卯未全、木勢旺盛、金氣虛脫、最喜時透丁火、制煞爲用、故初運土金之鄉、奔馳未遇、至丁亥運、生木制煞、軍前効力、得縣佐、丙戌運中、幫丁剋辛、升縣

食丁亥劫印　乙酉

令此所謂強衆而敵寡、勢在去其寡、非煞旺宜制而推也、至酉運、煞逢祿旺、沖破木局不祿、

殺辛未比才食　庚寅
殺辛卯比　己丑
乙未比才食　戊子
財戊寅財傷劫　丁亥
丙戌
乙酉

此乙木歸垣、雖無全會、然寅時比亥之力量勝數倍矣、以大象觀之、局中三十兩金、似乎財生煞旺、不知卯旺提綱、支中皆木之根旺、非金之生地也、初運土金之鄉、采芹食廩、家業豐裕、一交丁亥、制煞會局、刑妻剋子、破耗異常、犯事革名、憂鬱而死、

官	才		卩
庚	己	乙	癸
寅	卯	亥	未
劫傷財	比	印劫	食才比

庚辰　辛巳　壬午　癸未　甲申　乙酉

此造正合本文成局、干透官星、左右皆空、四柱一無情致、用財則財會劫局、用官則臨絕地、用神無所着落、爲人少恆一之志、多遷變之心、以致家業破耗、讀書未就而學醫、醫又不就、又學堪輿、自以爲仲景再世、楊賴復生、而人終不信、又學巫、學易、學命、所學甚多、不能盡述、不但一無所就、而且財散人離、削髮爲僧矣、

八格

正財、偏財、正官、偏官、正印、偏印、食神、傷官、是也。

財官印綬分偏正。兼論食傷八格定。（**原注**）自形象氣局之外。而格爲最格之眞者。月支之神。透於天干也。以散亂之天干。而尋其得所附於提綱。非格也。自八格之外。若曲直五格皆爲格。而方局氣象定之者。不可言格也。五格之外。飛天合祿雖爲格。而可以破害刑沖論之者。亦不

可言格也。

任氏曰、八格者、命中之正理也、先觀月令所得何支、次看天干透出何神、再究司令以定眞假、然後取用、以分淸濁、此實依經順理、若月逢祿刃、無格可取、須審日主之喜忌、另尋別支透出天干者、借以爲用、然格局有正有變、正者、必兼五行之常禮也、曰官印、曰財官、曰煞印、曰財煞、曰食神制殺、曰食神生財、曰傷官佩印、曰傷官生財、變者、必從五行之氣勢也、曰從財、曰從官殺、曰從食傷、曰從强、曰從弱、曰從勢、曰一行得氣、曰兩氣成形、其餘外格多端、余備考羣書、俱不從五行正理、盡屬謬談、至於蘭臺妙選、所定一切奇格異局、納音諸法、尤屬不經、不待辯而知其荒唐也、自唐宋以來、作者甚多、皆虛妄之論、更有吉凶神煞、不知起自何人、作此險語、往往全無應驗、誠意伯千金賦云、吉凶神煞之多端、何如生剋制化之一理、一言以蔽之矣、即如壬辰日爲壬騎龍背、壬寅日爲壬騎虎背、何不再取壬午壬申壬戌壬子謂騎猴馬犬鼠之背乎、又如六辛日逢子時、謂六陰朝陽、夫五陰皆陰、何獨辛金可朝陽、餘干不可朝陽乎、且子乃體陽用陰、子中癸水、六陰之至、何謂陽也、又如六乙日逢子時、謂鼠貴格、夫鼠者、耗也、何以爲貴、且十干之貴、時支皆有之者、豈餘干不可取貴乎、不待辨而知其謬也、其餘謬格甚多、支離無當、學者宜細詳正理五行之格、弗以謬書爲惑也、

官	印		印
庚	癸	乙	癸
辰	未	未	未
比財印	比才食	比才食	比才食

甲申　乙酉　丙戌　丁亥　戊子　己丑

此造支中三未通根、尙有餘氣、干透兩癸、正三伏生寒、貼身生扶、亦通根身庫、官星獨發而清、癸水潤土養金、生化不悖、財旺生官、中和純粹、科甲出身、仕至藩臬、官境安和、

食 己丑 殺才食
官 壬申 財官傷
　 丁未 印食比
劫 丙午 比食

辛未　庚午　己巳　戊辰　丁卯　丙寅

此造以大勢觀之、官星清于彼、何彼則富貴、此則困窮、不知此造無印、官緊剋、午未雖是餘氣祿旺、丑中蓄水、暗傷午未之火、壬水逢生、又剋丙火、更嫌己土一透、不能制水、反能晦火、兼之中運逢土、又洩火炁、謂剋洩交加、因之功名未遂、耗散貲財、尙不免刑妻剋子、細究皆己丑兩字之患、幸格局順正、氣象不偏、將來運至木火之地、雖然屈抑於前、終必奮亨於後、

官 癸未 印傷劫
印 乙卯 印
　 丙午 劫傷
財 辛卯 印

甲寅　癸丑　壬子　辛亥　庚戌　己酉

此官清印正格、喜其未卯拱木、純粹之象、故爲人品格超羣、才華卓越、文望若高山北斗、品行似良玉精金、惜印星太重、官星洩氣、神有餘而精不足、以致功名蹭蹬、縱有凌雲之志、難遂青錢之選、還喜格正局清、財星逢

合、雖然大才小用、究竟名利兩全、仕路清高、施菁莪之雅化、振棫樸之人才也、

印	財		劫
辛	丙	癸	壬
卯	申	卯	戌
食	印劫官	食	官才印

乙未　甲午　癸巳　壬辰　辛卯　庚寅

此印綬格、以申金爲用、以丙火爲病、以壬水爲藥、中和純粹、秋水通源、運至癸巳、金水逢生得助、科甲聯登、壬辰藥病相濟、由部屬出爲郡守、蓋辛卯庚寅蓋頭逢金不能生火壞印、名利兩全也、

印	財	
辛	丙	癸
卯	申	卯
食	印劫官	食

乙未　甲午　癸巳　壬辰　辛卯

此亦以申金爲用、以丙火爲病、與前只換一寅字、不但有病無藥、而且生助病神、彼則青錢萬選、名利兩全、此則機杼空拋、守株待兔、更嫌寅申遙沖、卯木助之、印綬

傷甲寅 傷財官庚寅 反傷、木旺金缺、且月建乃六親之位、未免分荊破斧、資財耗散、惟壬運幫身去病、財源稍裕、辛卯庚寅、東方無根之金、功名未能進取、家業不過小康、然格正局眞、印星秉令、所以襟懷曠達、八斗才誇、爭似元龍意氣、五花筆吐、渾如司馬文章、獨嫌月透秋陽、難免珠沈滄海、順受其正、莫非命也、

由此數造觀之、格局不可執一論也、不拘財官印綬等格、與日主無干、旺則宜抑、衰則宜扶、印旺洩官宜財星、印衰逢財宜比劫、此不易之法、

影響遙繫既爲虛。雜氣財官不可拘。(原注)飛天合祿之類、固爲影響遙繫而非格矣。如四季月生人。只當取土爲格。不可言雜氣財官。戊己日生於四季月者。當看人元透出天干者取格。不可概以雜氣財官論之。至於建祿月刦羊刃。亦當看月令中人元透於天干者取格。若不合氣象形局。則又無格矣。只取用神。用神又無所取。只得看其大勢。以皮面上斷其窮通。不可執格

論也。

任氏曰、影響遙繫者、卽暗沖暗合之格也、俗書所謂飛天祿馬是也、如丙午日支全三午、癸酉日支全三酉、逢三則沖、午去暗沖子水爲官、酉去暗合辰土爲官、尚有沖財合財、如壬子日支全三子、暗沖午火爲財、乙卯日支全三卯、暗合戌土爲財、又云、先要四柱不見財官爲真、方可沖合、夫沖者、散也、合者、化也、何能爲我用乎、四柱原有財官、不宜沖合、尚有喜與不喜、何況四柱無財官乎、至于雜氣財官、亦是畫蛇添足、辰戌丑未、無非支藏三干、各爲雜氣、寅申巳亥、亦有三干、何故不論夫庫中餘氣、可以言格、生地之神、莫非反棄、又云雜氣財官喜沖、尤爲穿鑿、若甲木生丑月、爲雜氣財官、喜未沖之、未中丁火、緊傷丑中辛金之官、格仍破矣、餘支皆然、不若透出天干、取格爲是、諸書所載、祿分四種、年爲背祿、月爲建祿、日爲專祿、時爲歸祿、又云、建祿喜官、歸祿忌官、則又遺背祿專祿矣、又云、日祿歸時沒官星、號爲青雲得路、誠如所論、則丙辛兩日生人、逢癸巳丁酉時者、世無讀書出仕者乎、無非日干旺地之比肩也、不可認作食祿爲王家之祿、如一字之祿、可以格言、則四柱之神、竟同閑廢、既柱中之祿爲美、何得運逢祿支反爲祿堂而家破人亡乎、命者、五行之理也、格者、五行之正也、論命取格、須究五行正理、澈底根源、則窮通壽夭、自不爽矣、大凡格局真實而純粹者、百無一二、破壞而雜氣者、十有八九、無格可取者甚多、無用可尋者不少、格正用真、行運不悖、名利自如、格破用損、謂之有病、憂多樂少、倘行運得所、去其破損之物、扶其喜用之神、譬如人染沈疴、得良劑以生也、不貴亦富、無格可取者、尋其用神而用神有力、行運安頓、亦可以剏業興家、無格可取、無用可尋、只可看其大勢與日主之所向、運途能補其

所喜去其所忌、雖碌碌營生、可免飢寒之患、若行運又無可取、則不貧亦賤、若格正用真、五行反悖、一生有志難伸矣、

			運
傷	己	巳 才比食	己巳
才	庚	午 刦傷	戊辰
	丙	午 刦傷	丁卯
卩	甲	午 刦傷	丙寅
			乙丑
			甲子

此造俗論、丙午日支全三午、四柱滴水全無、中年又無水運、必作飛天祿馬、名利雙輝、不知此造午中己土、巳中庚金、元神透出年月兩干。眞火土傷官生財格、初交己巳戊辰、洩火生金、遺業頗豐、丁卯丙寅、土金喜用皆傷、連遭回祿三次、又剋兩妻四子、家業破盡、至乙丑運、北方溼土、晦火生金、又合化有情、經營獲利、納妾生子、重振家園、甲子癸亥、北方水地、潤土養金、發財數萬、若以飛天合祿論、大忌水運矣、

食　卩　　　才
丁　癸　乙　己
丑　卯　卯　卯
才殺卩　比　比　比

壬寅　辛丑　庚子　己亥　戊戌　丁酉

乙卯日、生于卯月卯時、旺之極矣、最喜丁火獨發、洩其精英、惜癸水剋丁、仍傷秀氣、時干己土臨絕、不能去其癸水、因之書香不繼、初中運逢水木之地、刑喪破耗、家業漸消、戊戌丁運、大遂經營之願、發財巨萬、若以飛天祿馬論之、則戊戌運、當大破矣、

傷　印　　　比
丁　癸　甲　甲
未　丑　辰　戌
劫財傷　印官財　劫才印　官傷才

壬子　辛亥　庚戌　己酉　戊申　丁未

此造支全四庫逢沖、俗作雜氣財官也、不知丑未逢沖、不特官星受傷、而且沖去庫根、日主坐下餘氣、亦是根盤、更嫌戌沖、微根已拔、財多身弱、且旺土愈沖愈旺、則癸水必傷、初運壬子辛亥水旺之地、蔭芘有餘、一交庚戌、財煞並旺、椿萱幷逝、刑妻剋子、己酉戊申土蓋天干、

使金不能生水、家業破盡、無子而亡、

傷 丁	亥 比印	壬子	甲子日元、生于丑月、支類北方、天干辛癸、官印元神發露、剋去丁火、丑未遙隔、又水勢乘權、不能沖丑、正得中和之象、所以土金水運、皆得生化之情、早遊泮水、戰勝秋闈、祇因格局清寒、仕路未居顯秩、芹泮日長鳴孔鐸、杏壇春煖奏虞絃也、前則逢沖、官印兩傷、名利無成、此則不動、名成利遂、可知墓庫逢沖必發者、謬也、
印 癸	丑 財官印	辛亥	
甲	子 印	庚戌	
官 辛	未 傷財刦	己酉	
		戊申	
		丁未	

體用

道有體用。不可以一端論也。要在扶之抑之得其宜。(原注)有以日主爲體。提綱爲用。日主旺。則提綱之食神財官皆爲我用。日主弱。則提綱有物幫身以制其強神者亦皆爲我用、提綱爲體。喜神爲用者日主不能用乎提綱矣。提綱食傷財官太旺。則取年月時上印比爲喜神。提綱印比太旺。則取年月時上食傷財官爲喜神而用之。此二者。乃體用之正法也。有以四柱爲體。暗神爲用者。必四柱俱無可用。方取暗沖暗合之神。有以四柱爲體。化神爲用。四柱有合神。卽以四柱爲體。而以化合之神可用者爲用。有以化神爲體。四柱爲用。化之眞者。卽以化神爲體。以四柱中與化神相生相剋者。取以爲用。有以四柱爲體。歲運爲用。有以喜神爲體。輔喜神之神爲用。所喜之神。不能自用。以爲體用輔喜之神。有以格象爲體。日主爲用者。須八格氣象。及暗神化神忌神客神。皆成一個體段。若是一面格象與日主無干者。或傷剋日主太過。或幫扶日主太過。中間要尋體用分辨處。又無形迹。只得用日主自去引生喜神。別求一箇活路爲用矣。有以日主爲用。有用過於體者。如用食財。而財官食神盡行隱伏。及太發露浮泛者。雖美亦過度矣。有用立而體行者。有體立而用行者。正體用之理也。如用神不行於流行之地。且又行助體之運則不妙。有體用各立者。體用皆旺。不分勝負。行運又無輕重上下。則各立。有體用俱滯者。如木火俱旺。不遇金土則俱滯。不可一端定也。然體用之用。與用神之用有分別。若以體用之用爲用神固不可。舍此以別求用神又不可。只要斟酌體用眞了。於此取緊要爲用神而二三四五處用神者。的非妙造。須抑揚其重輕。毋使有餘不足。

任氏曰、體者形象氣局之謂也、如無形象氣局、卽以日主爲體用者用神也、非體用之外別有用神也、原注體用與用神有分別、又不詳細載明、仍屬模糊了局、可知除體用之外、不能別求用神、玩本文末句云、要在扶之抑之得其宜、顯見體用之用、卽用神無疑矣、旺則抑之、弱則扶之、雖不易之法、然有不易中之變易者、惟在審察得其宜、三字而已矣、旺則抑之、如不可抑、反宜扶之、弱則扶之、如不可扶、反宜抑之、此命理之眞機、五行顚倒之妙用也、蓋旺極者抑之、抑之反激而有害、則宜從其强而扶之、弱極者扶之、扶之徒勞而無功、則宜從其弱而抑之、是不可以一端論也、如日主旺、提綱或官或財或食傷、皆可爲用、日主衰、別尋四柱干支有幫身者爲用、提綱是祿刃、卽以提綱爲體、看其大勢、以四柱干支食神財官、尋其得所者而用之、

如四柱干支財殺過旺、日主旺中變弱、須尋其幫身制化財殺者而用之、日主爲體者、日主旺、印綬多、必要財星爲用、日主旺、官殺輕、亦以財星爲用、日主旺、比刦多而無財星、以食傷爲用、日主旺、比刦多而財星輕、亦以食傷爲用、日主旺、官星輕、印綬重、以財星爲用、日主弱、官殺旺、則以印綬爲用、日主弱、食傷多、亦以印綬爲用、日主弱財星旺、則以比刦爲用、日主與官殺兩停者、則以食傷爲用、日主與財星均敵者、則以印比爲用、此皆用神之的當者也、

如日主不能爲力、合別干而化、化之眞者、卽以化神爲體、化神有餘、則以

洩化神之神爲用、化神不足則以生助化神之神爲用、

局方曲直五格、日主是元神、卽以格象爲體、以生助氣象者爲用、或以食傷爲用、或以財星爲用、只不宜用官殺、餘總視其格局之氣勢意向而用之、毋執一也、

如無格無局、四柱又無用神可取、卽或取之、或被閑神合住、或被沖神損傷、或被忌神刦占、或被客神阻隔、不但用神不能顧日主、而日主亦不能顧用神、若得歲運破其合神、合其沖神、制其刦占、通其阻隔、此謂歲運安頓、隨歲運取用、亦不失爲吉也、

原注云、二三四五用神者、的非妙造、此說大謬、只有八字、若去四五字爲用神、則是除日干之外、只有兩字不用、斷無此理、總之有用無用、定有一個着落、確乎不易也、命中只有喜用兩字、用神者、日主所喜、始終依賴之

神也、除用神喜神忌神之外、皆閑神客神也、學者宜審察之、大凡天干作用、生則生、剋則剋、合則合、沖則沖、易於取材、而地支作用、則有種種不同者、故天干易看、地支難推、

比	卩		官
丙	甲	丙	癸
寅	午	午	巳
卩比食	刧傷	刧傷	才比食

乙未　丙申　丁酉　戊戌　己亥　庚子

此火長夏令、月支坐刃、年支逢生、時支得祿、年月兩支、又透甲丙、烈火焚木、旺之極矣、一點癸水熬乾、只得從其强勢、運逢木火土、財喜頻增、申酉運中、刑耗多端、至亥運、激火之烈、家業破盡而亡、所謂旺極者、抑之反激而有害也、

食 戊寅 卩比食　辛酉
才 庚申 才殺食　壬戌
　 丙申 才殺食　癸亥
比 丙申 才殺食　甲子
　　　　　　　　乙丑
　　　　　　　　丙寅

丙火生於初秋、秋金乘令、三申沖去一寅、丙火之根已拔、比肩亦不能爲力、年月兩干、又透土金、只得從其弱勢、順財之性、以比肩爲病、故運至水旺之地、制去比肩、事業巍峨、丙寅幫身、刑喪破耗、所謂弱極者扶之、徒勞無功、反有害也、此等格局頗多、以俗論之、前造必以金水爲用、此造必以木火爲用、以致吉凶顚倒、反歸咎于命理之無憑、故特書兩造爲後證云、

精神

人有精神。不可以一偏求也。要在損之益之得其中。（原注）精氣神氣皆元氣也。五行大率以金水爲精氣。木火爲神氣。而土所以實之者也。有神足不見其精而精自足者。有精足不見其神而神自足者。有精缺神索而日主虛旺者。有精缺神索而日主孤弱者。有神不足而精有餘者。有精不足而神有餘者。有精神俱缺而氣旺。有精神俱旺而氣衰。有精缺得神以助之者。

有神缺得精以生之者。有精助精而精反洩無氣者。有神助神而神反斃無氣者。二者皆由氣以主之也。凡此皆不可以一偏求也。俱要損益其進退。不可使有過不及也。

任氏曰、精者、生我之神也、神者、剋我之物也、氣者、本氣貫足也、二者以精爲主、精足則氣旺、氣旺則神旺、非專以金水爲精氣、木火爲神氣也、本文末句云、要在損之益之得其中、顯非金水爲精、木火爲神。必得流通生化損益適中、則精氣神三者備矣、細究之、不特日主用神、體象有精神、卽五行皆有也、有餘則損之、不足則益之、雖一定中之理、然亦有一定中之不定也、惟在審察得其中三字而已、損者、剋制也、益者、生扶也、有餘損之過、有餘者宜洩之、不足益之過、不足者宜去之、此損益之妙用也、蓋過于有餘、損之反觸其怒、則宜順其有餘而洩之、過于不足、益不受補、則宜從其不足而去之、是不可以一偏求也、總之精太足宜益其氣、氣太旺宜助其神、神太洩宜滋其精、則生化流通、神淸氣壯矣、如精太足、反損其氣、氣太旺、反傷其神、神太洩、反抑其精、則偏枯雜亂、精索神枯矣、所以水泛木浮、木無精神、木多火熾、火無精神、火焰土焦、土無精神、土重金埋、金無精神、金多水弱、水無精神、原注以金水爲精氣、木火爲神氣者、此由臟而論也、以肺屬金、以腎屬水、金水相生、藏于裏、故爲精氣、以肝屬木、以心屬火、木火相生、發于表、故爲神氣、以脾屬土、貫于周身、土所以實之也、若論命中之表理精神、則不以金水木火爲精神也、譬如旺者宜洩、洩神得氣爲精足、此從裏發于表、而神自足矣、旺者宜剋、剋神有力爲神足、此由表達于裏、而精自足矣、如土生于四季月、四柱土多無木、或干透庚辛、或支藏申酉、此謂裏發于表、精足神定、如土多無金、或干透甲乙、或支藏寅卯、此謂表達于裏、神足精安、土論如此、五行皆同、宜細究之、

官 癸酉 財
卩 甲子 官
丙寅 食比卩
食 戊戌 食刦財

癸亥　壬戌　辛酉　庚申　己未　戊午

此造以甲木爲精、衰木得水滋而逢寅祿爲精足、以戊土爲神、坐戌通根、寅戌拱之爲神旺、官生印、印生身、坐下長生爲氣貫流通、生化五行俱足、左右上下情協不悖、官來能擋、刦來有官、食來有印、東西南北之運、皆可行也、所以一生富貴福壽可謂美矣、

官 癸未 印傷刦
印 乙卯 印
丙辰 官食印
才 庚寅 食比卩

甲寅　癸丑　壬子　辛亥　庚戌　己酉

此造以大勢觀之、官印相生、偏財時遇、五行不缺、四柱純粹、儼然貴格、不知財官兩字休囚、又遙隔不能相顧、支全寅卯辰、春土剋盡、不能生金、金臨絕地、不能生水、水之氣盡洩于木、木之勢愈旺而火熾、火熾則氣斃、氣斃則神枯、行運北方、又傷丙火之氣、反助木之精、卽逢金運、所謂過于有

餘、損之反觸其怒、以致終身碌碌、名利無成也、

食	戊	戌	食刼財	甲子
印	乙	丑	傷財官	癸亥
	丙	辰	官食印	壬戌
傷	己	丑	傷財官	辛酉
				庚申
				己未

此四柱皆土、命主元神、洩盡月干、乙木凋枯、所謂精氣枯索、運逢壬戌、本主受傷、年逢辛未、緊剋乙木、卒於九月、患弱症而亡、

此造運用逆行。大抵是右命。

月令

月令乃提綱之府。譬之宅也，人元爲用事之神。宅之定向也。不可以不卜。

（原注）令星乃三命之至要。氣象得令者吉。喜神得令者吉。令其可忽乎。月令如人之家宅。支中之三元。定宅中之向道。不可以不卜。如寅月生人。立春後七日前。皆値戊土用事。八日後十四

日前者。丙火用事。十五日後甲木用事。知此則可以取格。可以取用矣。

任氏曰、月令者、命中之至要也、氣象格局用神、皆屬提綱司令、天干又有引助之神、譬如廣廈不移之象、人元用事者、卽此月此日之司令神也、如宅中之向道、不可不卜、地理元機云、宇宙有大關會、氣運爲主、山川有真性情、氣勢爲先、所以天氣動于上、而人元應之、地氣動于下、而天氣從之、由此論之、人元司令、雖助格輔用之首領、然亦要天地相應爲妙、故知地支人元、必得天干引助、天干爲用、必要地支司令、總云人元必須司令、則能引吉制凶、司令必須出現、方能助格輔用、如寅月之戊土、巳月之庚金、司令出見、可置弗論也、譬如寅月生人、戊土司令、甲木雖未及時、戊土雖則司令、天干不透火土而透水木、謂地衰門旺、天干不透水木而透火土、謂門旺地衰、皆吉凶參半、如丙火司令、四柱無水、寒木得火而繁華、相火

得木而生助、謂門地兩旺、福力非常也、如戊土司令、木透干支藏水、謂門地同衰、禍生不測矣、餘月依此而論、

殺　甲　戌　傷印比　丁卯
卩　丙　寅　殺卩比　戊辰
　　戊　寅　殺卩比　己巳
卩　丙　辰　官比財　庚午
　　　　　　　　　　辛未
　　　　　　　　　　壬申

戊寅日元、生于立春十五日後、正當甲木司令、地支兩寅緊剋辰戌之土、天干甲木、又制日干之戊、似乎煞旺身弱、然喜無金、則日元之氣不洩、更妙無水、則丙火之印不壞、尤羨貼身透丙、化殺生身、由甲榜而懸青綬、從副尹以躋黃堂、名利雙收也、

殺　甲　戌　傷印比　丁卯
卩　丙　寅　殺卩比　戊辰
　　　　　　　　　　己巳

戊辰日元、生于立春後六日、正戊土司令、月透丙火、生化有情、日支坐辰、通根身旺、又得食神制殺、俗論比之、

食
戊 庚
辰 申
官比財 食才比

庚 辛 壬
午 未 申

勝于前造、不知嫩木寒土、皆喜火、況殺既化、不宜再制、所嫌者、申時不但日主洩氣、而且丙火臨絕、以致書香難遂、一生起倒不常、半世刑喪不免也、

生時

生時乃歸宿之地。譬之墓也。人元爲用事之神。墓之定方也。不可以不辨。

（原注）子時生人。前三刻。三分壬水用事。後四刻。七分癸水用事。詐其與寅月生人。戊土用事何如。丙火用事何如。甲木用事何如。局中所用之神。與壬水用事者何如。癸水用事者何如。窮其淺深如墳墓之定方道。斯可以斷人之禍福。至同年月日而百人各一應者。當究其時之先後。又論山川之異。世德之殊。十有九驗。其有不驗者。不過此則有官。彼則子多。此則多財。彼則妻美。爲小異耳。夫山川之異。不惟東西南北。迥乎不同者。宜辨之。即一邑一家。而風聲氣習。不能一律也。世德之殊。不惟富貴貧賤。絕乎不侔者。宜辨之。即同門共戶。而善惡邪正。不能盡齊也。學者察此。可

以知其興替矣。

任氏曰、子時前三刻三分壬水用事者、乃亥中餘氣、卽所謂夜子時也、如大雪十日前壬水用事之謂也、餘時亦有前後用事、須從司令一例而推、如生時用事、與月令人元用事相附、是日主之所喜者、加倍興隆、是日主之所忌者、必增凶禍、生時之美惡、譬墳墓之穴道、人元之用事、如墳墓之朝向、不可以不辨、故穴吉向凶、必減其吉、穴凶向吉、必減其凶、如丙日亥時、亥中壬水、乃丙之煞、得甲木用事、謂穴凶向吉、辛日未時、未中己土、乃辛金之印、得丁火用事、謂穴吉向凶、理雖如此、然時之不的當者、十有四五、夫時尚有不的、又何能辨其生剋乎、如果時的、縱不究其人元、亦可斷其規模矣、譬如天然之龍、天然之穴、必有天然之向、天然之向、必有天然之水、只要時支不錯、則吉凶自驗、其人元用事、到底不比提綱司令之爲重也、至於山川之異、世德之殊、因之發福有厚薄、見禍有重輕、而況人品端邪、亦可轉移禍福、此又非命之所得而拘者矣、宜消息之、

衰旺

能知衰旺之真機。其于三命之奧。思過半矣。（原注）旺則宜洩宜傷。衰則喜幫喜助。子平之理也。然旺中有衰者存。不可損也。衰中有旺者存。不可益也。旺之極者不可損。以損在其中矣。衰之極者不可益。以益在其中矣。至於實所當損者而損之。反凶。實所當益者而益之。反害。此眞機皆能知之。又何難於詳察三命之微奧乎。

任氏曰、得時俱爲旺論、失令便作衰看、雖是至理、亦死法也、夫五行之氣、流行於四時、雖日干各有專令、而其實專令之中、亦有並存者在、如春木司令、甲乙雖旺、而此時休囚之戊己、亦未嘗絕于天地也、冬水司令、壬癸雖旺、而此時休囚之丙丁、亦未嘗絕于天地也、特時當退避、不敢爭先、而

其實春土何嘗不生萬物、冬日何嘗不照萬國乎、況八字雖以月令為重、而旺相休囚年日時中、亦有損益之權、故生月卽不值令、亦能值年值日值時、豈可執一而論、有如春木雖強、金太重而木亦危、干庚辛而支申酉、無火制而不富、逢土生而必夭、是得時不旺也、秋木雖弱、木根深而木亦強、干甲乙而支寅卯、遇官透而能受、逢水生而太過、是失時不弱也、是故日干不論月令休囚、只要四柱有根、便能受財官食神而當傷官七殺、長生祿旺、根之重者也、墓庫餘氣、根之輕者也、天干得一比肩、不如地支得一餘氣墓庫、墓者、如甲乙逢未、丙丁逢戌、庚辛逢丑、壬癸逢辰之類是也、餘氣者、如丙丁逢未、甲乙逢辰、庚辛逢戌、壬癸逢丑之類是也、得二比肩、不如支中得一長生祿旺、如甲乙逢亥寅卯之類是也、蓋比肩如朋友之相扶、通根如家室之可託、干多不如根重、理固然也、今人不知此理、見是

太旺宜洩旺極宜生太衰宜剋衰極宜洩

春土夏水秋木冬火、不問有根無根、便謂之弱、見是春木夏火秋金冬水、不究剋重剋輕、便謂之旺、更有壬癸逢辰、丙丁逢戌、甲乙逢未、庚辛逢丑之類、不以爲通根身庫、甚至求刑沖以開之、竟不思刑沖傷吾本根之氣、此種謬論、必宜一切掃除也、然此皆論衰旺之正而易者也、更有顚倒之理存焉、其理有十、木太旺者而似金、喜火之煉也、木旺極者而似火、喜水之剋也、火太旺者而似水、喜土之止也、火旺極者而似土、喜木之剋也、土太旺者而似木、喜金之剋也、土旺極者而似金、喜火之煉也、金太旺者而似火、喜水之濟也、金旺極者而似水、喜土之止也、水太旺者而似土、喜木之制也、水旺極者而似木、喜金之剋也、木太衰者而似水也、宜金以生之、木衰極者而似土也、宜火以生之、火太衰者而似木也、宜水以生之、火衰極者而似金也、宜土以生之、土太衰者而似火也、宜木以生之、土衰極者而似水也、宜金以生之、金太衰者而似土也、宜火以生之、金衰極者而似木也、宜水以生之、水太衰者而似金也、宜土以生之、水衰極者而似火也、宜木以生之、此五行顛倒之真機、學者宜細詳元元之妙、

比　甲辰　劫才印
傷　丁卯　劫
　　甲子　印
才　戊辰　劫才印

戊辰　己巳　庚午　辛未　壬申　癸酉

甲子日生卯月、地支兩辰、是木之餘氣也、又辰卯東方、子辰拱水、木太旺者似金也、以丁火爲用、至巳運、丁火臨旺、名列宮牆、庚辛兩運、南方截脚之金、雖有刑耗而無大患、未運剋去子水、食廩天儲、午運子水沖剋、秋闈失意、壬申運金水齊來、刑妻剋子、破耗多端、癸運不祿、

印 刦 　 刦
癸 乙 甲 乙
卯 卯 寅 亥
刦 刦 比食才 卩比

甲 癸 壬 辛 庚 己
寅 丑 子 亥 戌 酉

此造四支皆木、又逢水生、七木兩水、別無他氣、木旺極者、似火也、出身祖業本豐、惟丑運刑傷、王子水勢乘旺、辛亥金不通根、支逢水旺、此二十年經營、獲利數萬、一交庚戌、土金並旺、破財而亡、

刦 比 　 官
乙 甲 甲 辛
丑 申 申 未
印官財 殺卩才 殺卩才 刦財傷

癸 壬 辛 庚 己 戊
未 午 巳 辰 卯 寅

此造地支土金、木無盤根之處、時干辛金、元神發透、木太衰者、似水也、初運癸未壬午、生木制金、刑喪早見、蔭庇難豐、辛巳庚辰、金逢生地、白手發財數萬、己卯運土無根、木得地、遭回祿、破財萬餘、至寅而亡、

才	才		傷
己	己	乙	丙
巳	巳	酉	戌
財傷官	財傷官	殺	財食殺

戊辰　丁卯　丙寅　乙丑　甲子　癸亥

此造地支皆逢剋洩、天干又透火土、全無水氣、木衰極者、似土也、初交戊辰丁、藉豐厚之蔭庇、美景良多、卯運椿萱並謝、丙運大遂經營之願、獲利萬金、寅運剋妻破財、又遭回祿、乙丑支全金局、火土兩洩、家業耗散、甲子北方水地、不祿宜矣、

印	殺		卩
乙	壬	丙	甲
丑	午	戌	午
傷財官	傷刦	食刦財	傷刦

辛巳　庚辰　己卯　戊寅　丁丑　丙子

此丙戌日元、月時兩刃、壬水無根、又逢木洩、火太旺者、似水也、初運庚辰辛巳、金逢生地、孔懷無輔助之人、親黨少知心之輩、己卯得際遇、戊寅全會火局、及丁丑二十年、發財四五萬、至子運而亡、

印		刦	食
甲	丙	丁	戊
午	寅	巳	寅
傷刦	食比印	食比才	食比印

戊午 己未 庚申 辛酉 壬戌 癸亥

此造丙火生孟夏、地支兩坐長生而逢祿旺、火旺極者、似土也、初運雖不逢木、喜其南方火地、遺緒豐盈、讀書過目成誦、一交庚運、即棄詩書、愛嬉好遊、揮金如土、申運家破身亡、此造若逢木運、名利兩全也、

才	比		才
辛	丁	丁	辛
巳	酉	酉	丑
財刦傷	才	才	食才殺

丙申 乙未 甲午 癸巳 壬辰 辛卯

丁火生于八月、秋金秉令、又全金局、火太衰者似木也、初運乙未甲午、火木並旺、骨肉如同畫餅、六親亦是浮雲、一交癸巳、干透水、支拱金、出外經營、大得際遇、壬辰運中、發財十餘萬、

財	殺		傷
辛	壬	丙	己
亥	辰	申	亥
卩殺	官食印	食殺才	卩殺

辛卯　庚寅　己丑　戊子　丁亥　丙戌

此財生殺、殺攻身、丙臨申、申辰拱水、火衰極者、似金也、初運辛卯庚寅、東方木地、萱椿凋謝、祖業無恆、至己丑運、出外經營、青蚨襯輦、白鏹隨輿、及戊子二十年、春風吹柳、紅綾易公子之裳、杏露沾衣、膏雨沐王孫之袖、所謂有其運、必得其福也、

比	比		刦
戊	戊	戊	己
辰	午	申	未
財比官	刦印	比才食	印刦官

己未　庚申　辛酉　壬戌　癸亥　甲子

此造重重厚土、生于夏令、土太旺者、似木也、其用在金、庚申運、早采芹香、辛酉運、辛丑年、飲鹿鳴、宴瓊林、雲程直上、壬戌運、刑喪挫折、丙午年亡、

刦　印　　　比
戊　丙　己　己
戌　辰　巳　巳
食卩刦　殺刦才　傷印刦　傷印刦

丁　戊　己　庚　辛　壬
巳　午　未　申　酉　戌

此造四柱火土、全無剋洩、土旺極者、似金也、初運南方、遺業豐盈、午運入泮、己未棘闈、拔而不舉、一交庚申、青蚨化蜨、家業漸消、辛酉財若春後霜雪、事業蕭條、壬運剋丙不祿、

才　傷　　　財
壬　辛　戊　癸
辰　亥　子　丑
官比財　才殺　財　財傷刦

壬　癸　甲　乙　丙　丁
子　丑　寅　卯　辰　巳

此造支類北方、水勢汪洋、天干又透金水、土太衰者、似火也、運至甲寅乙卯、干支皆木、名成利遂、一交丙運、刑妻剋子、破耗多端、至丁丑運、歲運火土、暗傷體用、得風疾而亡、

	財	殺		才
年月日時	癸	甲	戊	壬
	酉	子	子	子
	傷	財	財	財

癸亥　壬戌　辛酉　庚申　己未　戊午

此四柱皆水、又得金生、土衰極者、似水也、初逢癸亥、平常之境、壬戌水無根土得地、刑喪破耗、家業消亡、辛酉庚申二十年、大得際遇、白手發財十餘萬、己未運破去數萬、壽亦在未而止、

	食	印		比
年月日時	壬	己	庚	庚
	申	酉	子	辰
	比食印	刦	傷	傷印財

庚戌　辛亥　壬子　癸丑　甲寅　乙卯

此造秋金秉令、木火全無、金太旺者、似火也、亥運壬水坐祿、早遊泮水、壬子運用神臨旺、撞破煙樓、高攀月桂、癸丑合去壬水旺地、囊內青蚨成蜨舞、枝上子規月下啼、甲寅乙卯、尚有制土衛水之功、仕路淸高、楓葉未飄氈共冷、梅開早覺筆先香、

比	財		比
庚	乙	庚	庚
申	酉	戌	辰
卩食比	刦	官刦	傷卩財卩

丙戌　丁亥　戊子　己丑　庚寅　辛卯

此造支類西方、又逢厚土、金旺極者、似水也、初運火、祖業無恆、至戊子運獲厚利、納粟出仕、己丑庚運、名利皆遂、一交寅運、犯事落職、大破財利、至卯不祿、

卩	刦		財
己	庚	辛	甲
卯	午	卯	午
才	卩殺	才	卩殺

己巳　戊辰　丁卯　丙寅　乙丑　甲子

辛金生于仲夏、地支皆逢財殺、金太衰者、似土也、初運己巳戊辰、晦火生金、求名多滯、作事少成、一交丁卯、木火並旺、如枯苗得雨、浡然而興、似鴻毛遇風、飄然而起、家業豐裕、交丑生金洩火、不祿、

印 己亥 食才
官 丁卯 財
　 庚寅 才殺印
殺 丙子 傷

丙寅　乙丑　甲子　癸亥　壬戌　辛酉

此造木旺乘權、又得水生、四面皆逢財殺、金衰極者、似木也、所以乙丑運中土金暗旺、家業破盡、至甲子運、北方水旺、財源通裕、癸亥出仕、名利兩全、壬戌水臨絕地、罷職而歸、

比 壬寅 食才殺
印 辛亥 比食
　 壬子 刦
印 辛丑 刦印官

壬子　癸丑　甲寅　乙卯　丙辰　丁巳

此造壬水生于孟冬、支類北方、干皆金水、水太旺者、似土也、喜其寅木吐秀、至甲寅運、早遂青雲之志、可謂才藻翩翩、輝映杏壇桃李、文思弈弈、光騰藥籠參苓、乙卯運官途順遂、交丙而亡、

印		劫	劫
庚	壬	癸	癸
子	子	亥	亥
劫	劫	食比	食比

壬戌　辛酉　庚申　己未　戊午　丁巳

此造四柱皆水、一無剋洩、其勢沖奔、不可遏也、初運壬戌、支逢土旺、早見刑喪、辛酉庚申、干支皆金、所謂月印千江銀作浪、門臨五福錦鋪花、交己未、妻子皆傷、家業破盡、戊午運、貧乏不堪、憂鬱而卒、

劫		傷	才
癸	壬	乙	丙
卯	午	未	辰
傷	官財	財官傷	劫殺傷

丙申　丁酉　戊戌　己亥　庚子　辛丑

此火土當權、又逢木助、五行無金、水太衰者、似金也、初交丙申丁酉、蓋頭是火、使申酉不能生水、財喜並旺、戊戌運中、家業饒裕、己亥土無根、還喜支會木局、雖有破耗而無大患、一交庚子、家破人亡、

刦	殺		才
癸	戊	壬	丙
卯	午	寅	午
傷	官財	食才殺	官財

丁巳　丙辰　乙卯　甲寅　癸丑　壬子

此造丙火當權、戊癸從化、嘆乾王水、水衰極者、似火也、初運逢火、從其火旺、豐衣足食、乙卯甲寅、名利雙全、癸丑爭官奪財、破耗而亡、

以上二十造、五行極旺極衰、不得中和之氣、原注云、旺中有衰者存、衰中有旺者存、此兩句、卽余之太旺太衰也、旺之極者不可損、衰之極者不可益、此兩句、卽余之極旺極衰也、特選此為後證、

中和

既識中和之正理。而于五行之妙。有全能焉。（原注）中而且和。子平之要法也。有病方為貴。無傷不是奇。舉偏而言之也。至於格中如去病財祿兩相宜。則又中和矣。到底要中和。乃為至貴。若當令之氣數。或身弱而財官旺地。取富貴不必於中也。用神強。取富貴不必於和也。偏氣

古怪。取富貴而不必於中且和也。何也。以天下之財官。止有此數。而天下之人材惟此時爲最多，皆尚於奇巧也。

任氏曰、中和者、命中之正理也、既得中和之正氣、又何患名利之不遂耶、夫一世優游無抑鬱而暢遂者、少險阻而迪吉者、爲人孝友而無驕諂者、居心耿介而不苟且者、皆得中和之正氣也、至若身弱而旺地取富貴、身旺而弱地取富貴者、必四柱有所缺陷、或財輕劫重、或官衰傷旺、或殺强制弱、或制强殺弱、此等雖不得中和之理、其氣却亦純正、爲人恩怨分明、惟柱中所有缺陷、或運又乖違、因而妻子財祿、各有不足、如財輕劫重妻不足、制强殺弱子不足、官衰傷旺名不足、殺强制弱財不足、其人或志高傲物、雖貧無諂、後至歲運、補其不足、去其有餘、仍得中和之理、定然起發于後、有等見富貴而生諂容、遇貧窮而作驕態者、必四柱偏氣古怪、五行不得其正、故心事奸貪、作事僥倖也、若所謂有病有藥、吉凶易驗、無病無藥、禍福難推、此論仍失之偏、大凡有病者顯而易取、無病者隱而難推、然總以中和爲主、猶如人之無病、則四肢健旺、營衛調和、行止自如、諸多安適、設使有病、則憂多樂少、舉動艱難、如遇良藥則可、若無良藥醫之、豈不爲終身之患乎、

印	辛巳	印財官
傷	甲午	才殺
	癸卯	食
比	癸亥	劫傷

癸巳　壬辰　辛卯　庚寅　己丑　戊子

癸卯日元、生于亥時、日主之氣已貫、喜其無土、財旺自能生官、更妙巳亥遙沖、去火存金、印星得用、木火受制、體用不傷、中和純粹、爲人智識深沈、器重荊山璞玉、才華卓越、光浮鑑水珠璣、庚運助辛制甲、自應台曜高躔、朗映紫微之彩、鼎居左列、輝騰廊廟之光、微嫌亥卯拱木、木旺金衰、未免

嗣息艱難也、此莫寶齋先生造、

殺己酉卩　乙亥

財丙子比　甲戌

癸未食殺才　癸酉

官戊午殺才　壬申

辛未

庚午

此王觀察造、癸日子月、似乎旺相、不知財殺太重、旺中變弱、局中無木、混濁不清、陰內陽外之象、月透財星、其心意必欲愛之、時逢官殺、其心志必欲合之、所以權謀異衆、才幹過人、出身本微、心術不端、癸酉得逢際遇、由佐貳至觀察、奢華逢迎、無出其右、至未運不能免禍、所謂欲不除、似蛾撲燈、焚身乃止、如猩嗜酒、鞭血方休、

源流

何處起根源。流到何方住。機括此中求。知來亦知去。（原注）不必論當令不當令。只論取最多最旺。而可以爲滿局之祖宗者。爲源頭也。看此源頭。流到何方。流去之處。是所喜之神。

即在此住了。乃爲好歸路。如辛酉癸巳戊申丁巳。以火爲源頭。流至金水之方即住了。所以富貴爲最若再流至木地。則氣洩爲亂。如未曾流到吉方。中間即遇阻節。看其阻住之神何神。以斷其休咎。流住之地何地。以知其地位。如癸丑壬戌癸丑壬子。以土爲源頭。止水方。只生得一個身子。而戊中火土之氣。得從引助。所以爲僧也。

任氏曰、源頭者、即四柱中之旺神也、不論財官印綬食傷比刦之類、皆可爲源頭也、總要流通生化、收局得美爲佳、或起于比刦、止于財官爲喜、或起于財官、止于比刦爲忌、如山川之發脈來龍、認氣于大父母、看尊星、認氣于眞子息、看主星、認氣于方交媾、看胎伏星、認氣于成胎育、看胎息星、認氣于化煞爲權、看解星、認氣于絕處逢生、看恩星、認源之氣以勢、認流之氣以情、故源頭流住之地、即山川結穴之所也、不可以不究、源頭阻節之處、即來龍破損隔絕之意也、不可以不察、看其源頭流止之地何地以知其誰興誰替、看其阻節之神何神、以論其何吉何凶、如源頭起于年月是食印、住于月時是財官、則上叨祖父之蔭、下享兒孫之福、或起于年月是財官、住于日時是傷刦、則破敗祖業、刑妻剋子、如起於日時是財官、住於年月是食印、則上與祖父爭光、下與兒孫立業、或起於日時是財官住於年月是傷刦、則祖業難享、自刱維新、流住年是官印者、知其祖上清高、是傷刦者、知其祖上寒微、流住月是財官者、知其父母創業、是傷刦者、知其父母破敗、流住日時是財官食印者、必白手成家、或妻賢子貴、流住日時是傷刦梟刃者、必妻陋子劣、或因妻招禍、破家受辱、然又要看日主之喜忌斷之、無不驗也、如源頭流止未住之地、有阻節隔絕之神、是偏正印綬、必爲長輩之禍、柱中有財星相制、必得妻賢之助、如有比刦之化、或得兄弟相扶、如阻節是比刦、必遭兄弟之累、或不和、柱中有官星相制、必得賢貴之解、如有食傷之化、或得子姪之助、如阻節是財星、必遭妻妾之禍、柱中有比刦相制、必得兄弟之助、或兄弟愛敬、如有官星之化、或得賢貴提攜、如阻節是食傷、必受子孫之累、柱中有印綬相制、必叨長輩之福、或親長提拔、有財星之化、必得美妻、或中饋多能、如阻節是官煞、必遭官刑之禍、柱中有食傷相制、必得子姪之力、有印綬之化、必仗長輩之助、然又要看用神之宜忌論之、無不應也、如源頭流住是官星、又是日主之用神、就名貴顯者十居八九、如是財星、又是日主之用神、就利發財者、十居八九、如是印星、又是日主之用神、有文望而清高者、十居八九、如是食傷又是日主之用神、財子兩美者、十居八九、如日主以官星爲忌神、爲官遭禍傾家者有之、如日主以財星爲忌神、爲財喪身敗名節者有之、如日主以印星爲忌神、爲文書傷時犯上而受殃者有之、如日主以食傷爲忌神、爲

子孫受累而絕嗣者有之、此窮極源流之正理、不同俗書之謬論也、

財	才		官
辛	庚	丙	癸
酉	子	寅	巳
財	官	食比卩	食刦才

己亥　戊戌　丁酉　丙申　乙未　甲午

此以金爲源頭、流至寅木、印綬生身更妙、巳時得祿、財又逢生、官星透露、清有精神、中和純粹、起處亦佳、歸局尤美、詞林出身、仕至通政、一生無險、名利雙輝、

傷	財		卩
辛	癸	戊	丙
丑	巳	申	辰
刦傷財	比卩食	比才食	財比官

壬辰　辛卯　庚寅　己丑　戊子　丁亥

此以火爲源頭、流至水方、更妙月時、兩火之源、皆得流通、至金水歸局、所以富有百萬、貴至二品、一生履險如夷、所謂景星慶雲、仰衆吉之拱向、花攢錦簇、盼五福之駢臻、

財	財		卩
辛	辛	丙	甲
卯	卯	子	午
印	印	官	傷刦

庚寅　己丑　戊子　丁亥　丙戌　乙酉

此以木爲源頭、五行無土、不能流至金、財官又隔絶、沖而逢洩、無生化之情、初運庚寅、叨上人之福、己丑運合子、洩火生金、財福駢臻、戊子土虛水旺、暗助木神、刑耗多端、丁亥剋金會木、家破人亡、

食	才		印
庚	壬	戊	丁
寅	午	午	巳
比卩殺	刦印	刦印	比卩食

癸未　甲申　乙酉　丙戌　丁亥　戊子

此以火爲源頭、年支寅木阻節、月干壬水隔之、不能流至金、初運土金之地、沖化阻節之神、業同秋水春花盛、人被堯天舜日恩、一交丙戌、支會火局、梟神奪食、破耗異常、又剋一妻二妾四子、至丁亥運、干支皆合化木、煢煢隻影、孤苦不堪、削髮爲僧、

凡富貴者、未有不從源頭也、分其貴賤、全在收局一字定之、去我濁氣、作我喜神、不貴亦富、去我清氣、作我忌神、不貧亦賤、學者當審察之、

通關

關內有織女。關外有牛郎。此關若通也。相邀入洞房。(原注)天氣欲下降。地氣欲上升。欲相合相和相生也。木土而要火。火金而要土。土水而要金。金木而要水。皆是牛郎織女之有情也。中間上下遠隔。爲物所間。前後遠絕。或被刑沖。或被刦占。或隔一物。皆謂之關也。必得引用無合之神。及刑沖所間之物。前後上下。援引得來。能勝刦占之神。能補所缺之物。明見暗會。歲運相逢。乃爲通關也。關通而其願遂矣。不猶牛郎織女之入洞房也哉。

任氏曰、通關者、引通尅制之神也、所謂陰陽二用、妙在氣交、天降而下、地升而上、天干之氣動而專、地支之氣靜而雜、是故地運有推移、而天氣從之、天氣無有轉徙、而地運應之、天氣動于上、而人元應之、人元動于下、而

天氣從之、所以陰勝逢陽則止、陽勝逢陰則住、是謂、天地交泰、干支有情、左右不背、陰陽生育而相通也、若殺重喜印、殺露印亦露、煞藏印亦藏、此顯然通達、不必節外生枝、倘原局無印、必須歲運逢印向而通之、或暗會明合而通之、局內有印、被財星損壞、或官星化之、或比刦解之、或被合住、則沖開之、或被沖壞、則合化之、或隔一物、則剋去之、前後上下、不能援引、得歲運相逢尤佳、如年印時殺干殺支印、前後遠立、上下懸隔、或為間神忌物所間、此原局無可通之理、必須歲運暗沖暗會、剋制間神忌物、該沖則沖、該合則合、引通相剋之勢、此關一通、所謂琴遇子期、馬逢伯樂、求名者青錢萬選、問利者億則屢中、如牛郎織女之入洞房、無不遂其所願、殺印之論如此、食傷財官之論亦如此、

殺 癸酉 才
印 甲子 殺
丁卯 卩
刦 丙午 食比

癸亥 壬戌 辛酉 庚申 己未 戊午

此造天干地支、皆殺生印、印生身、時歸祿旺、尤妙四沖、反爲四助、金見水不剋木而生水、水見木不剋火而生木、此自然不隔不占、無阻節之物、日主弱中變旺、運遇水、仍能生木、逢金仍能生水、印綬不傷、所以秋闈早捷、仕至觀察、

傷 戊寅 傷刦印
殺 癸亥 印官
丁未 比食卩
才 辛亥 印官

甲子 乙丑 丙寅 丁卯 戊辰 己巳

此癸水臨旺、貼身相剋、被戊土合去、反作幫身、月支亥水本助殺、得年支寅亥合來生身、寅本遙隔、反爲親近、時支之亥、又逢未會、以難爲恩、一來一去、何等情協、一往一會、通關無阻、所以科甲聯登、仕至黃堂、

印　戊　辰　才印食
才　乙　卯　才
　　辛　丑　食比印
殺　丁　酉　比

丙辰　丁巳　戊午　己未　庚申　辛酉

此春金氣弱、時殺緊剋、年逢印綬、遠隔不通、又被旺木剋土壞印、不但戊土不能生化、卽日支之丑土、亦被卯木所壞、此局內無可通之理、中運南方殺地、碌碌風霜、奔馳未遇、交庚申剋去木神、得奇遇、分發陝西、屢得軍功、及辛酉二十年、仕至副尹、蓋金能剋木幫身、印可化殺而通也、

印　己　巳　劫官印
殺　丁　卯　才
　　辛　卯　才
才　乙　未　才印殺

丙寅　乙丑　甲子　癸亥　壬戌　辛酉

此春金虛弱、木火當權、年印月殺、未得相通、時支未土、又會卯化木、只有生殺之情、而無輔主之意、兼之一路運途無金、一派水木、仍滋殺之根源、以致破敗祖業、一事無成、至亥運會木生殺而亡、

官殺

官殺混雜來問我。有可有不可。

（原注）殺卽官也。同流共派者可混也。官非殺也。各立門牆者。不可混也。殺重矣。官從之非混也。官輕矣。殺助之。非混也。敗財與比肩雙至者。殺可使官混也。比肩與刦財兩遇者。官可使殺混也。一官而不能生印者。殺助之。非混也。一殺而遇食傷者。官助之。非混也。勢在於官。官有根。殺之情依乎官。依官之殺。歲助之而混官。不可也。勢在於殺。殺有權。官之勢依乎殺。依殺之官。歲扶之而混殺。不可也。藏官露殺。干神助殺。合官留殺。皆成殺氣。勿使官混也。藏殺露官。干神助官。合殺留官。皆從官象。不可使殺混也。

任氏曰、殺卽官也、身旺者以殺爲官、官卽殺也、身弱者以官爲殺、日主甚强、雖無制不爲殺困、正官相雜、但無根亦隨殺行、去官不過兩端、用食用傷皆可、合殺總爲美事、合來合去宜清、獨殺乘權、無制伏、職居清要、衆殺有制、主通根、身掌權衡、殺生印而印生身、龍墀高步、身任財而財滋殺、雁塔題名、若殺重而身輕、非貧卽夭、苟殺微而制過、雖學無成、在四柱總宜降伏、休云年逢勿制、以一位取爲權貴、何必時上尊稱、制殺爲吉、全憑調劑之功、借殺爲權、妙有中和之理、但見殺凌衰主、究必傾家、弗謂局得殺神、遂許顯豁、書云格格推詳、以殺爲重、是以究之宜切、用之宜精、殺有可混不可混之理、如天干甲丙戊庚壬爲殺、地支卯午丑未酉子、乃殺之旺地、非混也、天干乙丁己辛癸爲官、地支寅巳辰戌申亥、乃官之旺地、非混也、如干甲乙支寅、干丙丁支巳、干戊己支辰戌、干庚辛支申、干壬癸支亥、以官混殺、宜乎去官、如干甲乙支卯、干丙丁支午、干戊己支丑未、干庚辛支酉、干壬癸支子、以殺混官、宜乎去殺、年月兩干透一殺、年月支中有財、時遇官星無根、此官從殺勢、非混也、年月兩干透一官、年月支中有財、時遇殺星無根、此殺從官勢、非混也、勢在于官、官得祿、依官之殺、年干助于、爲混也、勢在干殺、殺得祿、依殺之官、年干助官、爲混也、敗財合殺、比肩敵殺、官可混也、比肩合官、刦財攩官、殺可混也、一官而印綬重逢、官星洩氣、殺助之、非混也、一殺而食傷並見、制殺太過、官助之、非混也、若官殺並透無根、四柱刦印重逢、不但喜混、尚宜財星助殺官也、總之日主旺相可混也、日主休囚不可混也、今將殺分六等、此余所試驗者、分列詳細于後、以備參考、

一曰財滋弱殺格

印	己	酉	刦
殺	丙	寅	才殺印
	庚	申	比食印
比	庚	辰	財印傷

乙丑　甲子　癸亥　壬戌　辛酉　庚申

此造以俗論之、春金失令、旺財生殺、殺坐長生、必要扶身抑殺、不知春金雖不當令、地支兩逢祿旺、又得辰時印比幫身、弱中變旺、所謂木嫩金堅、若無丙火、則寅木難存、若無寅木、則丙火無根、必要用財滋殺、木火兩字、

缺一不可也、甲運入泮、子運會水生木、補廩、癸運有己土當頭、无咎、亥運合寅、丙火絕處逢生、棘闈奏捷、壬戌支類西方、木火並傷、一阻雲程、刑耗並見、辛酉刦刃肆逞、不祿、此造惜運走西北金水、若行東南木火、自然科甲聯登、仕路顯赫矣、

殺　丙申　比食

比　庚寅　才殺

　　庚申　比食

刦　辛巳　殺比

辛卯　壬辰　癸巳　甲午　乙未　丙申

此造天干三透庚辛、地支兩坐祿旺、丙火雖挂角得祿、無如庚辛元神透露、非火之祿支、是金之長生、用財滋殺明矣、辰運木之餘氣、采芹生色、巳運火之祿旺、科甲聯登、甲午乙未、木火並旺、仕至藩臬、若以八字觀之、此造不及前造、只因前造運行西北、此造運走東南、富貴雖定于格局、窮通全在運限、所以命好不如運好、信然也、

二曰殺重用印格

比	殺		殺
戊	甲	戊	甲
子	寅	午	寅
財	比卩殺	刦印	比卩殺

乙卯　丙辰　丁巳　戊午　己未　庚申

戊土生寅月寅時、土衰木盛、最喜坐下午火、生拱有情、正謂衆殺横行、一仁可化、子水之財、生寅木不沖午火、其情協、其關通、尤羨運走南方火土、所以早登黃甲、出仕馳名、

刦	卩		殺
己	丙	戊	甲
亥	寅	子	寅
殺才	比卩殺	財	比卩殺

乙丑　甲子　癸亥　壬戌　辛酉　庚申

此造觀格局似勝前造、此則印坐長生、前則印逢財沖、不知前則坐下印綬、七殺皆來生拱、而日主堅固、此則財坐日下、反去生殺、助紂爲虐、兼之運走西北、戊午年中鄉榜、己丑中進士、此兩年比刦幫身、沖去財星之妙也、壬運刦丙壞印、丁外艱、遭回祿、戌運拱印雖稍有生色、亦是春月秋花、

將來辛酉運中、木多金缺、洩土生水、合去丙火、災禍豈能免耶、

才	殺		比
戊	庚	甲	甲
辰	申	子	子
印才刦	才卩殺	印	印

辛酉　壬戌　癸亥　甲子　乙丑　丙寅

此造木凋金銳、厚土生金、原可畏也、然喜支全水局、化其肅殺之氣、生化有情、至癸亥運、科甲連登、早蒙仕路之光、丙寅丁卯、制化皆宜、仕路封疆、官途平坦、生平履險如夷、

卩	殺		殺
戊	丙	庚	丙
午	辰	寅	戌
印官	傷卩財	卩殺才	卩官刦

丁巳　戊午　己未　庚申　辛酉　壬戌

此造干透兩殺、支全殺局、所喜戊土原神透出、是以化殺、寅木本要破印、尤喜會火、反培土之根源、巧借栽培、至己未運中、科甲連登、庚申辛酉、幫身有情、馳名宦海、裕後光前也、

殺 癸亥 印官
殺 癸亥 印官
　 丁卯 卩
殺 癸卯 卩

壬戌　辛酉　庚申　己未　戊午　丁巳　丙辰

此造干透三癸、支逢兩亥、乘權秉令、喜其無金、兩印拱局、生化不悖、清而純粹、辛酉庚申運中、蹭蹬功名、刑耗並見、己未交來干制殺、支會印、功名層疊而上、接行戊午丁巳丙運、仕至觀察、名利雙輝、

三曰食神制殺格

殺 戊辰 傷殺刦
殺 戊午 財官
　 壬辰 傷殺刦
食 甲辰 傷殺刦

己未　庚申　辛酉　壬戌　癸亥　甲子

此造四柱皆殺、喜支坐三辰、通根身庫、妙在無金、時透食神制殺、辰乃木之餘氣、正謂一將當關、羣凶自伏、至癸亥運、食神逢生、日主得祿、科甲連登、甲運仕縣令、子運衰神沖旺、不祿、

食　　殺　殺
丙　甲　庚　庚
寅　戌　辰　申
才食比　才傷官　印才刦　才卩殺

丙　乙　甲　癸　壬　辛
戌　酉　申　未　午　巳

此造甲木生辰、雖有餘氣、但庚金並透、通根斫伐、最喜寅時祿旺、更妙丙火獨透、制殺扶身、午運暗會火局、中鄉榜、甲申乙酉殺逢祿旺、刑耗多端、直至丙戌運、選知縣、

食　　殺　殺
戊　丙　壬　壬
戌　戌　子　子
食刦財　食刦財　官　官

戊　丁　丙　乙　甲　癸
午　巳　辰　卯　寅　丑

此造年月兩逢壬子、殺勢猖狂、幸而日時坐戌、通根身庫、更妙戊土透出、足以砥定汪洋、尤羨運走東南、扶身抑殺、至乙卯運中、水臨絕、火逢生、鹿鳴宴罷瓊林宴、桂花香過杏花香、仕至郡守、

食	殺		殺
壬	丙	庚	丙
申	午	午	戌
比食卩	官印	官印	劫官卩

丁未　戊申　己酉　庚戌　辛亥　壬子

此造兩殺當權臨旺、原可畏也、幸賴年干壬水臨申、足以制殺、更妙無木、則水不洩、火無助、申運金水得助、發軔宮牆、酉運支類西方、早充觀國之光、高豫南宮之選、後運金水、體用皆宜、由署郎出爲郡守、

四曰合官留殺格

官	食		殺
癸	戊	丙	壬
丑	午	午	辰
官財傷	劫傷	劫傷	印食官

丁巳　丙辰　乙卯　甲寅　癸丑　壬子

此造火長夏天、旺之極矣、戊癸合而化火爲忌、還喜壬水通根身庫、更妙年支坐丑、足以晦火養金而蓄水、則癸水仍得通根、雖合而不化也、不化反喜其合、則不抗乎壬水矣、是以乙卯甲寅運、剋土衞水、雲程直上、至癸丑運、由琴堂而遷州牧、及壬子運、由治中而履黃堂、名利裕如也、

乾隆三十八年四月十八日辰時

官　癸巳　才比食
食　戊午　刦傷
　　丙午　刦傷
殺　壬辰　印食官

丁巳　丙辰　乙卯　甲寅　癸丑　壬子　辛亥　庚戌

此鐵樵自造、亦長夏天、與前造只換一丑字、天淵之隔矣、夫丑乃北方之溼土、能晦丙火之烈、能收午火之焰、又能蓄水藏金、巳乃南方之旺火、癸臨絕地、杯水輿薪、喜其混也、不喜其清也、彼則戊癸合而不化、此則戊癸合而必化、不但不能助殺抑且化火爲刦、反助陽刃猖狂、巳中庚金、無從引助、壬水雖通根身庫、總之無金滋助、清枯之象、兼之運走四十載木火、生助刦刃之地、所以上不能繼父志以成名下不能守田園而剏業、骨肉六親、直同畫餅。半生事業、亦似浮雲、至卯運、壬水絕地、陽刃逢生、遭骨肉之變、以致傾家蕩產、猶憶未學命時、請人推算、一味虛褒、以爲名利自如、後竟一毫不驗、豈不痛哉、且予賦性偏拙、喜誠實不喜虛浮、無諂態、多傲慢、交遊往來、每落落難合、所凜凜者、吾祖若父、忠厚之訓、不敢失墜耳、先嚴逝後、家業凋零、潛心學命、爲餬口之計、夫六尺之軀、非無遠圖之志、徒以末技見哂、自思命運不齊、無益于事、所以涸轍之鮒、僅邀升斗之水、限于地、困于時、嗟乎、莫非命也、順受其正云爾、

食	官		殺
戊	癸	丙	壬
申	亥	午	辰
才殺食	殺印	刦傷	印食官

甲 乙 丙 丁 戊 己
子 丑 寅 卯 辰 巳

此造日主雖坐旺刃、生于亥月、究竟休囚、五行無木、王癸並透、支逢生旺、各立門戶、喜其合去癸水、不致混也、更妙運走東南木火鄉、榜出身、寵錫傳來紫闥、承宣協佐黃堂、

食	官		殺
戊	癸	丙	壬
午	亥	戌	辰
刦傷	殺卩	財刦食	印食官

甲子　乙丑　丙寅　丁卯　戊辰　己巳

丙戌日元、生于辰時、沖去庫根、壬癸並透、喜其戊合、去官留殺、更喜年逢刃助、火虛有焰、更妙無金、稍勝前造、科甲出身、宿映台垣、重藉旬宣之職、猷分禹服、特隆鎖鑰之權、

官	比		殺
壬	丁	丁	癸
申	未	未	卯
財官傷	卩食比	卩食比	卩

戊申　己酉　庚戌　辛亥　壬子　癸丑

此造日月皆丁未、時殺無根、喜其壬水官星助殺、不宜合也、幸而壬水坐申、合而不化、申金爲用、更妙運走西北金水、助起官殺、鄉榜出身、仕版連登、由縣令而遷司馬、位儕黃堂、

殺	刦		官
甲	己	戊	乙
辰	巳	辰	卯
財比官	比卩食	財比官	官

庚午　辛未　壬申　癸酉　甲戌　乙亥

戊土生于巳月、日主未嘗不旺、然地支兩辰、木之餘氣亦足、喜其合殺留官、官星坐祿、更妙運途生化不悖、所以早登雲路、掌典籍而知制誥、陪侍從而應傳宣也、

殺	刦		官
丙	辛	庚	丁
辰	卯	申	丑
傷卩財	財	卩食比	印刦傷

壬辰　癸巳　甲午　乙未　丙申　丁酉

此造春金雖不當令、喜其坐祿逢印、弱中變旺、丙辛一合、丁火獨淸、不但去殺、而且去刦、財無刦奪、官有生扶、尤妙運走東南木火、所以早遂靑錢之選、兆人鏡之芙蓉、作春官之桃李也、

傷 丙辰 比財印
殺 辛卯 比
　 乙亥 劫印
官 庚辰 比財印

壬辰　癸巳　甲午　乙未　丙申　丁酉

乙亥日元、坐下逢生、又月令建祿歸垣、足以用財、喜丙辛金弱、而去乙庚、木旺不從、鄉榜出身、至丙申丁酉火蓋天干、未能顯秩、究竟西方金地、亦足以琴堂解慍、花院徵歌也、

劫 癸亥 比食
殺 戊午 財官
　 壬午 財官
官 己酉 印

丁巳　丙辰　乙卯　甲寅　癸丑　壬子

此造旺殺逢財、喜其合也、妙在癸水臨旺、合而不化、則有情、戊土、不抗壬水也、合而化、則無情、化火、仍生土也、由此以推、運走東方木地、早遂青雲之志、運走北方水地、去財護印、翱步天衢、置身日舍也、

五曰官殺混雜格

殺	殺		官
壬	壬	丙	癸
辰	子	寅	巳
印食官	官	卩比食	才比食

癸	甲	乙	丙	丁	戊
丑	寅	卯	辰	巳	午

此造壬癸當權、殺官重疊、最喜日坐長生、寅能納水、化殺生身、時歸祿旺、足以敵官、更妙無金、印星得用、煞勢雖强、不足畏也、至丙運幫身、又逢己巳流年、去官之混、捷報南宮、出宰名區、

官	殺		卩
甲	乙	己	丁
子	亥	巳	卯
才	財官	傷印刦	殺

丙	丁	戊	己	庚	辛
子	丑	寅	卯	辰	巳

此造官遇長生、殺逢祿旺、巳亥雖沖破印、喜卯木仍能生火、寅運合亥化木生印、連登甲榜、庚辰辛巳制官服煞、朱旛皂蓋、出守大邦、名利兩優、

殺	丙	辰	財卩傷
官	丁	酉	刦
	庚	午	官印
卩	戊	寅	才殺卩

戊戌　己亥　庚子　辛丑　壬寅　癸卯

此造殺逢生、官得祿、喜其秋金秉令、更妙辰土洩火生金、不失中和之象、尤喜運走北方水地、庚子運沖去官根、鹿鳴方歡飲、鴈塔又題名、辛丑壬寅運、橫琴而歌解慍、游刃而賦烹鮮、

殺	戊	午	財官
官	己	未	傷官財
	壬	申	卩比殺
印	辛	亥	比食

庚申　辛酉　壬戌　癸亥　甲子　乙丑

此造、官殺並旺當令、幸日坐長生、時逢祿旺、足以敵官攩殺、坐下印綬、引通財殺之氣、運走西北金水之鄉、所以少年科甲、裕經綸于筦庫、人推黼黻之功、秉撫宇于催科、世讓文章之煥、

任氏曰、官殺混雜者、富貴甚多、總之殺官當令者、必要坐下印綬、則其殺官之氣流通、生化有情、或氣貫生時、亦足以扶身敵殺、若不氣貫生時、又

不坐下印綬、不貧亦賤、如殺官不當令者、不作此論也、

六日制殺太過格

財	食		傷
辛	戊	丙	己
卯	戌	辰	亥
印	食劫財	官食印	卩殺

丁酉　丙申　乙未　甲午　癸巳　壬辰

時逢獨殺、四食相制、年支卯木被辛金蓋頭、況秋木本不足疏土、所賴亥中甲木衞殺、至乙未運暗會木局、捷報南宮、名高翰苑、甲午運木死于午、合己化土、丁外艱、己巳年又沖去亥水、不祿、

財	食		殺
辛	戊	丙	壬
卯	戌	辰	辰
印	食劫財	官食印	官食印

丁酉　丙申　乙未　甲午　癸巳　壬辰

此亦一殺逢四制、所不及前造者、無亥卯之會也、雖早采芹香、以致蹭蹬秋闈、納捐部屬、仕路亦不能通達、喜時殺透露、行甲午運無化土之患、然猶刑耗多端、而已身无咎、

殺　比　　　殺
壬　丙　丙　壬
辰　午　午　辰
官食印　傷刦　傷刦　官食印

丁　戊　己　庚　辛　壬
未　申　酉　戌　亥　子

此殺逢四制、柱中印雖不見、喜其殺透食藏、通根身庫、總之夏火當權、水無金滋、至酉運合去辰土、財星滋殺、發甲點中書、庚運、仕版連登、入參軍機、戌運、燥土沖動壬水之根、又逢戊辰年、戊土透出、緊制壬水、不祿、

食　殺　　　比
甲　戊　壬　壬
寅　辰　辰　寅
殺才食　刦殺傷　刦殺傷　殺才食

己　庚　辛　壬　癸　甲
巳　午　未　申　酉　戌

此造五殺逢五制、土雖當權、木亦雄壯、幸日主兩坐庫根、又得比肩匡扶、至壬申運、日主逢生、沖去寅木、名登桂籍、雁塔高標、接連癸酉二十年、由縣令履黃堂、名利裕如、

食　比　　　食
庚申　戊寅　戊寅　庚申
食才比　殺印比　殺印比　食才比

己卯　庚辰　辛巳　壬午　癸未　甲申

此兩殺逢四制、幸春木得時乘令、剋不盡絕、至午運、補土之不足、去金之有餘、登科擢縣令、至甲申運、又逢食制、死于軍功、

任氏曰、與其制殺太過、不若官殺混雜之美也、何也、蓋制殺太過、殺既傷殘、再行制煞之運、九死一生、官殺混雜、只要日主坐旺、印綬不傷、運程安頓、未有不富貴者也、如日主休囚、財星壞印、卽使獨殺純清、一官不混、往往憂多樂少、屈志難伸、學者宜審焉、

傷官

傷官見官果難辨。可見不可見。(原注)身弱而傷官旺者。見印而可見官。身旺而傷官旺者。見財而可見官。傷官旺。財神輕。有比刦而可見官。日主旺。傷官輕。無印綬而可見官。傷官旺而無財。一遇官而有禍。傷官旺而身弱。一見官而有禍。傷官弱而財輕。一見官而有禍。傷官弱而見

印。一見官而有禍。大率傷官有財。皆可見官。傷官無財。皆不可見官。又要看身強身弱。合財官印綬比肩不同方可。不必分金木水火土也。又曰傷官用印。無財不宜見財。傷官用財。無印不宜見印。須詳辨之。

任氏曰、傷官者、竊命主之元神、既非善良、傷日干之貴氣、更肆縱橫、然善惡無常、但須駕馭、而英華發外、多主聰明、若見官之可否、須就原局權衡、其間作用、種種不同、不可執一而論也、有傷官用印、傷官用財、傷官用劫、傷官用傷、傷官用官、　若傷官用財者、日主旺、傷官亦旺、宜用財、有比劫而可見官、無比劫有印綬、不可見官、　日主弱、傷官旺、宜用印、可見官而不可見財、　日主弱、傷官旺、無印綬、宜用比劫、喜見劫印、忌見財官、　日主旺、無財官、宜用傷官、喜見財傷、忌見官印、　日主旺、比劫多、財星衰、傷官輕、宜用官、喜見財官、忌見傷印、所謂傷官見官、爲禍百端者、皆日主衰弱、用比刦幫身、見官則比刦受剋、所以有禍、若局中有印、見官不但無禍、而且有福也、傷官用印、局內無財、運行印旺身旺之鄉、未有不顯貴者也、運行財旺傷旺之鄉、未有不貧賤者也、傷官用財、財星得氣、運逢財旺傷旺之鄉、未有不富厚者也、運逢印旺刦旺之地、未有不貧乏者也、傷官用刦、運逢印旺必貴、傷官用官、運逢財旺必富、傷官用傷、運遇財鄉、富而且貴、與用印用財者、不過官有高卑、財分厚薄耳、宜細推之、

一曰傷官用印格

傷　財　　　傷
己　辛　丙　己
丑　未　寅　丑
官財傷　刦傷印　食比卩　傷財官

庚午　己巳　戊辰　丁卯　丙寅　乙丑

火土傷官重疊、幸在季夏、火氣有餘、又日坐長生、寅中甲木爲用、至丁卯運、剋去辛金、破其丑土、所謂有病得藥、騰身而登月殿、慶集璠林、接連丙寅、體用皆宜、仕至黃堂、（璠同瓊、）

傷	印		傷
辛	丁	戊	辛
酉	酉	午	酉
傷	傷	刦印	傷

丙申　乙未　甲午　癸巳　壬辰　辛卯

此土金傷官重疊、喜其四柱無財、純清氣象、初運木火、體用皆宜、所以壯歲首登龍虎榜、少年身到鳳凰池、惜中運癸巳壬辰、金生火剋、所以生平志節從何訴、半世勤勞祇自憐、

食	食		印
壬	壬	庚	己
戌	子	辰	卯
卩官刦	傷	傷卩財	財

癸丑　甲寅　乙卯　丙辰　丁巳　戊午

此金水傷官當令、喜支藏燥土、足以砥定中流、因時財為病、兼之初運水木、以致書香不繼、至三旬外、運逢火土、異路出身、仕至州牧、午運衰神沖旺、臺省幾時無謫宦、郊亭今日倍離愁、

傷 丙辰 比財卩　甲午
卩 癸巳 官傷財　乙未
乙丑 卩殺才　丙申
傷 丙子 卩　丁酉
戊戌

此木火傷官、印綬通根祿支、格局未嘗不美、雖嫌財星壞印、而丑辰皆溼土、能蓄水晦火、惜乎運途無水、以致一介寒儒、至申運火絕水生、名列泮宮、後九赴秋闈、不捷、

二曰傷官用財格

刦 丙申 傷官財　己亥
傷 戊戌 傷比才　庚子
丁卯 卩　辛丑
卩 乙巳 傷刦財　壬寅
癸卯
甲辰

此火土傷官、刦印重疊、旺可知矣、以申金財星爲用、遺業本豐、辛丑壬運、經營獲利、發財十餘萬、至寅運、金臨絕地、刦遇長生、又寅申沖破、所謂旺者沖衰衰者拔、不祿宜矣、

劫	傷		傷
癸	乙	壬	乙
亥	卯	申	巳
食比	傷	殺比卩	殺卩才

甲寅　癸丑　壬子　辛亥　庚戌　己酉

此水木傷官、日坐長生、年支祿旺、日主不弱、足以用巳火之財、嫌其中運金水、半生碌碌風霜、起倒萬狀、至戊運、緊制亥水之劫、合起卯木化財、驟然發財數萬、至酉沖破傷官、生助劫印、不祿、

比	傷		印
戊	辛	戊	丁
子	酉	午	巳
財	傷	劫印	比卩食

壬戌　癸亥　甲子　乙丑　丙寅　丁卯

此土金傷官、日主祿旺、劫印重逢、一點財星、秋水通源、子賴酉生、酉伏子護、遺業小康、甲子乙丑二十年、制化皆宜、自挧數萬、至丙寅運、生助火土、剋洩金水、不祿、

傷 壬申 劫傷印　　壬子
比 辛亥 財傷　　癸丑
　 辛酉 比　　甲寅
劫 庚寅 印官財　　乙卯
　　　　　　　　丙辰
　　　　　　　　丁巳

此金水傷官、四柱比劫、雖用寅木之財、却喜亥水、洩金生木、使比劫無爭奪之風、又得亥解申沖、若無亥水、一生起倒無甯、終成畫餅、亥水者、生財之福神也、交甲寅乙卯、白手成家致富、後行火運、戰尅不靜、財星洩氣、無甚生色、至巳運、四孟沖、劫又逢生、不祿、

三曰傷官用劫格

財 癸亥 才殺　　庚申
傷 辛酉 傷　　己未
　 戊申 食才比　　戊午
劫 己未 官劫印　　丁巳
　　　　　　　　丙辰
　　　　　　　　乙卯

此土金傷官、財星太重、以致拂意芸窗、幸喜未時、劫財通根爲用、更妙運途却佳、捐縣佐出仕、至丁巳丙辰運、旺印用事、仕至州牧、宦資豐厚、乙卯沖剋不靜、罷職歸田、

劫	財		食
己	癸	戊	庚
未	酉	戌	申
官劫印	傷	傷印比	比才食

壬申 辛未 庚午 己巳 戊辰 丁卯

此土金傷官、支類西方、金氣太重、以劫爲用、喜其當頭剋癸、故書香繼志、更妙運走南方火地、拔貢出身、由縣令而遷州牧、洊泣黃堂、一生逢凶化吉、宦海無波也、

比	傷		傷
癸	甲	癸	甲
亥	寅	亥	寅
傷劫	官財傷	傷劫	官財傷

癸丑 壬子 辛亥 庚戌 己酉 戊申

此水木傷官、喜其無財、故繼志書香、嫌其地支寅亥化木、傷官太重、難遂青雲、辛運入泮、亥運補廩、庚戌加捐出仕、己酉戊申二十年土金、生化不悖、仕至別駕、宦資豐厚、

食　傷　　傷
戊申　己未　丙戌　己丑
才殺食　劫傷印　食劫財　傷財官

庚申　辛酉　壬戌　癸亥　甲子　乙丑

此四柱傷官、若生丑戌月、爲從兒格、名利皆遂、生于未月、火有餘氣、必以未中丁火爲用、惜運走西北金水之地、以致破敗祖業、至癸亥運、貧乏無聊、削髮爲僧、

劫　傷　　才
戊辰　庚申　己酉　癸酉
殺劫才　劫財傷　食　食

辛酉　壬戌　癸亥　甲子　乙丑　丙寅

此亦傷官用劫、嫌其辰爲溼土、生金拱水、未足幫身、更嫌運走西北金水之地、以致一敗如灰、不成家室、

以上五造、皆是用劫、何前三造名利兩全、此兩造一事無成、因運無幫助之故耳、由此推之、非人之無爲、實運途困之耳、

四曰傷官用傷官格

卩 庚辰 傷殺劫
官 己卯 傷
　 壬辰 劫殺傷
卩 庚子 劫

庚辰　辛巳　壬午　癸未　甲申　乙酉

壬水生于卯月、正水木傷官格、天干己土臨絕地支兩辰、乃木之餘氣、一生金、一拱水、又透兩庚、不但辰土不能制水、反生金助水、必以卯木爲用、所謂一神得用、此象匪輕、初運庚辰辛巳、金之旺地、功名不遂、至壬午運、生財制金、名題雁塔、癸未生拱木神、甲申支全北方水局、木逢生助、仕版連登、由令尹而升司馬、洊至黃堂、擢觀察而履臬藩、八座封疆、一交酉、沖破卯木、註誤落職、所謂用神不可損傷、信斯言也、（註卽今通作罣、）

食　乙酉　卩
官　戊寅　官財傷
　　癸酉　卩
比　癸丑　殺卩比

丁丑　丙子　乙亥　甲戌　癸酉　壬申

癸水生于寅月、正水木傷官、地支印星並旺、酉丑拱金、必以寅木爲用、才能有餘、乙亥運、木逢生旺、中鄉榜、甲戌癸運、出仕縣令、酉運、支逢三酉、木嫩金多、詿誤落職、前造與此造皆因少火、有病無藥之故、若有火雖行金地、則無大患矣、

財　己卯　刦
殺　庚午　財傷
　　甲寅　才食比
傷　丁卯　刦

己巳　戊辰　丁卯　丙寅　乙丑　甲子

甲木生于午月、木火傷官、年月兩干、土金無根、置之不用、地支兩卯一寅、日元强旺、必以丁火爲用、故人權謀異衆、丁卯運、入泮登科、仕縣令、丙寅運、剋盡庚金、宦賫大豐、乙丑合庚、晦火生金、落職、

比	印		印
丙	乙	丙	乙
子	未	辰	未
官	刲傷印	官食印	刲傷印

丙申 丁酉 戊戌 己亥 庚子 辛丑

丙日未月、火土傷官、四柱無金、子水嘆乾、未土爲用、第嫌乙木並透根深、功名難遂、初運丁酉丙申、制化乙木、財喜稱心、戊戌十年、熙熙穰穰、日熾日昌、己運、土無根、木回剋、刑耗並見、一交亥運、木得生火、逢刲、得惡病而亡、

五曰傷官用官格

才	刲		官
壬	己	戊	乙
戌	酉	戌	卯
比印傷	傷	比印傷	官

庚戌 辛亥 壬子 癸丑 甲寅 乙卯

戊日酉月、土金傷官、地支兩戌、燥而且厚、妙在年干壬水、潤土洩金而生木、足以用官、亥運、財官皆得生扶、功名順遂、壬子、早遂仕路之志、癸丑、支拱金局、服制重重、甲寅乙卯二十年、仕至侍郎、

其樂自如也、

印　庚午　官財
官　己卯　傷
　　壬申　殺比卩
官　己酉　印

庚辰　辛巳　壬午　癸未　甲申　乙酉

壬水生于卯月、水木傷官、喜其官印通根、年支逢財、傷官有制有化、日元生旺、足以用官、己運、官星臨旺、采泮水之芹、折蟾宮之桂、壬午癸未、南方火地、出宰名區、鶯遷州牧、甲申乙酉金得地、木臨絕、雖退歸而安享琴書、

印　辛未　傷官財
印　辛卯　傷
　　壬辰　傷殺刦
官　己酉　印

庚寅　己丑　戊子　丁亥　丙戌　乙酉

壬水生于卯月、水木傷官、天干兩辛、支逢辰酉、㕍水之源、官之根固、傷之蔭洩、必以己土官星爲用、己丑運、采芹食廩、戊子雖然蹭蹬秋闈、而家業日增、丁運亦無大患、至亥運全會木局、傷官肆逞、刑耗並見而亡、

官	傷		官
癸	己	丙	癸
酉	未	午	巳
財	印傷刦	刦傷	才比食

戊午　丁巳　丙辰　乙卯　甲寅　癸丑

丙午日元、支類南方、未土秉令、己土透出、火土傷官、藏財受刦、無官則財无存、無財則官亦無根、況火焰土燥、官星並透、以官為用、運至火土、破耗刑喪、乙卯甲寅運、雖能生火、究竟制傷衞官、大獲財利、納粟出仕、癸丑壬子運、由佐貳而升縣令、名利兩全、

六曰假傷官格

傷	傷		印
戊	戊	丁	乙
申	午	巳	巳
財官傷	比食	財刦傷	財刦傷

己未　庚申　辛酉　壬戌　癸亥　甲子

此火土傷官、日主旺極、喜其傷官發洩菁華、更妙財星得用、庚申辛酉運、少年剏業、發財十餘萬、壬戌幸而水不通根、雖有刑耗而無大患、至癸亥運、激火之烈、洩財之氣、不祿、

此造憲載在傷官用財格內、

比	印		刼
壬	辛	壬	癸
子	亥	子	卯
刼	食比	刼	傷

壬子　癸丑　甲寅　乙卯　丙辰　丁巳

六水乘權、其勢泛溢、全賴卯木洩其精英、初交水運、仍得生助木神、平宵无咎、甲寅乙卯、正得用神之宜、采芹食廩、丁財並益、一交丙辰、羣比爭財、三子剋二、夫婦皆亡、

比	比		刼
壬	壬	壬	癸
辰	子	子	卯
刼殺傷	刼	刼	傷

癸丑　甲寅　乙卯　丙辰　丁巳　戊午

此天干皆水、支逢旺刃、喜其支全卯辰、精英吐秀、所以書香早遂、但木之元神不透、未免蹭蹬秋闈、更嫌運逢火地、猶恐壽元不永、交丙運、庚午年、水火交戰而亡、

	干支	藏	運
比	戊午	印刼	丁巳
印	丙辰	官比財	戊午
	戊辰	官比財	己未
傷	辛酉	傷	庚申
			辛酉
			壬戌
			癸亥

此重重火土、最喜酉時、傷官透露、洩其菁華、三旬之前、運走火土、蹭蹬芸窗、一交庚申、雲程直上、及辛酉壬戌癸亥四十載、體用合宜、由署郎出爲豸使、從藩臬而轉封疆、宦海無波、

	干支	藏	運
官	乙酉	傷	庚辰
傷	辛巳	比印食	己卯
	戊午	印刼	戊寅
印	丙辰	官比財	丁丑
			丙子
			乙亥

此火土當權、乙木無根、以辛金爲用、辛丑年入泮、後因運程不合、屢困秋闈、至丑運暗拱金局、科甲連登、丙子乙亥地支之水、本可去火、天干木火不合、所以仕途蹭蹬、未能顯秩耳、

	干支	藏	運
印	丁酉	傷	甲辰

此與前造只換一辛字、據八字不及前造、而運途却勝

于前亦以辛金爲用、非官印論也、丁丑年溼土生金晦火、又全會金局、發甲入詞林、蓋運在辛丑、正歲運皆宜也、

官
乙巳 比卩食　癸卯
戊午 刦印　壬寅
卩
丙辰 財比官　辛丑
庚子
己亥

卩
丁丑 比食才　乙巳
印
丙午 比卩　甲辰
己酉 食　癸卯
食
辛未 卩比殺　壬寅
辛丑
庚子

此造土榮夏令、金絕火生、四柱水木全無、最喜金透通根、惜乎運走東方、生火剋金、不但功名蹭蹬、而且財源鮮聚、交辛丑運、年逢戊辰、晦火生金、食神喜刦地、秋闈得意、名利裕如、

清氣

一清到底有精神。管取生平富貴眞。澄濁求清清得去。時來寒谷也回春。(原注) 清者不徒一氣成局之謂也。如正官格身旺有財。身弱有印。並無傷官七殺雜之縱有比肩

食神財煞印綬雜之。皆循序得所。有安頓。或作閑神。不來破局。乃爲清奇。又要有精神。不爲枯弱者佳。濁非五行並出之謂。如正官格。身弱混之以煞。混之以財。以食神雜之。不能傷我之官。反與官星不和。以印綬雜之。不能扶我之身。反與財星相戕。俱爲濁。或得一神有力。或行運得所。以掃其濁氣。沖其滯氣。皆爲澄濁以求清。皆富貴命矣。

任氏曰、命之最難辨者、清濁兩字也、此章所重者、澄濁求清四字也、清而有氣、則精神貫足、清而無氣、則精神枯槁、精神枯即邪氣入、邪氣入則清氣散、清氣散則不貧即賤矣、夫清濁者、八字皆有也、非正官一端而論也、如正官格、身弱有印、忌財、財星不現、清可知矣、即使有財、不可便作濁論、須要看其情勢、如財與官貼、官與印貼、印與日主貼、則財生官、官生印、印生身、印之源頭更長矣、至行運再助其印綬、自然富貴矣、即使無財、不可便作清論、亦要看其情勢、或印星無氣、與官星不通、或印星太旺、日主枯

弱、不受印星之生、或官星貼日、印星遠隔、日主先受官剋、印星不能生化、
至行運再逢財官、不貧亦夭矣、如正官格身旺喜財、所忌者印綬、傷官其
次也、亦看情勢、如傷官與財貼、財與官貼、官與比肩貼、不特官星無礙、抑
且傷官化刦生財、財生官旺、官之源頭更長、至行運再遇財官之地、名利
兩全矣、如傷官與財星遠隔、反與官星緊貼、財不能爲力、至行運再遇傷
官之地、不貧亦賤矣、如傷官在天干、財星在地支、必須天干財運以解之、
傷官在地支、財星在天干、必須地支財運以通之、或財官相貼、而財神被
合神絆住、或被閑神刦占、亦須歲運沖其合神、制其閑神、皆爲澄濁求清、
雖舉正官而論、八格皆同此論、總之喜神宜得地逢生、與日主緊貼者佳、
忌神宜失勢臨絕、與日主遠隔者美、日主喜印、印星貼身、或坐下印綬、此
卽日主之精神也、官星貼印、或坐下官星、此卽印綬之精神、餘可例推、

官　癸酉　財
卩　甲子　官
　　丙寅　卩比食
印　乙未　印傷劫

癸亥　壬戌　辛酉　庚申　己未　戊午

丙生子月、坐下長生、印透根深、弱中之旺、喜其官星當令、透而生財、所謂一清到底有精神也、更妙源流不悖、純粹可觀、金水運中登科發甲、名高翰苑、惜中運火土、以致終老于詞林、透而生財之財字疑印字之誤

官　甲子　才
印　丙寅　官印劫
　　己亥　財官
食　辛未　殺比卩

丁卯　戊辰　己巳　庚午　辛未　壬申

春土坐亥、財官太旺、最喜獨印逢生、財藏生官、則印綬之元神愈旺、氣貫生時、而日主之氣不薄、更妙連珠生化、尤羨運途不悖、所以恩分雕錦、寵錫金蓮、地近清禁、職居津要、

官　癸未　印傷劫

癸亥

此與前癸酉者、大同小異、前則官坐財地、此則官坐傷

地、兼之子未相貼、不但天干之官受剋、即地支之官亦傷、更嫌刦入財鄉、所謂財刦官傷、縱使芹香早采、仍蹭蹬秋闈、辛酉庚申運干支皆財、財如放梢春竹、利如蔓草生枝、家業豐裕、一交己未、傷妻剋子、遭回祿、家業大破、可知窮通在運也、

卩 甲子 官	壬戌	
丙寅 卩比食	辛酉	
刦 丁酉 財	庚申	
	己未	
	戊午	

濁氣

滿盤濁氣令人苦。一局清枯也苦人。半濁半清猶是可。多成多敗度晨昏。

（原注）柱中要尋他清氣不出。行運又不能去其濁氣。必是貧賤。若清又要有精神爲妙。如枯弱無氣。行運又不遇發生之地。亦清苦之人。濁氣又難去。清氣又不眞。行運又不遇清氣。又不脫濁氣者。雖然成敗不一。亦了此生平矣。

任氏曰、濁者四柱混雜之謂也、或正神失勢、邪氣乘權、此氣之濁也、或提

綱破損、亦求別用、此格之濁也、或官旺喜印、財星壞印、此財之濁也、或官衰喜財、比刦爭財、此比刦之濁也、或財旺喜刦、官星制刦、此官之濁也、或財輕喜食傷、印綬當權、此印之濁也、或身强殺淺、食傷得勢、此食傷之濁也、分其所用、斷其名利之得失、六親之宜忌、無不驗也、然濁與淸枯二字酌之、甯使淸中濁、不可淸中枯、夫濁者、雖成敗不一、多有險阻、倘遇行運得所、掃除濁氣、亦有起發之機、如行運又無安頓之地、乃困苦矣、淸枯者、不特日主無根之謂也、卽日主有氣、而用神無氣者、亦是也、枯又非弱比也、枯者、無根而朽也、卽遇滋助之鄉、亦不能發生也、弱者、有根而嫩也、所以扶之卽發、助之卽旺、根在苗先之意也、凡命之日主枯者、非貧卽夭、用神枯者、非貧卽孤、所以淸有精神終必發、偏枯無氣斷孤貧、滿盤濁氣須看運、抑濁扶淸也可亨、試之驗也、

官　乙亥　才殺
食　庚辰　財比官
　　戊戌　比印傷
印　丁巳　比卩食

己卯　戊寅　丁丑　丙子　乙亥　甲戌

戊戌日元、生于辰月巳時、木退氣、土乘權、印綬重逢、用官則被庚金合壞、用食則官又不從化、而火又剋金、無奈何而用財、又有巳時遙沖、又不當令、若邀庚金生助、貪合忘生、且遙隔無情、所以起倒不一、幸而財官尚有餘氣、至乙亥運、補起財官、遂成小康、

官　癸亥　卩殺
傷　己未　刦傷印
　　丙午　傷刦
傷　己丑　傷財官

戊辰　丁巳　丙辰　乙卯　甲寅　癸丑

火長夏令、原屬旺論、然時在季夏、火氣稍退、兼之重疊傷官洩氣、丑乃溼土、能晦丙火之光、以旺變弱、濁氣當權、清氣失勢、兼之先行三十年火土運、半生起倒多端、至乙卯甲寅、木疏厚土、掃除濁氣、生扶日元、衛護官星、左圖右史、財茂業成、

官 丁卯 財　丙午
官 丁未 官印財　乙巳
　 庚午 印官　甲辰
印 己卯 財　癸卯
　　　　　壬寅
　　　　　辛丑

此造大略觀之、財生官、官生印、印生身、似乎清美、無如午未南方、火烈土焦、能脆金、不能生金、且木從火勢、又壞印綬、無生化之情、非清枯而何、更嫌運走東南、一生未遂、所謂明月清風誰與共、高山流水少知音也、

眞神

令上尋真聚得真。假神休要亂眞神。眞神得用生平貴。用假終爲碌碌人。

(原注)如木火透者。生寅月。聚得眞。不要金水亂之。眞神得用。不爲忌神所害。則貴。如參以金水猖狂。而用金水。是金水又不得令。徒與木火不和。乃爲碌碌庸人矣。

任氏曰、真者得時秉令之神也、假者失時退氣之神也、言日主所用之神、在提綱司令、又透出天干、謂聚得真、不爲假神破損、生平富貴矣、縱有假神、安頓得好、不與真神緊貼、或被閑神合住、或遙隔無力、亦無害也、倘與

真神緊貼、或相剋相沖、或合真神、暗化忌神、終爲碌碌庸人矣、如行運得助、抑假扶真、亦可功名小遂、而身獲康甯、故喜神宜四生、忌神宜四絕、局內看真神、行運看解神、是先天而爲地紀、所以測地、先看提綱以定格局、中天而爲人紀、所以範人、次看人元司令而爲用神、後天而爲天紀、所以觀天、後看天元發露而輔格助用、是天地人之三式、合而用之、則造化之功成矣、造化功成、則富貴之機定矣、然後再定運程之宜忌、則窮通了然矣、後學者須究三元之正理、審其眞假、察其喜忌、究沖合之愛憎、論歲運之宜否、斯爲的當、故法度雖可言傳、妙用由人心悟也、

官	印		官
甲	丙	己	甲
子	寅	丑	子
才	官印刦	才比食	才

丁卯　戊辰　己巳　庚午　辛未　壬申

山東劉中堂造、己土卑薄生於春初、寒溼之體、其氣虛弱、得甲丙並透、印正官清、聚得眞也、柱中金不現而水得化、假神不亂、更喜運走東南印旺之地、仕至尙書、有尊君芘民之德、負經邦論道之才也、

殺	殺		印
壬	壬	丙	乙
申	寅	子	未
才殺食	卩比食	官	印傷刦

癸卯　甲辰　乙巳　丙午　丁未　戊申

鐵制軍造、殺逞財勢、嫩木逢金、最喜寅木、眞神當令、時干透出乙木元神、寅申之沖、謂之有病、運至南方火地、去申金之病、仕至封疆、聲名赫弈、有潤澤生民之德、懷任重致遠之才也、

甲	壬	戊	庚
食		殺	卩
辰	子	寅	申
傷殺刦	刦	食才殺	卩比殺

己卯　庚辰　辛巳　壬午　癸未　甲申

此造日臨旺地、會局幫身、不當弱論、喜其時干甲木、真神發露、所嫌者年遇庚申、沖剋甲寅、又逢戊土之助、謂假亂真、雖然早采芹香、屢困秋闈、至壬午運、制化庚金、秋桂高攀、加捐縣令、申運沖寅、假神得助、不祿、

假神

眞假參差難辨論。不明不暗受迍邅。提綱不與眞神照。暗處尋真也有真。

（原注）眞神得令。假神得局而黨多。假神得令眞神得局而黨多。不見眞假之迹。或眞假皆得令得助。不能辨其勝負而參差者。其人雖無大禍。一生迍否而少安樂。寅月生人。不透木火而透金爲用神。是爲提綱不照也。得己土暗邀。戊土轉生地支卯多酉沖。乙庚暗化。運轉西方。亦爲有眞。亦或發福。以上特舉眞假一端言耳。其會局合神從化用神衰旺情勢象格心迹才德邪正緩急生死進退之例。莫不有眞假。最宜詳辨之。

任氏曰、氣有真假、真神失勢、假神得局、法當以真爲假、以假爲真、氣有先後、真氣未到、假氣先到、法當以真作假、以假作真、如寅月生人、不透甲木而透戊土、而年月日時支、有辰戌丑未之類、亦可作用、如不透戊土、透之以金、卽使木火司令、而年日時支、或得申字沖寅、或得酉丑拱金、或天干又有戊己生金、此謂真神失勢、假神得局、亦可取用、若四柱真神不足、假氣亦虛、而日主愛假憎真、必須歲運扶真抑假、亦可發福、若歲運助真損假、凶禍立至、此謂以實投虛、以虛乘實、是猶醫者知參芪之能生人、而不知參芪之能害人也、知砒虻之能殺人、而不知砒虻之能救人也、有是病而服是藥則生、無是病而服是藥則死、且命之貴賤不一、邪正無常、動靜之間、莫不有真假之迹、格局尚有真假、用神豈無真假乎、大凡安享蔭庇現成之福者、真神得用居多、刱業興家、勞碌而少安逸者、假神得局者居

多、或真神受傷者有之、薄承厚剏、多駁雜者、真神不足居多、一生起倒、世事崎嶇者、假神不足居多、細究之、無不驗也、

傷	乙	酉	印
殺	戊	寅	食才殺
	壬	午	財官
印	庚	戌	印財殺

丁丑　丙子　乙亥　甲戌　癸酉　壬申

壬水生於立春二十二日、正當甲木真神司令、而天干土金並透、地支通根戌酉、此謂真神失勢、假神得局、用以庚金化煞、法當以假作真、純粹可觀、雖嫌支全火局、剋金灼水、喜其火不透干、又得戊土生化更妙、運走西北、所以早登雲路、甲第蜚聲、仕至封疆、有利民濟物之志、稟秀德真儒之器、總嫌火局爲病、仕路未免起倒耳、

印	官		比
庚	戊	癸	癸
戌	寅	未	丑
卩才官	傷財官	食殺才	比卩殺

己卯　庚辰　辛巳　壬午　癸未　甲申　乙酉

癸水生於立春二十六日、正當甲木真神司令、而天干土金並透、地支丑戌通根、傷官雖當令、而官殺之勢縱橫、卽使傷敵殺、而日主反洩、況未能敵乎、庚金雖是假神、無如日主愛假憎真、用以庚金、有兩歧之妙、一則化殺官之強暴、二則生我之日元時干、比肩幫身、又能潤土養金、第中運南方、生殺壞印、奔馳不遇、至甲申、運轉西方、用神得地、得軍功飛升知縣、乙酉更佳、仕至州牧、一交丙、壞庚、不祿、

官	卩		卩
丙	己	辛	己
子	亥	酉	亥
食	傷財	比	傷財

庚子　辛丑　壬寅　癸卯　甲辰　乙巳

此造以俗論之、寒金喜火、金水傷官喜見官、且日主專祿、必用丙火無疑、不知水勢猖狂、病竊去命主元神、不但不能用官、卽或用官、而丙火全無根氣、必須用己土之印、使其止水、生金衛火、丙入亥宮臨絕、欲使丙火生

任氏曰、剛柔之道、陰陽健順而已矣、然剛之中未嘗無柔、所以陽喻乾、乾生三女、是柔取乎剛、柔之中未嘗無剛、所以陰喻坤、坤生三男、是剛取乎柔、夫春木夏火秋金冬水季土、得時當令、原局無剋制之神、其勢雄壯、其性剛健、不洩則不清、不清則不秀、不秀則爲頑物矣、若以剛斲其柔、謂寡不敵衆、反激其怒而更剛矣、春金夏水秋木冬火仲土、失時無炁、原局無生助之神、其勢柔軟、其性至弱、不刦則不鬪、不鬪則不化、不化則爲朽物矣、略以柔引其剛、謂虛不受補、反益其弱而更柔矣、是以洩者、有生生之妙、剋者有成就之功、引者有和悅之情、從者有變化之妙、剋洩引從四字、宜詳審之、不可概定、必須以無入有、向實尋虛、斯爲元妙之旨、若庚金生於七月、必要壬水、乙木生於八月、必要丁火、雖得制化之義、亦死法也、設使庚金生於七月、原局先有木火、而壬水不見、又當何如、莫非棄明現之木火、反用暗藏之壬水乎、乙木生於八月、四柱先有𠜎印、而丁火不現、莫非棄現在之𠜎印、反求無形之丁火乎、大凡得時當令、四柱無剋制之神、用食神順其氣勢、洩其菁英、暗處生財、爲以無入有、失時休囚、原局無𠜎印幫身、用食神制殺、殺得制則生印、爲向實尋虛、宜活用、切勿執一而論也、

食	壬	申	比食卩
卩	戊	申	比食卩
	庚	辰	財卩傷
才	甲	申	比食卩

己酉　庚戌　辛亥　壬子　癸丑　甲寅

庚金生於七月、地支三申、旺之極矣、時干甲木無根、用年干壬水、洩其剛殺之氣、所嫌者、月干梟神奪食、初年運走土金、刑喪早見、祖業無恆、一交辛亥、運轉北方、經營得意、及壬子癸丑三十年、財發十餘萬、其幼年未嘗讀書、後竟知文墨、此亦運行水地、發洩菁華之意也、

食　壬　戌　印官刦
印　戊　申　印食比
　　庚　寅　印殺才
殺　丙　戌　印官刦

己酉　庚戌　辛亥　壬子　癸丑　甲寅　乙卯

庚金生於七月、支類土金、旺之極矣、壬水坐戌逢戊、梟神奪盡、時透丙火、支拱寅戌、必以丙火爲用、惜運走四十載土金水地、所以五旬之前、一事無成、至甲寅運剋制梟神、生起丙火、及乙卯二十年、財發巨萬、所謂蒲柳望秋而凋、松柏經冬而茂也、

殺　辛　酉　殺
食　丁　酉　殺
　　乙　未　食才比
食　丁　丑　才殺印

丙申　乙未　甲午　癸巳　壬辰　辛卯

乙木生於八月、木凋金銳、幸日主坐下庫根、干透兩丁、足以盤根制殺、祖業豐盈、芹香早采、但此造之病、不在殺旺、實在丑土、丑土之害、不特生金晦火、其害在丑未之沖也、天干木火、全賴未中一點微根、沖則被丑中金水暗傷、以致秋闈難捷、至癸巳運、全無金局、癸水剋丁、遭水厄而亡、

財　　才
戊辰　己酉　乙亥　甲申　劫
比財印　殺　劫印　財官印

庚戌　辛亥　壬子　癸丑　甲寅　乙卯

乙木生於八月、財生官殺、弱之極矣、所喜者坐下印綬引通官殺之氣、更妙甲木透時、謂藤蘿繫甲、出身雖寒微、至亥運入泮、壬子聯登甲第、及壬癸運、早遂仕路之光、丑運丁艱、甲寅剋土扶身、不次升遷、乙卯仕至侍郎、此造之所喜者、亥水也、若無亥水、不過庸人耳、然亥水必要坐下、如在別支、不得生化之情、功名不過小就耳、

順逆

順逆不齊也。不可逆者。順其氣勢而已矣。（原注）剛柔之道。可順而不可逆。崑崙之水。可順而不可逆也。其勢已成。可順而不可逆也。權在一人。可順而不可逆也。二人同心。可順而不可逆也。

任氏曰、順逆之機、進退不悖而已矣、不可逆者、當令得勢之神、宜從其意

向也、故四柱有順逆、其氣自當有辨、五行有顛倒、作用各自有法、是故氣有乘本勢而不顧他雜者、氣有借他神而可以成局者、無有從旺神而不可剋制者、無有依弱資扶者、所以制殺莫如乘旺、化殺正以扶身、從殺乃依權勢、留殺正爾迎官、其氣有陰有陽、陽含陰生之兆、陰含陽化之妙、其勢有清有濁、濁中清、貴之機、清中濁、賤之根、逆來順去富之基、順來逆去貧之意、此卽順逆之微妙、學者當深思之、書云、去其有餘、補其不足、雖是正理、然亦不究深淺之機、只是泛論耳、不知四柱之神、不拘財官殺印食傷之類、乘權得勢、局中之神、又去助其强暴、謂二人同心、或日主得時秉令、四柱皆拱合之神、謂權在一人、只可順其氣勢以引通之、則其流行而爲福矣、若勉强得制、激怒其性、必罹凶咎、須詳察之、

比 庚辰 財卩傷
比 庚辰 財卩傷
　 庚申 比食卩
比 庚辰 財卩傷

辛巳　壬午　癸未　甲申　乙酉　丙戌

天干皆庚、又坐祿旺、印星當令、剛之極矣、謂權在一人、行伍出身、壬午癸未運、水蓋天干地支之火、難以剋金、故無害、一交甲申、西方金地、及乙酉合化皆金、仕至總兵、丙運犯其旺神、死於軍中、

傷 癸酉 刦
才 甲子 傷
　 庚辰 財卩傷
才 甲申 比食卩

癸亥　壬戌　辛酉　庚申　己未　戊午

庚辰日元、支逢祿旺、水本當權、又會水局、天干枯木無根、置之不論、謂金水二人同心、必須順其金水之性、故癸亥壬運、蔭庇有餘、戌運制水、還喜申酉戌全、雖見刑喪而無大患、辛運入泮、酉運補廩、庚運登科、申運大旺財源、一交己未、運轉南方、刑妻剋子、家業漸消、戊午觸水之性、家業破盡而亡、

印 壬子 卩　　壬子
殺 辛亥 劫印　癸丑
　 乙亥 劫印　甲寅
傷 丙子 卩　　乙卯
　　　　　　　丙辰
　　　　　　　丁巳

壬水乘權坐亥子、所謂崐崙之水、沖奔無情、丙火剋絕、置之不論、遺業頗豐、乙卯甲寅、順其流、納其氣、入學補廩、丁財並益、家道日隆、一交丙運、水火交戰、刑妻剋子、破耗異常、辰運蓄水無咎、丁巳運、連遭回祿兩次、家破身亡、

寒暖

天道有寒暖、發育萬物、人道得之、不可過也、(原注)陰支爲寒。陽支爲暖。西北爲寒。東南爲暖。金水爲寒。木火爲暖。得氣之寒。遇暖而發。得氣之暖。逢寒而成。寒之甚。暖之至。內有一二成象。必無好處。若五陽逢子月。則一陽之候。萬物懷胎。陽乘陽位。可東可西。五陰逢午月。則一陰之候。萬物收藏。陰乘陰位。可南可北。

任氏曰、寒暖者、生成萬物之理也、不可專執西北金水爲寒、東南木火爲

暖、考機之所由變、上升必變下降、收閤必變開闢、然質之成、由於形之機、陽之生、必有陰之位、陽主生物、非陰無以成、形不成、亦虛生、陰主成物、非陽無以生、質不生、何由成、惟陰陽中和變化、乃能發育萬物、若有一陽而無陰以成之、有一陰而無陽以生之、是謂鰥寡、無生成之意也、如此推詳、不但陰陽配合、而寒暖亦不過矣、況四時之序、相生而成、豈可執定子月陽生、午月陰生而論哉、本文末句、不可過也、適中而已矣、寒雖甚、要暖有氣、暖雖至、要寒有根、則能生成萬物、若寒甚而暖無氣、暖至而寒無根、必無生成之妙也、是以過於寒者、反以無暖爲美、過於暖者、反以無寒爲宜也、蓋寒極暖之機、暖極寒之兆也、所謂陰極則陽生、陽極則陰生、此天地自然之理也、

才　甲申　比食卩
殺　丙子　財
　　庚辰　財卩傷
卩　戊寅　才殺卩

丁丑　戊寅　己卯　庚辰　辛巳　壬午

此寒金冷水、木凋土寒、若非寅時、則年月木火無根、不能作用矣、所謂寒雖甚、要暖有氣也、由此論之、所重者寅也、地氣上升、木火絕處逢生、一陽解凍、然不動丙火亦不發、妙在寅申遙沖、謂之動、動則生火矣、凡四柱緊沖爲剋、遙沖爲動、更喜運走東南、科甲出身、仕至黃堂、所謂得氣之寒、遇暖而發、此之謂也、

印　己酉　劫
殺　丙子　傷
　　庚辰　財卩傷
才　甲申　比食卩

乙亥　甲戌　癸酉　壬申　辛未　庚午

此亦寒金冷水、土凍木凋、與前大同小異、前則有寅木、火有根、此則無寅木、火臨絕、所謂寒甚而暖無氣、反以無暖爲美、所以初運乙亥、北方水地、有喜無憂、甲戌暗藏丁火、爲丙火之根、刑喪破耗、壬運剋去丙火、入申運食廩、癸酉財業日增、辛未運轉南方、丙火得地生根、破耗多端、庚午運逢

寅年、木火齊來、不祿、

劫 丁丑 官財傷	比 丙午 傷劫	丙午 傷劫	殺 壬辰 官食印 也、

乙巳　甲辰　癸卯　壬寅　辛丑　庚子

此火焰南離、重逢劫刃、暖之至矣、一點壬水、本不足以制猛烈之火、喜其坐辰、通根身庫、更可愛者、年支丑土、丑乃北方溼土、能生金晦火而蓄水、所謂暖雖至而寒有根也、科甲出身、仕至封疆、微嫌運途欠醕、多於起伏

官 癸未 印傷劫	劫 丁巳 才比食	丙午 傷劫	官 癸巳 才比食

丙辰　乙卯　甲寅　癸丑　壬子　辛亥

此支類南方、又生巳時、暖之至矣、天干兩癸、地支全無根氣、所謂暖之至、寒無根、反以無寒爲美、所以初運丙辰、叨蔭庇之福、乙卯甲寅、洩水生火、家業增新、癸丑寒氣通根、嘆椿萱之並逝、嗟蘭桂之摧殘、壬子運、祝融之

變、家破而亡、

燥溼

地道有燥溼。生成品彙。人道得之。不可偏也。（原注）過於溼者。滯而無成。過於燥者。烈而有禍。水有金生。遇寒土而愈溼。火有木生。遇暖土而愈燥。皆偏枯也。如水火而成其燥者吉。木火傷官要溼也。土水而成其溼者吉。金水傷官要燥也。間有土溼而宜燥者。用土而後用火。金燥而宜溼者。用金而後用水。

任氏曰、燥溼者、水火相成之謂也、故主有主氣、內不祕乎五行、局有局氣、外必貫乎四柱、溼爲陰氣、當逢燥而成、燥爲陽氣、當遇溼而生、是以木生夏令、精華發洩、外有餘而內實虛脫、必藉壬癸以生之、丑辰溼土以培之、則火不烈、木不枯、土不燥、水不涸、而有生成之義矣、若見未戌燥土、反助火而不能晦火、縱有水、亦不能爲力也、惟金百煉、不易其色、故金生冬令、雖然洩氣休囚、竟可用丙丁火以敵寒、未戌燥土以除溼、則火不晦、水不狂、金不寒、土不凍、而有生發之氣機矣、若見丑辰溼土、反助水而不能制水、縱有火、亦不能爲力也、此地道生成之妙理也、

殺 丙辰 財卩傷　壬寅
劫 辛丑 傷劫印　癸卯
　 庚辰 財卩傷　甲辰
殺 丙子 傷　　　乙巳
　　　　　　　　丙午
　　　　　　　　丁未

此造以俗論之、以爲寒金喜火、干透兩丙、獨殺留清、推其木火運中、名利雙全、不知支中重重溼土、年干丙火、合辛化水、時干丙火無根、只有寒溼之氣、並無生發之意、只得用水、不能用火矣、所以初運壬寅癸卯、制土衛水、衣食頗豐、至丙午丁未二十年、妻子皆傷、家業破盡、削髮爲僧、

官 丁 未 官印財
食 壬 子 傷
庚 戌 印官刦
殺 丙 戌 印官刦

辛亥 庚戌 己酉 戊申 丁未 丙午

仕至州牧、

此造如以水勢論之、此則仲冬水旺、所喜者、支中重重燥土、足以去其溼氣、子未相剋、使子不能助壬、丁壬一合、使壬不能剋丙、中運土金、入部辦事、運籌挫折、境遇違心、丁未南方火旺、議敘出仕、至丙午二十年、得奇遇、

印 癸 未 傷財刦
傷 丁 巳 財食殺
甲 午 財傷
殺 庚 午 財傷

丙辰 乙卯 甲寅 癸丑 壬子 辛亥

甲午日元、支全巳午未、燥烈極矣、天干金水無根、反激火之烈、只可順火之氣也、初運木火、順其氣勢、財喜頻增、至癸丑、歎刑喪、遭挫折、破耗多端、壬子沖激更甚、犯人命、遭回祿、破家而亡、

	年	月	日	時
十神	印	傷		殺
干	癸	丁	甲	庚
支	丑	巳	辰	午
藏干	印官財	才食殺	才劫印	傷財

丙辰　乙卯　甲寅　癸丑　壬子　辛亥

此與前造只換辰丑二字、丑乃北方溼土、晦火蓄水、癸水通根而載丑、辰亦溼土、又是木之餘氣、日元足以盤根、庚金雖不能生水輔用、而癸水坐下餘氣、竟可作用、初運木旺、幫身護用、和平迪吉、至癸丑、北方水地、及壬子辛亥三十年、經營得意、事業稱心、

隱顯

吉神太露。起爭奪之風。凶物深藏。成養虎之患。(原注)局中所喜之神。透於天干。歲運不能不遇忌神。必至爭奪。所以有暗用吉神爲妙局中所忌之神。伏藏於地支者。歲運扶之沖之。則其爲患不小。所以忌神明透。制化得宜者吉。

任氏曰、吉神太露、起爭奪之風者、天干氣專、易於刦奪故也、如財物無關鎖、人人得而用、假如天干以甲乙爲財、歲運遇庚辛、則起爭奪之風、必須

天干先有丙丁官星回剋、方無害、如無丙丁之官、或得壬癸之食傷合化亦可、故吉神宜深藏地支者吉凶物深藏、成養虎之患者、地支氣雜、難於制化故也、如家賊之難防、養成禍患、假如地支以寅中丙火爲刦財、歲運逢申、沖申中庚金、雖能剋木、終不能去其丙火、歲運遇亥子、仍生合寅木、反滋火之根苗、故凶物明透天干、易於制化、所以吉神深藏、終身之福、凶物深藏、始終爲禍、總之吉神顯露、通根當令者、露亦無害、凶物深藏、失時休囚者、藏亦無妨、鬼谷子曰、陰陽之道、與日月合其明、與天地合其德、與四時合其序、三命之理、誠本於此、若不愼思明辨、孰能得其要領乎、

傷	己卯	印	庚午
財	辛未	印傷刦	己巳
	丙子	官	戊辰
			丁卯

丙火生於未月、火氣正盛、坐下官星、被未土傷盡、只得用天干辛金、所嫌者、未爲燥土、不能生金、又暗藏刦刃、年干己土、本可生金、又坐下印地、所謂吉神顯露、凶物

深藏者也、初運己巳戊辰、土旺之地、財喜輻輳、事事稱心、交丁卯土金兩傷連遭回祿三次、又傷丁七人、丙寅妻子皆剋、出外不知所終、

財 辛	卯 印	丙寅 乙丑
官 壬	午 比食	丙午 丁未
卩 乙	巳 殺刦食	戊申 己酉
丁	丑 殺才卩	庚戌 辛亥
刦 丙	午 比食	

丁火生於孟夏、柱中刦旺逢梟、天干壬水無根、置之不用、最喜丑中一點財星、深藏歸庫、丑爲溼土、能洩火氣、不但無爭奪之風、反有生生之誼、因初交丙午丁未、所以身出寒門、書香不繼、喜中運三十載西方土金之地、化刦生財、財發十餘萬、所謂吉神深藏、終身之福也、

衆寡

强衆而敵寡者。勢在去其寡。強寡而敵衆者。勢在成乎衆。（原注）強寡而敵衆者。

喜強而助強者吉。強衆而敵寡者。惡敵而敵衆者滯。

任氏曰、衆寡之說、強弱之意也、須分日主四柱兩端而論也、如以日主分衆寡、如日主是火、生於寅卯巳午月、官星是水、四柱無財、反有土之食傷、卽使有財、財無根氣、不能生官、此日主之黨衆、敵官星之寡、勢在盡去其官、歲運宜扶衆抑寡則吉、如以四柱分衆寡、則分四柱之强弱、然又要與日主符合、弗反背爲妙、假如水是官星、休囚無氣、土是傷官、當令得時、其勢足以去其官星、歲運亦宜制官爲美、日主是火、亦要通根得氣、則能生土、或有木而剋土、則日主自能化木、轉轉相生、所謂日主符合者也、强衆而敵寡者、如日主是火、雖不當令、卻有根坐旺、官星是水、雖不及時、卻有財生助、或財星當令、或成財局、此官星雖寡、得財星扶則強、歲運宜扶寡而抑衆者吉、雖舉財官而論、其餘皆同此論、

比 戊 辰 官比財	丙寅
官 乙 丑 財傷劫	丁卯
戊 戌 傷印比	戊辰
傷 辛 酉 傷	己巳
	庚午
	辛未

此造重重厚土、乙木無根、傷官又旺、其勢足以敵官星之寡、故初交丙寅丁卯、官星得地、刑耗多端、戊辰得際遇、捐納出仕、及己巳二十年、土生金旺、從佐貳而履琴堂、至未運破金、不祿、

傷 戊 午 比食	癸亥
官 壬 戌 才比傷	甲子
丁 卯 卩	乙丑
殺 癸 卯 卩	丙寅
	丁卯
	戊辰
	己巳

此傷官當令、印星並見、官煞雖透無根、勢在去官、初年運走北方、官星得勢、一事無成、丙寅丁卯、生助火土、經營發財巨萬、戊辰己巳、去盡官煞、一子登科、晚景崢嶸、此造戊午拱火、日時逢印、日主旺極、莫作用印而推、亦不可作去官留殺論也、

官 癸丑 官財傷
殺 壬戌 財劫食
丙午 劫傷
才 庚寅 卩比食

辛酉　庚申　己未　戊午　丁巳　丙辰

丙火生於九月、日主本不及時、第坐陽刃會火局、謂之強寡、年月壬癸進氣、癸水通根、餘氣丑土、洩其火局、庚金生助、壬癸爲衆也、勢在成乎衆、故交辛酉庚申、金生水旺、遺業豐盈、其樂自如、一交己未、火土並旺、父母雙亡、及戊午二十年、破敗家業、妻子皆傷、至丙辰流落外方而亡、

震兌

震兌主仁義之真機、勢不兩立、而有相成者存。(**原注**)震在內。兌在外。月卯日亥或未年丑或巳時酉是也。主之所喜者在震。以兌爲敵國。必用火攻。主之所喜者在兌。以震爲奸宄。備禦之而已。不必盡去。不必興兵也。兌在內。震在外。月酉日丑或巳。年未或亥時卯者是也。主之所喜者在兌。以震爲游兵。易於滅而不可黨震也。主之所喜者在震。以兌爲內寇。難於滅而不可助兌也。以水爲說客。相間於上下。或年酉月卯日丑時亥。年甲月庚日甲時辛之例。亦論主之所

喜所忌者何如。而論攻備之法。然金忌木。木不帶火。木不傷土者。不必去木也。若木忌金。而金強者不可戰。惟秋金而木茂。木終不能爲金之害。反以成金之仁。春木而金盛。金實足以制木之性。反以全木之義。其月是木。年日時皆金者。不必問主之所喜所忌。而亦宜順木之性。凡月是金。年日時皆是木者。不必問主之所喜所忌。而亦宜成金之性。

任氏曰、震陽也、先天之位在八白、陰固陰而陽亦陰矣、兌陰也、先天之位在四綠、陽固陽而陰亦陽矣、震爲長男、雷從地起、一陽生於坤之初、兌爲少女、山澤通氣、故三陰生於乾之終、長男配少女、天地生成之妙用、若長女配少男、陽雖生而陰不能成矣、是故兌爲萬物之所悅、至哉言乎、是以震兌雖不兩立、亦有相成之義也、余細究之、震兌之理有五、攻成潤從暖也、春初之木、木嫩金堅、火以攻之、仲春之木、木旺金衰、土以成之、夏令之木、木洩金燥、水以潤之、秋令之木、木凋金銳、土以從之、冬令之木、木衰金寒、火以暖之、則無兩立之勢、而有相成仁義之勢矣、若內外之說、不過衰旺相敵之意也、當洩則洩、當制則制、須觀其金木之意向、不必拘執而分內外也、

食 丙寅 比食才　辛卯
殺 庚寅 比食才　壬辰
　 甲申 殺卩才　癸巳
劫 乙丑 印官財　甲午
　　　　　　　　乙未
　　　　　　　　丙申

甲木生於立春後四日、春初木嫩、天氣寒凝、日主坐申、月透庚金、丑土貼生申金、木嫩金堅、用火以攻之、喜得年干透丙、三陽開泰、萬象回春、何其妙也、初運辛卯壬辰、有傷丙火、蹭蹬芸窗、癸巳運轉南方、丙火祿旺、納粟入監、連捷南宮、甲午乙未、宦海無波、申運不祿、

殺 庚戌 官傷才　庚辰

甲木生於仲春、坐祿逢刃、木旺金衰、用土以成之、方能

財　　　傷
己　甲　丁
卯　寅　卯
劫　比食才　劫

辛巳　壬午　癸未　甲申　乙酉

化土生金、斲削以成真、初遊幕、獲利納捐、至癸未運出仕、甲申乙酉、木無根、金得地、從佐貳升知縣而遷州牧、

殺　卩　　　傷
庚　壬　甲　丁
辰　午　辰　卯
印才劫　財傷　印才劫　劫

癸未　甲申　乙酉　丙戌　丁亥　戊子

甲木生於仲夏、時干丁火透出、用水以潤之、然水亦賴金生、金亦賴水養、更妙支逢兩辰、洩火生金蓄水、一氣相生、五行俱足、是以早遊泮水、科甲聯登、仕至觀察、一生惟丙戌運、金水兩傷不利、其餘皆順境、

殺　比　　　刦
庚　甲　甲　乙
戌　申　戌　丑
官傷才　殺卩才　官傷才　印官財

乙　丙　丁　戊　己　庚
酉　戌　亥　子　丑　寅

甲木生於孟秋、財生殺旺、雖天干三透甲乙、而地支不載、木凋金銳、用土以從之也、格成從殺、戌運武甲出身、丁亥運生木剋金、刑耗多端、戊子己丑、財生殺旺、仕至副將、

官　殺　　　食
辛　庚　甲　丙
酉　子　子　寅
官　印　印　比食才

己　戊　丁　丙　乙　甲
亥　戌　酉　申　未　午

甲木生於仲冬、木衰金寒、用火以暖之、金亦得其制矣、況乎時逢祿旺、一陽解凍、所謂得氣之寒、遇暖而發、故寒木必得火以生之也、所以科甲聯登、仕至侍郎、

右五造舉甲木以爲例。乙木亦同此論。

坎離

坎離宰天地之中氣。成不獨成。而有相持者在。（原注）天干透壬癸。地支屬離者。乃

爲既濟。要天氣下降。天干透丙丁。地支屬坎者。乃爲未濟。要地氣上升。天干皆水。地支皆火。爲交媾。交媾身強則富貴。天干皆火。地支皆水。爲交戰。交戰身弱。豈能富貴。坎外離內。謂之未濟。主之所喜在離。要水竭。主之所喜在坎。則不祥。離外坎內。謂之既濟。主之所喜在坎。要離降。主之所喜在離。要木和。水火相間於天干。以火爲主。而水盛者存。坎離相見於地支。喜坎而坎旺者昌。夫子午卯酉專氣也。其相制相持之勢。宜悉辨之。若四生四庫之神。皆所以黨助子午卯酉者。其理亦可推詳。

任氏曰、坎陽也、先天位右七之數、故爲陽也、離陰也、先天位左三之數、故爲陰也、坎爲中男、天道下濟、故一陽生於北、離爲中女、地道上行、故二陰生於南、離爲日體、坎爲月體、一潤一暄、水火相濟、男女媾精、萬物化生矣、夫坎離爲日月之正體、無消無滅、而宰天地之中氣、是以不可獨成、必要相持爲妙也、相持之理有五、升降和解制也、升者、天干離衰、地支坎旺、必得地支有木、則地氣上升、降者天干坎衰、地支離旺、必得天干有金、則天氣下降、和者天干皆火、地支皆水、必須有木運以和之、解者天干皆水、地支皆火、必須有金運以解之、制者、水火交戰於干支、必須歲運視其強者而制之、此五者、坎離之作用如此、則無獨成之勢、而有相持禮智之性矣、

比 丙子 官　　庚子
傷 己亥 殺卩　辛丑
　 丙寅 食比卩 壬寅
食 戊子 官　　癸卯
　　　　　　　甲辰
　　　　　　　乙巳

丙火生於孟冬、又逢兩子、天干離衰、地支坎旺、用寅木以升之也、至壬寅、東方木地、采芹折桂、卯運出仕、一路運走東南、仕至觀察、

比 壬午 官財　癸卯

壬水生於孟春、支全火局、雖年月兩透比肩、皆屬無根、

比		印
壬	壬	庚
寅	戌	戌
殺才食	殺財印	殺財印

甲辰　乙巳　丙午　丁未　戊申

戌運而終、

天干坎衰、地支離旺、用庚金以降之也、惜乎運途東南、在外奔馳四十年、一無成就、至五旬外、交戊申、庚逢生旺、得際遇、發財巨萬、娶妻三年已六旬矣、連生三子、至

比	比		比
丙	丙	丙	丙
子	申	子	申
官	食殺才	官	食殺才

丁酉　戊戌　己亥　庚子　辛丑　壬寅　癸卯　甲寅

此造地支、兩申兩子、水逢生旺、金作水論、天干四丙、地支無根、離衰坎旺、須以木運和之也、惜乎五行不順、五十年西北金水之地、故艱難險阻、刑傷顛沛、五旬外運走壬寅、東方木地、財進業興、及癸卯甲寅、發財數萬、

刦　比　比　比

癸　壬　壬　壬

巳　戌　午　寅

殺才卩　殺財印　官財　殺才食

辛　庚　己　戊　丁　丙

酉　申　未　午　巳　辰

壬午日元、生於戌月、支會火局、年支坐巳、天干皆坎、地支皆離、必須金運以解之也、初交辛酉庚申、正得成其既濟、解其財殺之勢、叨化日之光、豐衣足食、一交己未、刑耗異常、戊午財殺並旺、出外遇盜喪身、

比　才　　才

壬　丙　壬　丙

子　午　子　午

刦　官財　刦　官財

丁　戊　己　庚　辛　壬

未　申　酉　戌　亥　子

此造水火交戰於干支、火當令、水休囚、喜其無土、日主不剋、初交丁未、年逢戊午、天剋地沖、財殺兩旺、父母雙亡、流爲乞丐、交申運、逢際遇、己酉運、發財數萬、娶妻生子成家、

誠意伯祕授天官五星元徵通旨

滴天髓闡微

任鐵樵增注
李雨田校訂

六親論

夫妻

夫妻因緣宿世來。喜神有意傍天財。〔原注〕妻與子一也。局中有喜神。一生富貴在于是。妻子在于是。大率依財看妻。如喜神卽是財神。其妻美而且富貴。喜神與財神不相妒忌亦好。否則剋妻。亦或不美。或欠和。然看財神。又須活法。如財神薄。須用助財。財旺身弱。又喜比刦。財神傷印者。要官星。財薄官多者。要傷官。財氣未行。要沖者沖。泄者泄。財氣流通。要合者合庫者庫。若財神泄氣太重。比刦透露。及身旺無財者。必非夫婦全美者也。至於財旺身強者。必富貴而多妻妾。看者當審辨輕重何如。

任氏曰、子平之法以財爲妻、財是我剋、人以財來侍我、此理出於正論、又以財爲父者乃後人之謬也、若據此爲碻論、則翁婦同宗、豈不失倫常乎、雖分偏正之說、究竟勉强、財之偏正、無非陰陽之別、並不換他氣、且世無犯上之理、宜辨而闢之、如果財爲父、官爲子、則人倫滅矣、不特翁婦同宗、而顯然祖去生孫、有是理乎、是以六親之法、今當更定、生我者爲父母、偏正印綬是也、我生者爲子女、食神傷官是也、我剋者爲婦妾、偏正財星是也、剋我者爲官鬼、祖父是也、同我者爲兄弟、比肩刦財是也、此理正名順、乃不易之法、夫財以妻論、財神淸、則中饋賢能、財神濁、則河東獅吼、淸者、喜神卽是財星、不爭不妒是也、濁者、生煞壞印、爭妒無情是也、舊書不管日主之衰旺、總以陽刃刦財主剋妻、究其理則實非、須分日主衰旺喜忌之別、四柱配合活看爲是、如財神輕而無官、比刦多、主剋妻、財神重而身弱無比刦、主剋妻、官殺旺而用印、見財星、主妻陋而剋、官殺、輕而身旺、見財星、遇比刦、主妻美而剋、刦刃重、財星輕、有食傷、逢梟印、主妻遭凶死、財星微官殺旺、無食傷有印綬、主妻有弱病、刦刃旺而無財、有食傷、妻賢必剋、妻陋不傷、刦刃旺而財輕、有食傷、妻賢不剋、妻陋必亡、官星弱、遇食傷有財星、妻賢不剋、官星輕、食傷重、有印綬、遇財星、妻陋不剋、身強煞淺、財星滋殺、官輕傷重、財星化傷、印綬重疊、財星得氣者、主妻賢而美、或得妻財致富、殺重身輕、財星黨殺、官多用印、財星壞印、傷官佩印、財星得局者、主妻不賢而陋、或因妻招禍、傷身、日主坐財、財爲喜用者、必得妻財、日主喜財、財合閑神而化財者、必得妻力、日主喜財、財合閑神而化忌神者、主妻有外情、日主忌財、財合閑神而化財者、主琴瑟不和、皆以四柱情勢日主喜忌而論、若財星浮泛、宜財庫以收藏、財星深伏、宜沖動而引助、須細

究之、

十神	四柱	支藏
傷	癸卯	財
財	乙丑	印刦傷
	庚申	卩食比
官	丁丑	印刦傷

甲子 癸亥 壬戌 辛酉 庚申 己未

此造寒金坐祿、印綬當權、足以用火敵寒、所忌者年干癸水剋丁爲病、全賴月干乙木通根、洩水生火、此喜神即是財星也、更喜財星逢合、謂財來就我、其妻賢淑勤能、生三子、皆就書香、

十神	四柱	支藏
比	丁未	食比卩
卩	乙巳	傷刦財
	丁酉	才
殺	癸卯	卩

甲辰 癸卯 壬寅 辛丑 庚子 己亥

丁火生於孟夏、柱中梟刦當權、一點癸水、不足相制、最喜坐下酉金、沖去卯木、生起癸水、出身貧寒、癸運入學、又得妻財萬仞、壬運登科、辛丑選知縣、仕至郡守、此造若無酉金、不但無妻財、而且名亦不成矣、

丙火生於季春、印綬通根生旺、日主坐財、時干又透壬水、必以乙木爲用、可嫌者、乙庚化金、生殺壞印、其妻不賢、妒悍異常、無子而絕、財之爲害、可畏哉、

印	乙	亥	殺印
才	庚	辰	官食印
	丙	申	食殺才
殺	壬	辰	官食印

己卯　戊寅　丁丑　丙子　乙亥　甲戌

子女

子女根枝一世傳。喜神看與殺相連。〔原注〕大率依官看子。如喜神卽是官星。其子賢俊。喜神與官星不相妒亦好。否則無子。或不肖。或有剋。然看官星。又要活法。如官輕須要助官。殺重身輕。只要印比。無官星。只論財。若官星阻滯要生扶沖發。官星洩氣太重。須合助遙會。若殺重身輕而無制者多女。

任氏曰、以官爲子之說、細究之、終有犯上之嫌、夫官者、管也、朝廷設官、管治萬民、則不敢妄爲、循守規矩、家庭必以尊長爲管、出入動作、皆遵祖父

之訓、是也、不服官府之治者、則爲賊寇、不遵祖父之訓者、則爲逆子、夫命者理也、豈可以官爲子而犯上乎、莫非論命竟可無君無父乎、諺云、父在子不得自專、若以官爲子、父反以子爲管治、顯見父不得自專矣、故俗以剋父剋母爲是、有是理乎、今更定以食傷爲子女、書云、食神有壽妻多子、時逢七煞本無兒、食神有制定多兒、此兩說、可謂碻據矣、然此亦死法、倘局中無食傷無官殺者、又作何論、故命理不可執一、總要變通爲是、先將食傷認定、然後再看日主之衰旺、四柱之喜忌而用之、故喜神看與殺相連者、乃通變之至論也、如日主旺、無印綬、有食傷、子必多、日主旺、印綬重、食傷輕、子必少、日主旺、印綬重、食傷輕、有財星子多而賢、日主旺、印綬多、無食傷、有財星子多而能、日主弱、有印綬、無食傷、子必多、日主弱、印綬輕、食傷重、子必少、日主弱、印綬輕、有財星子必無、日主弱、食傷重、印綬無、亦無子、日主弱、食傷輕、無比刦、有官星、子必無、日主弱、官殺重、印綬輕、微伏財、必多女、日主弱、七殺重、食傷輕、有比刦、女多子少、日主弱、官殺重、無印比、子必無、日主旺、食傷輕、逢印綬、遇財星、子少孫多、日主旺、印綬重、官殺輕、有財星、子雖克而有孫、日主弱、食傷旺、有印綬、遇財星、雖有若無、日主弱、官殺旺、有印綬、遇財星、有子必逆、又有日主旺、無印綬、食傷伏、有官殺、子必多者、又有日主旺、比刦多、無印綬、食傷伏、子必多者、蓋母多滅子之意也、故木多火熄、金剋木則生火、火多土焦、水剋火則生土、土重金埋、木剋土則生金、金多水滲、火剋金則生水、水多木浮、土剋水則生木、以官殺爲子者、此之謂也、明雖以官殺爲子、暗仍以食傷爲子、此逆局反剋相生之法、非竟以官殺爲子也、大率身旺財爲子。身衰印作兒。此皆余之試驗者、故敢更定、仔細推之、無不應也、

傷　辛　丑　財傷刦
傷　辛　丑　財傷刦
　　戊　戌　傷印比
財　癸　丑　財傷刦

庚子　己亥　戊戌　丁酉　丙申　乙未

此造日主旺。比刦多、年月傷官並透通根、丑爲溼土、能生金蓄水、戌爲火庫、日主臨之、不致寒凍也、是以家業富厚、更喜運走西方不悖、余雖斷其多子、實不敢定其數目、詢之云、自十六歲生子、每年得一子、連生十六子、並無損傷、此因命之美、印星不現、辛金明潤不雜、木火之妙也、

殺　癸　亥　官印
印　甲　子　殺
　　丁　酉　才
殺　癸　卯　卩

癸亥　壬戌　辛酉　庚申　己未　戊午

此造殺官當令、嫌其甲木透干、不能棄命從殺、只得殺重用印、則忌卯酉逢沖、去甲木之旺地、雖天干有情、家業頗豐、而地支不協、所以妻生八女、妾生八女、竟無子、所謂身衰印作兒、此財星壞印之故也、

官	傷		印
乙	辛	戊	丁
未	巳	戌	巳
印刦官	比卩食	比印傷	比卩食

庚辰　己卯　戊寅　丁丑　丙子　乙亥

戊土生於巳月，柱中火土本旺，辛金露而無根，兼之巳時，丁火獨透剋辛，局中全無溼氣，更嫌年干乙木，助火之烈，所以剋兩妻，生十二子，刑過十子，現存二子。

殺	刦		食
戊	癸	壬	甲
子	亥	戌	辰
刦	比食	殺財印	刦殺傷

甲子　乙丑　丙寅　丁卯　戊辰　己巳

壬水生於孟冬，喜其無金，食神獨透，所以書香小就，甲寅入泮，有十子皆育，其不刑妻者，無財之妙也，秋闈不利者，支無寅卯也，此造如戊土換之以木，青雲得路矣，

劫	官		比
庚	丙	辛	辛
寅	戌	亥	卯
財官印	印殺比	傷財	才

丁亥　戊子　己丑　庚寅　辛卯　壬辰

辛金生於戌月、印星當令、又寅拱丙生天干、比刦不能下生亥水、又亥卯拱木、四柱皆成財官、二妻四妾、生三子皆剋、生十二女又剋其九、還喜秋金有氣、家業豐隆、

印	印		印
丁	丁	戊	丁
酉	未	戌	巳
傷	官刦印	傷印比	食卩比

丙午　乙巳　甲辰　癸卯　壬寅　辛丑

土生夏令、重疊印綬、四柱全無水氣、燥土不能洩火生金、克三妻五子、至丑運、溼土晦火生金、又會金局、得一子方育、由此數造觀之、食神傷官爲子也明矣、凡子息之有無、命中有一定之理、命中子只有五數、水一火二木三金四土五也、當令者倍之、休囚者減半、除加減之外而多者、此秉賦之故也、

官	官		傷
辛	辛	甲	丁
卯	卯	辰	卯
劫	劫	印才劫	劫

庚寅　己丑　戊子　丁亥　丙戌　乙酉

此造春木雄壯、金透無根、喜其丁火透露、傷其辛金、所以己丑戊子運中、不但得子不育、而且財多破耗、丁亥支拱木而干透火、丁財並益、丙戌愈美、生五子、家業增新、由此觀之、凡八字之用神卽是子星、如用神是火、其子必在木火運得、或木火流年得、如不是木火運年得、必子息命中多木火、或木火日主、否則難招、或不肖、試之屢驗、然命內用神、不特妻財子祿、而窮通壽夭、皆在用神一字定之、其可忽諸、

父母

父母或隆與或替、歲月所關果非細。〔**原注**〕子平之法。以財爲父。以印爲母。以斷其吉凶。十有九驗。然看歲月爲緊。歲氣有益于月令者。及歲月不傷夫喜神者。父母必昌。歲月財氣

斲喪於時干者。先剋父。歲月印氣斲喪於時支者。先剋母。又須活看其局中之大勢。不可專論財印。中間有隱露其興亡之機。而不必在於財印者。與財生印生之神。而損益舒配得所。及陰陽多寡之論。無有不驗。

任氏曰、父母者、生身之根本、是以歲月所關、知其興替之不一、可謂正理不易之法也、原注竟以財印分屬父母、又論剋父剋母之說、茫無把握、仍惑於俗書之謬也、夫父母豈可以剋字加之、當更定喪親刑妻剋子爲至理、如年月官印相生、日時財傷不犯、則上叨蔭庇、下受兒榮、年月官印相生、日時刑傷沖犯、則破蕩祖業、敗壞門風、年官月印、月官年印、祖上清高、日主喜官、時日逢財、日主喜印、時日逢官、必勝祖强宗、日主喜官、時日逢傷、日主喜印、時日逢財、必敗祖辱宗、年財月印、日主喜印、時日逢官印者、知其幫父興家、年傷月印、日主喜印、時日逢官者、知其父母創業、年印月財、日主喜印、時上遇官者、知其父母破敗、時日逢印者、知其自創成家、年官月印、日主喜官、時日逢財、出身富貴、守成之造、年傷月刦、年印月刦、日主喜財、時日逢財或傷者、出身寒窘、創業之命、年刦月財、日主喜財、遺緒豐盈、日主喜刦、淸高貧寒、年官月傷、日主喜官、時日逢官、必跨竈、時日遇刦、必破敗、總之財官印綬、在于年月、爲日主之喜、父母不貴亦富、爲日主之忌、不貧亦賤、宜詳察之、

官	癸卯	印	甲子
印	乙丑	官財傷	癸亥
	丙子	官	壬戌
傷	己丑	官財傷	辛酉
			庚申
			己未

此造官印透而得祿、財星藏而歸庫、格局未嘗不美、所嫌者、丑時傷官肆逞、官星退氣、日主衰弱、全賴乙木生火而衛官、年月官印相生、亦出身官家、至亥運入泮、壬戌水不通根、破耗異常、加捐出任、不守淸規、至酉運、財星壞印、竟伏國刑、

官　乙卯　官
印　丁亥　殺才
　　戊午　刦印
卩　丙辰　財比官

丙戌　乙酉　甲申　癸未　壬午　辛巳

戊土生于孟冬、財星臨旺、官印雙清坐祿、日元臨旺逢生、四柱純粹可觀、五行生化有情、喜用皆有精神、所以行運不能破局、身出官家、連登科甲、生五子皆登仕籍、富貴福壽之造也、

印　丁巳　食卩比
傷　辛亥　殺才
　　戊子　財
比　戊午　刦印

庚戌　己酉　戊申　丁未　丙午　乙巳

此造柱中三火二土、似乎旺相、不知亥子當權、沖壞印綬、天干火土虛脫、其祖上大富、至父輩破敗、棄之初運西方金地。生助旺水、半生顛連不遇、及交丁未、運轉南方、接連丙午二十年、大遂經營之願、發財十餘萬、

印	財		官
乙	辛	丙	癸
亥	巳	辰	巳
殺刃	才比食	印食官	才比食

庚辰 己卯 戊寅 丁丑 丙子 乙亥

此造支逢兩祿乘權、年干印透通根、凡推命者、作旺論用、以財星斷其名利收雙、然丙火生于孟夏、火氣方進、年干印綬、被月干財星所壞、巳亥逢沖、破祿去火、則金水反得生扶、木火失勢矣、又坐下辰土、竊去命主元神、時干癸水蓋頭、巳火亦傷、必作弱推、用以巳火、初運東方木土、出身遺業豐厚、丙子火不通根、官星得地、定多破耗、丑運生金洩火、刑剋異常、家業十去八九、夫婦皆亡、

兄弟

兄弟誰廢與誰興。提用財神看重輕。〔原注〕敗財比肩羊刃。皆兄弟也。要在提綱之神。與財神喜神較其重輕。財官弱。三者顯其攘奪之迹。兄弟必强。財官旺。三者出其助主之功。兄

弟必美。身與財官兩平而三者伏而不出。兄弟必貴。比肩重而傷官財殺亦旺者。兄弟必富。身弱而三者不顯。有印。而兄弟必多。身旺而三者又顯。無官而兄弟必衰。

任氏曰、比肩爲兄、敗財爲弟、祿刃亦同此論、如殺旺無食、殺重無印、得敗財合殺、必得弟力、殺旺食輕、印弱逢財、得比肩敵殺、必得兄力、官輕傷重、比刦生傷、制殺太過、比刦助食、必遭兄弟之累、財輕刦重、印綬制傷、不免司馬之憂、財官失勢、刦刃肆逞、恐有周公之慮、財生殺黨、比刦幫身、大被可以同眠、殺重無印、主衰傷伏、鴒原能無興歎、殺旺印伏、比肩無氣、弟雖敬而兄必衰、官旺印輕、財星得氣、兄雖愛而弟無成、日主雖衰、印旺月提、兄弟成羣、身旺逢梟、刦重無官、獨自主持、財輕刦重、食傷化刦、可無斗粟尺布之謠、財輕遇刦、官星明顯、不作煑豆燃箕之詠、梟比重逢、財輕殺伏、未免折翎之悲啼、主衰有印、財星逢刦、反許棠棣之競秀、不論提綱之喜

忌、全憑日主之愛憎、審察宜精、斷無不驗、

劫	殺		劫
丁	壬	丙	丁
亥	寅	子	酉
卩殺	官食比	官	財

辛丑　庚子　己亥　戊戌　丁酉　丙申

丙火生于春初、謂相火有焰、不作旺論、月干壬水通根、亥子殺旺無制、喜其丁壬寅亥合而化印、以難爲恩、時支財星、生官壞印、又得丁火蓋頭、使其不能剋木、所以同胞七人、皆就書香、而且兄愛弟敬、

傷	食		才
癸	戊	丙	庚
巳	午	午	寅
食比才	傷劫	傷劫	食比卩

丁巳　丙辰　乙卯　甲寅　癸丑　壬子

此造羊刃當權、又逢生旺、更可嫌者、戊癸合而化火、財爲衆劫所奪、兄弟六人、皆不成器、遭累不堪、余造年月日皆同、換一壬辰時、弱殺不能相制、亦有六弟、得力者早亡、其餘皆不肖、以致拖累破家、總之劫刃太旺、財官

無氣、兄弟反少、縱有、不如無也、然官殺太旺亦傷殘、必須身財並旺、

官印通根、可敦友愛之情、

何知章

何知其人富。財氣通門戶。

〔原注〕財旺身强。官星衞財。忌印而財能壞印。喜印而財能生官。傷官重而財神流通。財神重而傷官有限。無財而暗成財局。財露而傷亦露者。此皆財氣通門戶。所以富也。夫論財與論妻之法。可相通也。然有妻賢而財薄者。亦有財富而妻傷者。看刑沖會合。但財神清而身旺者妻美。財神濁而身旺者家富。

任氏曰、財旺身弱無官者、必要有食傷、身旺財旺無食傷者、必須有官有殺、身旺印旺食傷輕者、財星得局、身旺官衰印綬重者、財星當令、身旺刦旺、無財印而有食傷者、身弱財重、無官印而有比刦者、皆財氣通門戶也、財即是妻、可以通論也、若清則妻美、濁則家富、其理雖正、尚未深論之也、

如身旺有印、官星洩氣、四柱不見食傷、得財星生官、無食傷、則財星亦淺、主妻美而財薄也、身旺無印、官弱逢傷、得財星化傷生官、則亦通根、官亦得助、不特妻美、而且富厚、身旺官弱食傷重見、財星不與官通、家雖富而妻必陋也、身旺無官、食傷有氣、財星不與刦連、無印而妻財並美、有印則財旺妻傷、此四者宜細究之、

			運
食	甲申	卩比殺	丁丑
才	丙子	刦	戊寅
	壬寅	食才殺	己卯
印	辛亥	比食	庚辰
			辛巳
			壬午

壬水生于仲冬、羊刃當權、年月木火無根、日支食神沖破、似乎平常、然喜日寅時亥、乃木火生地、寅亥合、則木火之氣愈貫、子申會、則食神反得生扶、所謂財氣通門戶也、富有百餘萬、凡巨富之命、財星不多、只要生化有情、卽是財氣通門戶、若財臨旺地、不宜見官、日主失令、必要比刦助之、斯爲美也、

	年	月	日	時
天干	劫 壬	財 丙	癸	官 戊
地支	申 印劫官	午 才殺	亥 劫傷	午 才殺

丁未　戊申　己酉　庚戌　辛亥　壬子

癸水生于仲夏、又逢午時、財官太旺、喜其日元得地、更妙年干劫坐長生、財星有氣、尤羨五行無木、則水不洩而火無助、壬水可用、且運走西北、金水得地、遺緒不豐、自創四五十萬、一妻四妾八子、

何知其人貴。官星有理會。〔原注〕官旺身旺。印綬衞官。忌劫而官能去劫。喜印而官能生印。財神旺而官星通達。官星旺而財神有氣。無官而暗成官局。官星藏而財神亦藏者。此皆官星有理會。所以貴也。夫論官與論子之法。可相通也。然有子多而無官者。身顯而無子者。亦看刑沖會合。但官星清而身旺者必貴。官星濁而身旺者必多子。至於得象得氣得局得格者。妻子富貴兩全。

任氏曰、身旺官弱、財能生官、官旺身弱、官能生印、印旺、官衰、財能壞印、印衰官旺、財星不現、刦重財輕、官能去刦、財星壞印、官能生印、用官、官藏財亦藏、用印、印露官亦露者、皆官星有理會、所以貴顯也、如身旺官旺印亦旺、格局最清、而四柱食傷一點不混、財星又不出現、官星之情、依乎印、印之情、依乎日主、只生得一箇本身、所以有官無子也、縱使稍雜食傷、亦被印星所剋、子亦艱難、如身旺官旺印弱、食傷暗藏、不傷官星、不受印星所克、自然貴而有子、必身旺官衰、食傷有氣、有印而財能壞印、無財而暗成財局、不貴而子多必富、如身旺官衰、食傷旺而無財、有子必貧、如身弱官旺、食傷旺而無印、貧而無子、或有印逢財、亦同此論、

殺	殺		才
癸	癸	丁	辛
卯	亥	卯	亥
卩	印官	卩	印官

壬戌　辛酉　庚申　己未　戊午　丁巳

此造官殺乘權、原可畏也、然喜支拱印局、巧借栽培、流通水勢、官星有理會也、第嫌初運庚申辛酉、生殺壞印、偃蹇功名、己未支全印局、干透食神、雲程直上、仕至尙書、然有其命、必得其運、如不得其運、一介寒儒矣、

官	刼		殺
癸	丁	丙	壬
酉	巳	午	辰
財	才比食	傷刼	官食印

丙辰　乙卯　甲寅　癸丑　壬子　辛亥

丙火生于孟夏、坐祿臨旺、喜其巳酉拱金、財生官、官制刼、更妙時透壬水、助起官星、以成既濟、三旬外運走北方水地、登科發甲、名利雙輝、勿以官殺混雜爲嫌也、身旺者、必要官殺混雜而發也、

可限量也、

財	甲	午	印殺
官	丙	寅	印官財
	辛	酉	比
梟	己	丑	卩比食

丁卯 戊辰 己巳 庚午 辛未 壬申

此造財臨旺地、官遇長生、日主坐祿、印綬通根、天干四字、地支皆臨祿旺、五行無水、清而純粹、春金雖弱、喜其時印通根得用、庚運幫身、癸酉年登科、午運殺旺、病晦刑喪、辛運己卯年發甲入詞林、後運金水幫身、仕路未可限量也、

財	乙	巳	卩殺比
刦	辛	巳	卩殺比
	庚	辰	傷卩財
才	甲	申	卩食比

庚辰 己卯 戊寅 丁丑 丙子 乙亥

庚金生于立夏前五日、土當令、火未司權、庚金之生坐實、且辰支申時、生扶並旺、身強殺淺、嫌其財露無根逢刦、所以出身貧寒、一交丁運、官星元神發露、戊寅己卯兩年、財星得地、喜用齊來、科甲聯登、又入詞林、書云、以殺化權、定顯寒門貴客、此之謂也、

何知其人貧。財神反不眞。〔原注〕財神不眞者。不但洩氣被刦也。傷輕財重氣淺。財輕官重財氣洩。傷重印輕身弱。財重刦輕身弱。皆爲財神不眞也。中有一味清氣。則不賤。

任氏曰、財神不眞者有九、如財重而食傷多者、一不眞也、財輕喜食傷而印旺者、二不眞也、財輕刦重、食傷不現、三不眞也、財多喜刦、官星制刦、四不眞也、喜印而財星壞印、五不眞也、忌印而財星生官、六不眞也、喜財而財合閑神而化者、七不眞也、忌財而財合閑神化財者、八不眞也、官殺旺而喜印、財星得局者、九不眞也、此九者、財神不眞之正理也、然貧者多而富者少、故貧有幾等之貧、富有幾等之富、不可概定、有貧而貴者、有貧而正者、有貧而賤者、宜分辨之、如財輕官衰、逢食傷而見印綬者、或喜印、財星壞印、得官星解者、此貴而貧也、官殺旺而身弱、財星生助官殺、有印則一衿易得、無印則老於儒冠、此清貧之格、所爲皆正也、財多而心志必欲貪之、官旺而心事必欲求之、非合而合、不從而從、合之不化、從之不眞、此等之命、見富貴而生諂容、遇財利而忘恩義、謂貧而賤也、卽僥倖致富、亦不足貴也、凡敗業破家之命、初看似乎佳美、非財官雙美、卽干支雙清、非殺印相生、卽財臨旺地、不知財官雖可養命榮身、必先要日主旺相、方能任其財官、若太過不及、皆爲不眞、能散能耗則有之、終不能致富貴也、此等格局最多、難以枚舉、宜細究之、

才 壬	子 財	己酉
比 戊	申 食才比	庚戌
戊	戌 傷印比	辛亥
傷 辛	酉 傷	壬子
		癸丑
		甲寅

戊土生于孟秋、支類西方、秀氣流行、格局本佳、出身大富、所嫌者、年干壬水通根會局、則財星反不眞矣、兼之運走西北金水之地、所以輕財重義、耗散異常、惟戌運入泮、得子、辛亥壬子、貧乏不堪、

殺　癸卯　印
印　甲寅　傷劫印
　　丁巳　傷劫財
食　己酉　才

癸丑　壬子　辛亥　庚戌　己酉　戊申

此造財藏殺露、殺印相生、又聯珠相生、似乎貴格、所以祖業二十餘萬、不知年干之殺無根、其菁華盡被印綬竊去、不用癸水明矣、必用酉金之財、蓋頭覆之以土、似乎有情、但木旺土虛、相火逢生、則巳酉不會、財不眞矣、一交壬子、洩金生木、一敗如灰、至亥運、印遇長生、竟遭餓死、

才　庚午　傷劫
殺　壬午　傷劫
　　丙寅　食比印
才　庚寅　食比印

癸未　甲申　乙酉　丙戌　丁亥　戊子

此夏火逢金、財滋弱殺、兩支不雜、殺刃神清、定然名利雙輝、不知地支木火、不載金水、杯水車薪、不但不能制火、反洩財星之氣、夏月庚金敗絕、財之不眞可知矣、早運癸未甲申乙酉土金之地、豐衣足食、一交丙戌、支全

火局、刑妻剋子、破耗異常、數萬家業、盡付東流、丁亥合壬寅而化木、孤苦不堪而死、

			大運
財	乙	卯 財	甲申
財	乙	酉 刦	癸未
	庚	寅 才殺卩	壬午
食	壬	午 印官	辛巳
			庚辰
			己卯

秋金乘令、財官並旺、食神吐秀、大象觀之、富貴之命、第財星太重、官星拱局、日主反弱、不任其財官、全賴刦刃扶身、被卯沖午剋、時干壬水、不能尅火、反洩日元之氣、則財星不眞矣、初運甲申、祿旺、早年入泮、其後運走南方、貧乏不堪、

印	財		印
辛	丙	癸	庚
丑	申	巳	申
殺卩比	官刦印	官財印	官刦印

乙未　甲午　癸巳　壬辰　辛卯　庚寅

此財星坐祿、一殺獨淸、似乎佳美、所嫌者、印星太重、丑土生金洩火、丙辛合而化水、以財爲刦、申又合巳、則財更不眞、初運乙未甲午、木火並旺、祖業頗豐、一交癸巳、皆從申合、一敗如灰、竟爲乞丐、

財	卩		卩
庚	乙	丁	乙
辰	酉	丑	巳
殺傷卩	才	食才殺	傷刦財

丙戌　丁亥　戊子　己丑　庚寅　辛卯

丁火日元、時逢旺地、兩印生身、火焰金疊、似乎富格、不知月干乙木、從庚而化、支會金局、四柱皆財、反不眞矣、祖業亦豐、初運丙戌丁亥、比刦幫身、財喜如心、戊子己丑、生金晦火、財散人離、竟凍餓而死、

何知其人賤。官星還不見。〔原注〕官星不見者。不但失令被傷也。身輕官重。官輕印重。財重無官。官重無印者。皆是官星不見也。中有一味濁財。則不貧。至于用神無力而忌神太過。敵而不受降。助旺欺弱。主從失宜。歲運不輔者。既貧且賤。

任氏曰、此段原注太略、然富貴之中、未嘗無賤、貧賤之中、未嘗無貴、所以賤之一字、不易知也、如身弱官旺、不用印綬化之、反以傷官强制、如身弱印輕、不以官星生印、反以財星壞印、如財重身輕、不以比劫幫身、反忌比劫奪財、合此格者、忘却聖賢明訓、不思祖父積德、以致災生不測、殃及子孫、如身弱印輕、官旺無財、或身旺官弱、財星不現、合此格者、處貧困不改其節、遇富貴不易其志、非禮不行、非義不取、故知貪財帛而戀金谷者、竟遭一時之顯戮、樂簞瓢而甘敝縕者、終受千載之令名、是以有三等官星不見之理、如官輕印重而身旺、或官重印輕而身弱、或官印兩平而日主休囚者、此上等官星不見也、如官輕刦重無財、或官殺重無印、或財輕刦重官伏者、此中等官星不見也、如官旺喜印、財星壞印、或官殺重無印、食傷强制、或官多忌財、財星得局、或喜官星、而官星合他神化傷者、或忌官星、他神合官星又化官者、此下等官星不見也、細究之、不但貴賤分明、而賢不肖亦了然矣、

比	丁	丑	食財殺
官	壬	子	殺
	丁	亥	印官
印	甲	辰	殺傷卩

辛亥　庚戌　己酉　戊申　丁未　丙午

丁火生于仲冬、干透壬水、支全亥子丑北方、官星旺格、辰乃溼土、不能制水、反能晦火、日主虛弱、甲木凋枯、自顧不暇、且溼木不能生無焰之火、謂清枯之象、官星反不眞也、喜其無金、氣勢純清、其爲人學問眞醕、處世無苟、訓蒙度日、苦守清貧、上等官星不見也、

比	才		殺
丙辰	庚寅	丙午	壬辰
印食官	食比卩	傷刼	官食印

辛卯 壬辰 癸巳 甲午 乙未 丙申

此造財絕無根、官又無氣、兼之運走東南之地、幼年喪父、依母轉嫁他姓、數年母死、牧牛度日、少長則賣力傭工、後雙目失明、不能傭作、求乞自活、

殺	財		食
丁卯	甲辰	辛亥	癸巳
才	食印才	傷財	印官刼

癸卯 壬寅 辛丑 庚子 己亥 戊戌

此春金逢火、理宜用印化殺、財星壞印、癸水克丁、亥水沖巳、似乎制殺有情、不知春水休囚、木火並旺、不但不能剋火、反去生木洩金、財官本可榮身、而日主不能勝任、雖心志必欲求之、亦何益哉、出身本屬微賤、初習梨園、後因失音隨官、人極伶俐、且極會趨逢、隨任數年、發財背主、竟捐納從九出仕、作威作福、無所不爲、後因犯事革職、依然落魄、

何知其人吉。喜神爲輔弼。〔原注〕柱中所喜之神。左右終始皆得其力者必吉。然大勢平順。內體堅厚。主從得宜。縱有一二忌神。適來攻擊。亦不爲凶。譬之國內安和。不愁外寇。

任氏曰、喜神者、輔用助主之神也、凡八字先要有喜神、則用神有勢、一生有吉無凶、故喜神乃吉神也、若柱中有用神而無喜神、歲運不逢忌神無害、一遇忌神必凶、如戊土生於寅月、以寅中甲木爲用神、忌神必是庚辛申酉之金、日主元神厚者、以壬癸亥子爲喜神、則金見水而貪生、不來剋木矣、日主元神薄者、以丙丁巳午爲喜神、則金見火而畏、亦不來剋木矣、如身弱以寅中丙火爲用神、喜天干透出、以水爲忌神、以比刦爲喜神、所以用官用印有別、用官者、身旺可以財爲喜神、用印身弱有刦、而後用官爲喜神、使其刦去財星、則印綬不傷、官星無助之意也、如原局有用神、無喜神、而用神得時秉令、氣象雄壯、大勢堅固、四柱安和、用神緊貼、不爭不妒者、即遇忌神、亦不爲凶、如原局無喜神、有忌神、或暗伏或出現、或與用神緊貼、或爭或妒、或用神不當令、或歲運引出忌神、助起忌神、譬之國家有奸臣、私通外寇、兩來夾攻、其凶立見、論土如此、餘皆例推、

殺	卩		刦
甲	丙	戊	己
子	寅	寅	未
財	殺卩比	殺卩比	官刦印

丁	戊	己	庚	辛	壬	癸	甲
卯	辰	巳	午	未	申	酉	戌

春初土虛、殺旺逢財、以丙火爲用、喜其財印相隔、生生不悖、更妙未時幫身爲喜、四柱純粹、主從得宜、所以早登甲第、一生有吉無凶、仕至觀察、後退歸優游林下、生六子皆登科第、夫婦齊眉、壽越八旬、

殺	丙	申	比食印	庚	子
印	己	亥	食財	辛	丑
	庚	辰	財印傷	壬	寅
印	戊	寅	印殺財	癸	卯
				甲	辰
				乙	巳
				丙	午
				丁	未

此寒金喜火、得時支寅木之生、則火有焰、然用財殺、必先身旺、妙在年支坐祿、三印貼生更妙、亥水當權、申金貪生忘沖、無火則土凍金寒、無木則水旺火虛、以火爲用、以木爲喜、木火兩字、缺一不可、所以生平無凶無險、登科發甲、宦海無波、後裔濟美、壽至八旬之外、

何知其人凶。忌神輾轉攻。〔原注〕財官無氣。用神無力。不過無所發達而已。亦無刑凶也。至於忌神太多。或刑或沖。歲運助之。輾轉攻擊。局內無備禦之神。又無主從。不免刑傷破敗。犯罪受難。到老不吉。

任氏曰。忌神者、損害體用之神也、故八字先要有喜神、則忌神無勢、以忌神爲病、以喜神爲藥、有病有藥則吉、有病無藥則凶、一生吉少凶多者、皆

忌神得勢之故耳、如寅月生人、不用甲木而用戊土、則甲木爲當令之忌神、看日主之意向、或喜火以化之、或用金以制之、安頓得好、又逢歲運扶喜抑忌、亦可轉凶爲吉、歲運又不來扶喜抑忌、又不與忌神結黨者、不過終身碌碌、無所發達而已、若無火之化、金之制、又遇水之生、歲運又黨助忌神、傷我喜神、輾轉相攻、凶禍多端、到老不吉、論木如此、餘可例推、

印	乙亥	卩殺	丁丑
食	戊寅	食比卩	丙子
	丙子	官	乙亥
卩	甲午	傷刦	甲戌
			癸酉
			壬申

丙火生于寅月、印星當令、時逢刃旺、甲乙並旺透、四柱無金、寅亥化木、子水冲破、官星無用、必以月干戊土爲用、忌神卽是甲木、亥子之水、反生旺木、所謂忌神輾轉攻也、初交丁丑、生助用神、祖業十餘萬、其樂自如、一交丙子、火不通根、父母雙亡、連遭回祿、乙亥水木並旺、又遭回祿、剋三妻四子、赴水而亡、

丙火生寅、木嫩火相、未爲旺也、生丑時、竊去命主元神、以寅木爲用、所嫌庚金當頭之忌、木嫩逢金、火虛見洩、初交己丑戊子、生金洩火、幼喪父母、孤苦不堪、丁亥丙戌、火在西北、不能去盡忌神、所以歷盡風霜、稍成家業、一交乙酉、干支皆化忌神、刑妻剋子、遭水厄而亡、

財　辛巳　才比食
才　庚寅　卩比食
　　丙辰　印食官
傷　己丑　官財傷

己丑　戊子　丁亥　丙戌　乙酉　甲申

何知其人壽。性定元神厚。〔原注〕靜者壽柱中無沖無合無缺無貪則性定矣。元神厚者。不特精氣神氣皆全之謂也。官星不絕。財神不滅。傷官有氣。身弱印旺。提綱輔主。用神有力。時上生根。運無絕地。皆是元神厚處。細究之。大率甲乙寅卯之氣。不遇沖戰洩傷。偏旺浮泛。而安頓得所者必壽。木屬仁。仁者壽。每每有驗。故敢施之於筆。若貧賤之人而亦壽者。以其稟得一個身旺。或身弱而運行生地。小小與他食祿不缺故耳。

任氏曰、仁靜寬德厚、此五者、皆壽徵也、四柱得地、五行停勻、所合者皆閑

神、所化者皆用神、沖去者皆忌神、留存者皆喜神、無缺無陷、不偏不枯、則性定矣、性定不生貪戀之私、不作苟且之事、爲人寬厚和平、仁德兼資、未有不富貴福壽者也、元神厚者、官弱逢財、財輕遇食、身旺而食傷發秀、身弱而印綬當權、所喜者皆提綱之神、所忌者皆失令之物、提綱與時支有情、行運與喜用不悖、是皆元神厚處、宜細究之、淸而純粹者、必富貴而壽、濁而混雜者、必貧賤而壽、

官	辛	丑	印官財
印	癸	巳	財食殺
	甲	子	印
食	丙	寅	才食比

壬辰　辛卯　庚寅　己丑　戊子　丁亥　丙戌　乙酉

此從巳火起源頭、生丑土、丑土生辛金、辛生癸、癸生甲、甲生丙火、甲祿居寅、癸祿居子、丙祿居巳、官坐財地、財逢食生、五行元神皆厚、四柱通根生旺、左右上下有情、爲人剛柔相濟、仁德兼資、貴至三品、富有百萬、子十三人、壽至百歲、無疾而終、

傷	印		食
己	乙	丙	戊
酉	亥	寅	子
財	卩殺	食比卩	官

甲癸壬辛庚己戊丁
戌酉申未午巳辰卯

此以酉金爲源頭、生亥水、亥水合寅而生丙、丙火生戊土、元神皆厚、鄉榜出身、仕至觀察、爲人寬厚端方、九子二十四孫、富有百餘萬、壽至百二十歲、無疾而終、

官	印		比
己	辛	壬	壬
酉	未	寅	寅
印	財官傷	殺財食	殺財食

庚己戊丁丙乙甲癸
午巳辰卯寅丑子亥

此以未土爲源頭、生辛金、辛金生壬水、壬水生寅木、四柱生化有情、元神厚而純粹、所喜者、火喜其包藏不露、早登科甲、仕至三品、爲人品行端方、謙和仁厚、八子十九孫、壽至九旬有六、

官 比 　 殺
丁 庚 庚 丙
未 戌 辰 子
官印財 卩官刦 傷卩財 傷

己 戊 丁 丙 乙 甲
酉 申 未 午 巳 辰

此以丁火爲源頭、生土、土生金、兩藏財庫、身旺用官、中年行運不背、所以早登鄉榜、名利雙輝、爲人有剛明決斷之本、無刻薄欺瞞之意、惜乎無木、火之元神不足、孫枝雖旺、子息未免多損之憂、

食 財 　 官
乙 戊 乙 庚
未 寅 卯 辰
食財比 財傷刦 比 卩財比

丁 丙 乙 甲 癸 壬 辛 庚
丑 子 亥 戌 酉 申 未 午

此支類東方、正曲直仁壽格、大勢觀之、財官有氣、名利裕如、第五行火不出現、財之元神虛脫、寅卯辰東方木旺、官星之根亦薄、所以一生操勞剝削、資囊未滿先傾、且平生仗義疎財、爲人無驕諂、存古道、苦守清貧、生四子皆得力、壽至九十四歲、

財	殺		食
癸	甲	戊	庚
丑	寅	戌	申
財傷劫	比殺卩	傷印比	食財比

癸丑　壬子　辛亥　庚戌　己酉　戊申

戊戌日、逢庚申時、食神有力、殺旺無印、足以强制、生八九子、有三四子貴顯而授一品之誥封者、土金有情之妙也、其爲人貪惡兩備者、不能化殺之故也、淫靡無禮者、火不現、水得地之故也、蓋寅申沖、則丙火必壞、丑戌刑則丁火亦傷、兼之癸水透、則日主之心志必欲合而求之不顧、寅戌支藏之火、暗中剋盡、夫火司禮、爲人豈可無禮、無禮則無所不爲矣、設使年干癸水、換於丁火、未有不仁德者也、其富貴福壽、皆申時之力、亦祖德宗功所致也、後生落頭疽而亡、由己積惡多端、而天誅之矣、

劫	傷		劫
戊	庚	己	戊
辰	申	卯	辰
殺劫財	傷財劫	殺	殺劫財

辛酉　壬戌　癸亥　甲子　乙丑　丙寅

此土金傷官、辰中癸水、正財歸庫、申中壬水、正財逢生、劫雖旺、而不能奪、且土氣盡歸于金、傷官化劫、暗處生財、兼之獨殺爲權、故爲人權謀異衆、地支皆陰溼之氣、作事詭譎多端、一生所重者財、而少仁義、至四旬無子、娶兩妾又無子、壽至九旬外、惜財如命、卒後家業四十餘萬、分奪而盡、細究之皆因財星過于藏蓄、不得流行之故也、財不流行、秋金逢土而愈堅、生意遂絕耳、大凡財厚無子者、皆類此格、故無子之人、其性情必多鄙吝、不知財散則民聚、倘使富人無子、能輕其財于親族之中、分多潤寡、何患無子哉、卽如此造金氣太堅、水不露頭、未得生生之妙、能散其財、則金自流行、子必招矣、然散亦有功過、散財于僧道、有過無功、散財于親族、有功無過、修德獲報、人事原

可挽回、作善降祥、天心詎難感召、壽本五福之首、壽而無子、終于無益、與其富壽而無子、不若貧壽而有子也、

何知其人夭。氣濁神枯了。〔**原注**〕氣濁神枯之命極易看。印綬太旺。日主無着落。財殺太旺。日主无依倚忌神與喜神雜而戰。四柱與用神反而絕。沖而不和。旺而無制。濕而滯。燥而鬱。精流氣洩。月悖時脫。此皆無壽之人也。

任氏曰、氣濁神枯之命、易中之難看者、氣濁神枯四字、可分言之、濁字作一弱字論、氣濁者、日主失令、用神淺薄、忌神深重、提綱與時支不照、年支與日支不和、喜沖而不沖、忌合而反合、行運與喜用無情、反與忌神結黨、雖不壽而有子、神枯者、身弱而印綬太重、身旺而剋洩全無、然重用印、而財星壞印、身弱無印、而重疊食傷、或金寒水冷而土濕、或火焰土燥而木枯者、皆夭而無子也、

印 印 財
乙 乙 丙 辛
丑 酉 辰 卯
官財傷 財 印食官 印

甲 癸 壬 辛 庚 己
申 未 午 巳 辰 卯

此造三印扶身、辰酉合而不沖、四柱無水、似乎中格、第支皆溼土、晦火生金、辰乃木之餘氣、與酉合財、木不能托根、與酉化金、則木反被其損、天干兩乙、地支不載、凋可知矣、由此推之、日元虛弱、至午運、破酉衛卯、得一子、辛巳全會金局壞印、則元氣大傷、會財則財極必反、夫婦雙亡、

卩 印 印
己 戊 辛 戊
丑 辰 亥 戌
食比卩 才印食 傷財 比殺印

丁 丙 乙 甲 癸 壬
卯 寅 丑 子 亥 戌

此重重厚土、埋藏脆嫩之金、五行無木、未得疎揚之利、一點亥水剋絕、支藏甲乙、無從引助、然春土氣虛、藏財可用、初運東方木地、庇蔭有餘、寅運得一子、乙丑運、土又通根而夭、

卩 壬	寅 比食財
卩 壬	寅 比食財
甲	寅 比食財
卩 壬	申 殺卩財

癸卯　甲辰　乙巳　丙午　丁未　戊申

春木重逢祿、支得申時、似乎時殺留淸、不知木旺金缺、必要有火爲佳、天干三壬、寅中丙火受剋、神枯可知、至丙運、逢三壬回剋、家業敗盡、夭而無子、凡水木並旺無土者、最忌火運、即不傷身、刑耗異常、若俗論必用申金、丙火剋金之故也、如丙火剋金爲害、則前之乙巳運、緊剋申金、而且三刑、何反美乎、

卩 辛	丑 比卩殺
卩 辛	丑 比卩殺
癸	酉 卩
比 癸	丑 比卩殺

庚子　己亥　戊戌　丁酉　丙申　乙未

此重重溼土、疊疊寒金、癸水濁而且凍、所謂陰之甚寒之至者也、毫無生發、氣濁神枯、故其人愚昧不堪、一事無成、至戊戌運、生金剋水而夭、以俗論之、兩干不雜、金水雙淸、地支三朋、殺印相生之美、定爲貴格、前則春木帶嫩金、斲削成大器、皆作名利兩全之格也、不知夭命、皆類此格、學

者宜深究之、

女命章

論夫論子要安祥。氣靜平和婦道章。三奇二德虛好語。咸池驛馬半推詳。

〔原注〕局中官星明順。夫貴而吉。理自然矣。

若官星太旺。以傷官爲夫。

官星太微。以財爲夫。

比肩旺而無官。以傷官爲夫。

傷官旺而無財官。以印爲夫。

滿局官星欺日主者。喜印綬而夫不剋身也。

滿局印綬洩官星之氣者。喜財星而身不剋夫也。

大體與男命論子論貴之理相似。局中傷官淸顯。子貴而親。不必言也。若傷官太旺。以印爲子。

傷官太微。以比肩爲子。印綬旺而無傷官者。以財爲子也。財神旺而洩食傷者。以比肩爲子也。不必專執官星而論夫。專執傷食而論子。但以安祥順靜爲貴。二德三奇不必論。咸池驛馬縱有驗。總之于理不長。其中究論。不可不詳。

任氏曰、女命者、先觀夫星之盛衰、則知其貴賤也、次察格局之清濁、則知其賢愚也、淫邪嫉妒、不離四柱之情、貞靜端莊、總在五行之理、是以審察宜精、貞婦不遭謬妄、詳究宜確、淫穢難逃正論、二德三奇、乃好事之妄造、咸池驛馬、是後人之謬言、不孝翁姑、只爲財輕刦重、不敬丈夫、皆因官弱身强、官星明顯、夫主崢嶸、氣靜和平、婦道柔順、

若乃官星太旺、無比刦以印爲夫、

有比刦而無印綬者、以傷食爲夫、

官星太弱、有傷官、以財爲夫、

無財星而比刦旺者、亦以傷食爲夫、

滿盤比刦而無印無官者、又以傷食爲夫、

滿局印綬而無官無傷者、以財爲夫、

傷官旺、日主衰、以印爲夫、

日主旺、食傷多、以財爲夫、

官星輕、印綬重、亦以財爲夫、

財乃夫之恩星、女命身旺無官、財星得令得局者、上格也、若論刑傷、又有生剋之理存焉、官星微、無財星、日主强、傷官重、必剋夫、

官星微、無財星、比刦旺、必欺夫、

官星微、無財星、日主旺、印綬重、必欺夫剋夫、

官星弱、印綬多、無財星、必剋夫、

比刦旺而無官、印旺無財、必剋夫、

官星旺、印綬輕、必剋夫、

比刦旺、無官星、有傷官、印綬重、必剋夫、

食神多、官星微、有印綬、遇財星、必剋夫、

凡女命之夫星、卽是用神、女命之子星、卽是喜神、不可專論官星爲夫、傷食爲子、日主旺、傷官旺、無印綬、有財星、子多而貴、

日主旺、傷官旺、無財印、子多而强、

日主旺、傷官輕、有印綬、財得局、子多而富、

日主旺、無食傷、官得局、子多而賢、

日主旺、無食傷、有財星、無官殺、子多而能、

日主弱、食傷重、有印綬、無財星、必有子、

日主弱、食傷輕、無財星、必有子、
日主弱、財星輕、官印旺、必有子、
日主弱、官星旺、無財星、有印綬、必有子、
日主弱、無官星、有傷刦、必有子、
日主旺、有印綬、無財星、子必少、
日主旺、比肩多、無官星、有印綬、子必少、
日主旺、印綬重、無財星、必無子、
日主弱、傷官重、印綬輕、必無子、
日主弱、財星重、逢印綬、必無子、
日主弱、官殺旺、必無子、
日主弱、食傷旺、無印綬、必無子、

火炎土燥無子、　土金溼滯無子、　水泛木浮無子、　金寒水冷無子、
重疊印綬無子、　財官太旺無子、　滿局食傷無子、　以上無子者、有子必剋夫、不剋夫亦夭、至於淫邪之說、亦究四柱之神、
日主旺、官星微、無財星、日主足以敵之者、
日主旺、官星微、傷食重、無財星、日主足以欺之者、
日主旺、官星弱、日主之氣、生助他神而去之者、
日主旺、官星弱、官星之氣、合日主而化者、
日主旺、官星弱、官星之氣、依日主之勢者、
日主弱、無財星、有食傷、逢印綬、日主自專其主者、
日主旺、無財星、官星輕、食傷重、官星無依倚者、
日主旺、官無根、日主不顧官星、合財星而去者、

日主弱、傷食重、印綬輕者、

日主弱、食傷重、無印綬、有財星者、

食傷當令、財官失勢者、

官無財滋、比刦生食傷者、

滿局傷官無財者、

滿局官星無印者、

滿局比刦無食傷者、

滿局印綬、無財者、皆淫賤之命也、總之傷官不宜重。重必輕佻美貌而多淫也。傷官身弱有印。身旺有財者。必聰明美貌而貞潔也。凡觀女命、關系匪小、不可輕斷淫邪、以瀆神怒、然亦不可一例言命、或由祖宗遺孽、或由家門氣數、或由丈夫不肖、或由母姑不良、幼失閨訓、或由氣習不善、無謹飭閨門、任其恣性越禮、入寺燒香、遊玩看戲聽詞、男女混雜、初則階下敷陳、久則內堂演說、始而或言賢孝節義之故事、繼而漸及淫邪苟合之穢詞、保無觸念動心乎、所以居家第一件事、在嚴肅閨門、閨幃之內、不出戲言、則刑于之化行矣、房帷之中、不聞戲笑之聲、則相敬之風著矣、主家者不可不慎之、

殺	食		財
戊	甲	壬	丁
申	寅	寅	未
卩比殺	食財殺	食才殺	官財傷

癸丑　壬子　辛亥　庚戌　己酉　戊申　丁未　丙午

壬水生於孟春、土虛木盛、制殺太過、寅申逢沖、本是剋木、不知木旺金缺、金反被傷、則戊土無根依托、而日主之壬水、可任性而行、見其財星有勢、自然從財而去、以致傷夫敗業、棄子從人也、

傷	劫		傷
丁	乙	甲	丁
未	巳	午	卯
傷財劫	財食殺	財傷	劫

丙丁戊己庚辛壬癸
午未申酉戌亥子丑

甲午日元、生于巳月、支類南方、干透兩丁、火勢猛烈、洩氣太過、局中無水、只可用劫、初運又走火地、是以早刑夫主、人極聰明美貌、而輕佻異常、不能守節、至戊申運、與木火爭戰、不堪言矣、

食	傷		食
戊	己	丙	戊
戌	未	辰	戌
食劫財	劫傷印	官食印	食劫財

戊丁丙乙甲癸壬辛
午巳辰卯寅丑子亥

滿局傷官、五行無木、印星不現、格成順局、故其人聰明美貌、第四柱無金、土過燥厚、辛金夫星投墓於戌、是以淫亂不堪、夫遭凶死、又隨人走、不二三年又剋、至乙卯運、犯土之旺、自縊而死、

比	官		印
戊	乙	戊	丙
午	丑	戌	辰
刦印	刦傷財	比印傷	財比官

甲子　癸亥　壬戌　辛酉　庚申　己未　戊午　丁巳

戊土生于丑月、土王用事、木正凋枯、且丑乃金庫、辛金伏藏、不能託根、更兼辰戌冲去藏官、又逢印綬生身、日主足以欺官、置夫主于度外、且中運西方金地、淫賤不堪、

食	刦		財
己	丙	丁	庚
亥	寅	亥	戌
官印	傷刦印	官印	傷比財

丁卯　戊辰　己巳　庚午　辛未　壬申　癸酉　甲戌

丁火生于寅月、木正當權、火逢相旺、必以亥水官星爲夫明矣、年支亥水合寅化木、而日支亥水、必要生扶爲是、時干庚金隔絕、無生扶之意、又逢戊土緊剋之、則日主之情、必向庚金矣、所以淫賤之至也、

官	傷		官
丁	癸	庚	丁
未	丑	子	亥
財印官	傷劫印	傷	食財

甲乙丙丁戊己庚辛

寅卯辰巳午未申酉

寒金喜火、嫌其支全亥子丑、北方水旺、又月干癸剋丁、丑未沖去丁火餘氣、五行無木、未得生化之情、時干之丁、虛脫無根、焉能管伏庚金、而日主之情、不顧丁火可知、所以水性楊花也、

官	傷		財
丁	癸	庚	乙
丑	丑	子	酉
傷劫印	傷劫印	傷	劫

甲乙丙丁戊己庚辛

寅卯辰巳午未申酉

庚金生于季冬、不但寒金喜火、而且時逢陽刃、印綬當權、足以用火敵寒、月干癸水通根祿支、剋絕丁火、其意足以欺官、時逢乙木、喜而合之、其情必向財矣、所以背夫而去、淫穢不堪也、

殺	傷		官
丁	壬	辛	丙
丑	子	巳	申
食比印	食	刦官印	刦傷印

癸丑　甲寅　乙卯　丙辰　丁巳　戊午　己未　庚申

壬水合去丁火之殺、丙火官星得祿于日支、似乎佳美、所以出身舊家、因其貌美而菁媚、羣以賽楊妃稱之、四五歲時、眉目秀麗、及十三四益嬌冶、成爲畫中人、年十八、歸士人妻、士素醇謹好學、惑而暱愛之、逾年而學廢、竟以癆瘵而死、從此淫穢不堪、後身敗名裂、無所依託、自縊而死、此造因多合之故耳、夫十干之合、惟丙辛合、以官化傷官、謂貪合忘官、且巳申合亦化傷官、丁壬合則暗化財星、其意中將丙火置之度外明矣、其情必向丁壬一邊、況乎干支皆合、無往不是意中人也、

官 戊子 比
官 戊午 財殺
癸酉 卩
官 戊午 財殺

丁丙乙甲癸壬辛庚
巳辰卯寅丑子亥戌

癸水生于午月、財官並旺、坐下印綬、年支坐祿、未嘗不中和、天干三透戊土、爭合癸水、則日主之情、竟無定見、地支兩午壞酉、而財官之勢、不分強弱、日主之情、自然依財勢而去、只有年干正夫無財勢、其力量不敵月時兩干之官、故將正夫置之不顧矣、運至乙卯、木生火旺、月時兩土、仍得生扶、年干之土無化而受剋、所以夫得疾而死、後淫穢異常、尤物禍人、信哉、

比　乙未　比財食
殺　辛巳　財傷官
　　乙亥　印刦
傷　丙戌　財食殺

壬午　癸未　甲申　乙酉　丙戌　丁亥　戊子　己丑

年月日六字觀之、乙木生于巳月、傷官當令、最喜坐下亥印、沖巳制傷、不特日主喜其滋扶、抑且辛金得其衞養、正所謂傷官用印、獨殺留淸、不但貌美而且才高、書畫皆精、所嫌戌時緊剋亥水、暴陽一透、辛金受傷、既不利于夫子之宮、兼損壞乎生平之性矣、

財　丁巳　印財官
官　戊申　印刦官
　　癸丑　比卩殺
食　乙卯　食

己酉　庚戌　辛亥　壬子　癸丑　甲寅　乙卯　丙辰

此造官星食神坐祿、印綬當令逢生、財生官旺、不傷印綬、印綬當令、足以扶身、食神得地、一氣相生、五行停勻、安祥純粹、夫榮子貴、受兩代一品之封、

財	印		食
己	癸	甲	丙
亥	酉	辰	寅
比卩	官	印財刦	財食比

甲戌　乙亥　丙子　丁丑　戊寅　己卯　庚辰　辛巳

八月官星、財星助金、生于寅時、年時兩支逢生得祿、火水干透、無相剋之勢、有生化之情、財星得地、四柱通根、五行不悖、氣靜和平、純粹生化有情、夫榮子貴、受一品之封、

財	官		印
辛	壬	丁	甲
酉	辰	巳	辰
財	殺傷卩	傷刦財	殺傷卩

癸巳　甲午　乙未　丙申　丁酉　戊戌　己亥　庚子

傷官雖旺、合酉化金、則官星之元神愈厚矣、巳火拱金、辰土引之、則財之元神更固矣、時透印綬、助日主之光輝、制辰土之傷官、所謂木不枯、火不烈、水不涸、土不燥、金不脆、氣靜和平之象、夫榮子貴、受一品封、

官　劫　　　食
己　癸　壬　甲
巳　酉　辰　辰
卩財殺　印　傷殺劫　傷殺劫

甲乙丙丁戊己庚辛
戌亥子丑寅卯辰巳

秋水通源、印星秉令、官殺雖旺、制化合宜、更妙時透甲木、制殺吐秀、一派純粹之氣、所以人品端莊、精于詩書、喜運途無火、官不助、印不傷、夫星貴顯、子嗣秀美、誥封二品之榮。

官　印　　　卩
庚　壬　乙　癸
辰　午　亥　未
比財卩　食財　印劫　比財食

辛庚己戊丁丙乙甲
巳辰卯寅丑子亥戌

木生午月、火勢猛、而金柔脆之時、喜壬癸通根制火、辰土洩火生金、則火土不烈燥、水木不枯涸、接續相生、清而純粹、爲女中才子、生三子、夫任京官、家道清寒、在家敎子讀書、二子登科、一子發甲、夫官郎中、子官御史、受二代之封、

官　庚　辰　比財卩
財　戊　寅　封傷財
　　乙　酉　殺
印　壬　午　食財

丁丑　丙子　乙亥　甲戌　癸酉　壬申　辛未　庚午

乙木生于春初、木嫩金堅、最喜午時制殺衛身、寒木向陽、官印雙清、財星生官、不壞印綬、純粹安和、夫官二品、五子二十三孫、一生無疾、夫婦齊眉、壽至八旬外、無疾而終、後裔皆顯貴、

以上皆官星爲夫也

封　丙　辰　卩傷殺
殺　癸　巳　財封傷
　　丁　丑　殺財食
印　甲　辰　卩傷殺

壬辰　辛卯　庚寅　己丑　戊子　丁亥　丙戌　乙酉

丁火生于巳月、癸水夫星清透、時干甲木、印綬獨清、是以品格端莊、持身貞潔、惜丙火太旺、生助傷官、以致鏡破釵分、然喜巳丑拱金、財星得用、身旺以財爲子、敎子成名、兩子皆貴、受三品之封、

財　丙寅　傷財官
卩　辛卯　食
　　癸酉　卩
官　戊午　才殺

庚寅　己丑　戊子　丁亥　丙戌　乙酉　甲申　癸未

癸水生于仲春、洩氣之地、兼之財官並旺、日元柔弱、以印爲夫、淸而得用。是以秉性端莊、勤儉紡織、至丑運、洩火拱金、連生二子、戊子運、沖去午火、不傷酉金、夫主登科發甲、一交丁亥、酉歸矣、此造之病、實在財旺耳、天干之辛、丙火合之、地支之酉、午火破之、更兼寅卯當權生火、丁亥運、合寅化木、助起旺神、又丁火緊剋辛金、不祿宜矣、

財　辛丑　官財傷
財　辛卯　印
　　丙子　官
官　癸巳　才比食

壬辰　癸巳　甲午　乙未　丙申　丁酉　戊戌　己亥

丙火生于仲春、火相木旺之時、正得中和之象、年月兩透財星、地支巳丑拱金、財旺生官、官星得祿、以印爲夫、謂眞神得用、秉性勤儉、紡績佐讀、奉甘旨得舅姑之歡心、至甲午運、幫身衞印、夫主連登甲榜、誥封宜人、壽至酉運、會金沖卯不祿、

刦	官		比
丁	癸	丙	丙
酉	卯	辰	申
財	印	官食印	食殺才

甲辰　乙巳　丙午　丁未　戊申　己酉　庚戌　辛亥

丙火生于仲春、官透財藏、印星秉令、比刦幫身、似乎旺相、第嫌卯酉逢沖、癸丁相剋、木火損而金水存、雖賴時干丙火之助、但丙臨申位、亦自顧不暇、幸辰中蓄藏餘氣、一點微苗、尚存春令、猶能輔用、較之前造更弱、亦以印星爲夫、爲人端莊幽嫻、知書達理、丙午運、破其酉金、夫主登科、生二子、誥封四品、至四旬外、運走戊申、洩火生金不祿、

財	食		刦
癸	庚	戊	己
丑	申	午	未
刦傷財	比才食	刦印	印刦官

辛酉　壬戌　癸亥　甲子　乙丑　丙寅　丁卯　戊辰

戊土生于孟秋、柱中刦印重重、得食神秉令爲夫、泄其菁英、更喜癸水潤土養金、秀氣流行、是以人品端莊、知大義、雖出農家、安貧紡績佐夫、孝事舅姑、至癸亥、夫舉于鄉、旋登甲榜、仕至黃堂、雖夫貴未嘗以貴婦自矜、在家仍布衣操作、生四子、皆美秀、壽至丙運、奪食不祿、

財 癸未 印封官
食 庚申 比財食
　 戊戌 比印傷
封 己未 印封官

辛酉　壬戌　癸亥　甲子　乙丑　丙寅　丁卯　戊辰

此與前造、只換未戌二支、其餘皆同、未丑皆土、午換以戌、用金去火爲宜、大勢觀之勝于前造、今反不及者、何也、夫丑乃北方溼土、能生金晦火、又能蓄水、未乃南方燥土、能脆金助火、又能暵水、午雖火、遇丑土、而貪生、戌雖土、藏火而愈燥、幸秋金用事、所以貴也、雖出身貧寒、而人品端謹、持家勤儉、夫中鄉榜、仕縣令、生二子、

封 己酉 傷
傷 辛未 印封官
　 戊辰 財比官
財 壬戌 比印傷

壬申　癸酉　甲戌　乙亥　丙子　丁丑　戊寅　己卯

土榮夏令、逢金吐秀、更喜無木、富貴之造也、所以身出宦家、通詩書、達禮教、至酉運、夫星祿旺、生一子、夫主登科、甲戌運、刑沖出丁火、閨中雪舞、而家道日落、青年守節、苦志教子成名、至子運、子登科、仕至郡守、受紫誥之封、壽至寅運金絕之地、

傷		刦	財
甲	癸	壬	丁
寅	丑	子	亥
官財傷	殺卩比	比	傷刦

庚己戊丁丙乙甲癸
申未午巳辰卯寅丑

癸水生于仲冬、支全亥子丑、北方一氣、其勢泛濫、一點丁火無根、最喜寅時、納水而洩其菁華、甲木夫星坐祿、故爲人聰明貌美、端莊幽閒、更喜運走東南木火之地、夫榮子秀、福澤有餘、

食		傷	比
丁	乙	丙	乙
亥	卯	戌	卯
刦印	比	財食殺	比

甲癸壬辛庚己戊丁
午巳辰卯寅丑子亥

乙木生于季秋、柱中兩坐祿旺、亥卯又拱木局、四柱無金、日元旺矣、喜其丙丁並透、洩木生土、財星爲夫、爲人端莊和順、夫中鄉榜、出仕琴堂、生三子、壽至壬運、

傷　印　　　財
戊　甲　丁　辛
寅　寅　未　丑
傷劫印　傷劫印　比食卩　食財殺

癸壬辛庚己戊丁丙
丑子亥戌酉申未午

丁火生于春令、印綬太重、最喜丑時、坐下財庫、沖去未中比印、生起財星、必以辛金爲夫、丑土爲子也、初運北方水地、洩金生木、出身寒微、至庚戌己酉戊申、三十載土金之地、裕夫發財、生三子皆貴、誥封恭人、所謂棄印就財、且夫得子助、故後嗣榮發也、

傷　卩　　　食
壬　己　辛　癸
辰　酉　丑　巳
食印財　比　卩比食　印官劫

戊丁丙乙甲癸壬辛
申未午巳辰卯寅丑

辛金生于仲秋、支全金局、五行無木、火已成金、必無用官之理、喜其壬癸並透、洩其精英、爲人聰明端謹、頗知詩禮、所惜者、十九歲運走丁未、南方火旺、生土逼水、流年庚戌、支全剋水、無子而夭、

劫	傷		財
甲	丙	乙	己
午	寅	卯	卯
食財	財傷劫	比	比

乙甲癸壬辛庚己戊
丑子亥戌酉申未午

旺木逢火、通明之象、妙在金水全無、純清不雜、爲人端莊、以丙火爲夫、惜運走北方水地、壽亦不永、生三子留一、至壬運、剋丙火而阻矣、設使兩造運皆順行、不特壽長、若男造名利兩全、女造則夫榮子貴也、

食	印		才
丁	壬	乙	己
未	寅	卯	卯
食財比	財傷劫	比	比

癸甲乙丙丁戊己庚
卯辰巳午未申酉戌

春木森森、旺之極矣、時干己土無根、以丁火爲夫、丁壬之合、去水却妙、化木不宜、所以出身貧寒、喜其運走南方火地、不但幫夫興家、而且子息亦多、壽至申運、壬水逢生而阻、此與前造論之、不及前造、此造則行運不背、故勝之、然則命好不如運好、男女皆然也、

小兒

論財論殺論精神。四柱和平易養成。氣勢攸長無斲喪。殺關雖有不傷身。

〔原注〕財神不黨七殺。主旺精神貫足。干支安頓和平。又要看氣勢。如氣勢在日主。而日主雄壯者。氣勢在財官。而財官不叛日主。氣勢在東南。而五七歲之前。不行西北。氣勢在西北。而五七歲之前。不行東南。行運不逢斲喪。此爲氣勢攸長。雖有關殺。亦不傷身。

任氏曰、小兒之命、每見清奇可愛者難養、混濁可憎者易成、雖關家門之氣數、亦看根源之淺深、且小兒之命是猶果苗之初出、宜乎培植得好、固不待言、然未生之前、父母不禁房事、毒受胎中、既生之後、過于愛惜、或飲食無忌、或寒暖不調、因之疾病多端、每至無成、倘有積惡之家、而無餘慶、雖小兒之命、清奇純粹者、所以難養也、有等關于墳墓陰陽之忌、遷改損壞、以致夭亡、故小兒之命、不易看也、除此數端之外、然後論命、必須四柱和平、不偏不枯、無沖無剋、根通月支、氣貫生時、殺旺有印、印弱有官、官衰有財、財輕有食傷、生化有情、流通不悖、或一神得用、始終相託、或兩意情通、互相庇護、未交運而流年平順、既交運而運途安祥、此謂氣勢攸長、自然易養成人、反此則難養矣、其餘關殺多端、盡皆謬妄、欲以何等惑人、則造何等神殺、必宜一切掃除、以絕將來之謬、

財 辛丑 官財傷　　壬辰
官 癸巳 食比財　　辛卯
　 丙子 官　　　　庚寅
劫 丁酉 財　　　　己丑
　　　　　　　　　戊子
　　　　　　　　　丁亥

丙火生于巳月、雖云建祿、五行無木生助、天干既透財官、地支不宜再見酉子、更不宜再會金局則巳火之祿、非日干有也、雖丁火可以幫身、癸水傷之、謂財多身弱、兼之官星又旺、日主虛弱極矣、且初交壬運逢殺、辛亥年、天干逢壬癸剋丙丁、地支亥沖巳火破祿、連根拔盡、得疳疾而亡、

官 癸丑 傷財官　戊午
傷 己未 劫傷印　丁巳
　 丙寅 食比卩　丙辰
財 辛卯 印　　　乙卯
　　　　　　　　甲寅
　　　　　　　　癸丑

前造因財官太旺、以致夭亡、此則日坐長生、又生夏令、財官爲用、傷官爲喜、傷生財、財又生官、似乎生化有情、殊不知前則財多身弱、以官作殺、此則財絕官休、恐難厚享、癸水官星生未月、火土燥乾、餘氣在丑、蓄水藏金、然己土當頭、傷癸、丑未沖去金水根源、時上辛又臨絕、雖有若無、焉能生遠隔之水、則己土亦不能生隔絕之金、且運走東南木火之地、斷非守業之人也、

財 庚戌 食劫財　癸未
殺 壬午 傷劫　　甲申
　 丙寅 食比卩　乙酉
傷 己亥 卩殺　　丙戌
　　　　　　　　丁亥
　　　　　　　　戊子

丙用壬殺、身強殺淺、以殺化權、更喜財滋弱殺、定然名利雙全、惜支全火局、寅亥又化木而生火、年月之庚壬無根、而少生扶、至丁巳年、巳亥沖去壬水之祿、丁火合去壬水之用、死于痞症、

比 壬申 印比殺
殺 戊申 印比殺
　 壬申 印比殺
殺 戊申 印比殺

己酉　庚戌　辛亥　壬子　癸丑　甲寅

壬水生于秋令、地支皆坐長生、天干兩戊兩壬、大勢觀之、支全一氣、兩干不雜、且殺印相生、爲大貴之格、不知金多水濁、母多子病、四柱無火剋金、金反不能生水、戊土之精華盡洩于金、謂偏枯之象、必然難養、名利皆虛、果死于三歲甲戌年、

比 壬申 印比殺
食 甲辰 傷殺劫
　 壬申 印比殺
殺 戊申 印比殺

乙巳　丙午　丁未　戊申　己酉　庚戌

壬水生于季春、似乎殺印相生、地支三遇長生、食神制殺爲權、定爲貴格、不知春土氣虛、月透甲木、不但辰土受制、而時干之戊、亦受其剋、五行無火、未得生生之妙、亦母多子病、偏枯之象、必然難養也、後死于痘症、

殺　官　　官
癸　壬　丁　壬
丑　戌　亥　寅
殺財食　傷比財　官印　傷刦印

辛　庚　己　戊　丁　丙
酉　申　未　午　巳　辰

此造、以丁火陰柔、生于深秋、殺官重疊、必不能養、殊不知官殺雖旺、妙在戌月、通根身庫、足以制水、更好無金、時支寅木不傷、氣貫生時、足以納水、不但易養成人、可遂書香之志、然官殺一類、勿以官爲喜、殺爲憎、身弱者官皆是殺、身旺者殺皆是官、只要無財有印、便爲佳造、如云丁火死寅、謬之極矣、寅中甲木、乃丁之嫡母、何以爲死、凡陰干以生地爲死、死地爲生、非正論也、果幼年無疾、聰慧過人、至甲戌年入泮後、運走南方火土、制殺扶身、未可限量也、

官	壬	戌	傷比財	乙巳
印	甲	辰	殺卩傷	丙午
	丁	酉	財	丁未
食	己	酉	財	戊申
				己酉
				庚戌

此造概云木透月干、春木足以生火、年干壬水生木、日時兩坐長生、皆作旺論、惜地支土金太重、天干水木之根必淺、水木無氣、則丁火之蔭不固、夫甲木生于季春、退氣之神也、辰酉合而化金、則甲木之餘氣已絕、戊土隔之、使金不能生水、戊土足以制之、壬水受剋、不能生木、辰酉化金、必能剋木、日主根源不固可知、如謂酉是丁火長生、五行顛倒矣、酉中純辛無他氣所雜、金生水、無生火之理、火到酉位、死絕之地、更嫌時干己土、竊去命主元神、生金洩火、而水木火三字皆虛矣、後果夭於癸酉年、由此論之、小兒之命、不易看也、

才德

德勝才者。局合君子之風。才勝德者。用顯多能之象。〔原注〕淸和平順。主輔得宜。

所合者皆正神。所用者皆正氣。不必節外生枝。不必弄假成眞。財官喜神皆足以了其生平。不生貪戀之私。度量寬宏。施爲必正。皆君子之風也。財薄而力量足以貪之。官輕而心志必欲求之。混濁被害。主弱輔強爭合邪神。三四用神。皆心事奸貪作事僥倖。皆爲多能之象。大率陽在內。陰在外。不激不亢者爲德勝才。如丙寅戊辰月日。己卯癸卯年時者是。陽在外。陰在內。畏勢趨利者。爲才勝德。如己卯己巳月日。丙寅戊寅年時者是。

任氏曰、善惡邪正、不外五行之理、君子小人、不離四柱之情、陽氣動闢、光亨之義可觀、陰氣靜翕、包含之理斯奧、和平純粹、格正局淸、不爭不妒、合去者皆偏氣、化出者皆正神、喜官而財能生官、喜財而官能制劫、忌印而財能壞印、喜印而官能生印、陽盛陰衰、陽氣當權、所用者皆陽氣、所喜者皆陽類、無驕諂于上下、皆君子之風也、偏氣雜亂、舍弱用強、多爭多合、合去者皆正氣、化出者皆邪神、喜官而臨劫地、喜財而居印位、忌印而官星生印、喜印而財星壞印、陰盛陽衰、陰氣當權、所用者皆陰氣、所喜者皆陰類、趨勢財于左右、皆多能之象也、然得氣勢和平、用神分明、施爲亦必正矣、

			大運
傷	癸酉	刦	丁巳
卩	戊午	官印	丙辰
	庚寅	才殺卩	乙卯
官	丁丑	傷刦印	甲寅
			癸丑
			壬子

庚金生于仲夏、正官得祿、年時酉丑通根、正得中和之氣、寅午財官拱合、財不壞印、官能生印、財官印三字、生化不悖、癸從戊合、去其陰濁之氣、所以品行端方、恆存古道、早遊泮水、訓蒙自守、丁酉登科、後挑知縣不赴、情願就教、安貧樂道、人有言其小就者、彼曰功名者、非掇巍科登高位而爲功名也、功成名自著、況吾無經濟材、就教職不愁衣食不敗、吾行吾志、不負君父之恩足矣、

印　丙寅　官印劫
傷　庚子　才
　　己亥　財官
官　甲戌　劫印食

辛丑　壬寅　癸卯　甲辰　乙巳　丙午

己土生于仲冬、寒溼之體、水冷木凋、庚金又剋木生水、似乎混濁、妙在年干透丙、一陽解凍、冬日可愛、去庚金之濁、不特己土喜其和暖、而甲木亦喜其發榮、更妙戌時燥土、砥定泛濁之水、培其凋枯之木、而日主根元亦固、況甲己爲中和之合、故處世端方、恆存古道、謙恭和厚、有古君子之風、微嫌水勢太旺、功名不過廩貢、

印　丙戌　食印劫
食　辛丑　比食才
　　己卯　殺
官　甲子　才

壬寅　癸卯　甲辰　乙巳　丙午　丁未

此造水冷金寒、土凍木凋、得年干透丙、一陽解凍、似乎佳美、第丙辛合而化水、以陽變陰、反增寒溼之氣、陽正之象、反爲陰邪之類、故其爲人貪婪無厭、奸謀百出、趨財奉勢、見富貴而生諂容、勢利驕矜、所謂多能之象也、

奮鬱

局中顯奮發之機者。神舒意暢。象內多沈埋之氣者。心鬱志灰。〔原注〕陽明用事。用神得力。天地交泰。神顯精通。必多奮發。陰晦用事。情多戀私。主弱臣强。神藏精洩。人多困鬱。若純陽之勢。身旺而財官旺者必奮。純陰之局。身弱而官殺多者多困。

任氏曰、無抑鬱而舒暢者、局中不太過、不缺陷、所用者皆得氣、所喜者皆得力、所忌者皆失時失勢、閑神不黨忌物、反有益于喜用、忌其合而遇沖、忌其沖而遇合、體陰用陽、故一陽生於北、陰生則陽成、如亥中之甲木是也、歲運又要輔格助用、必多奮發、少舒暢而多抑鬱者、局中或太過、或缺陷、所用者皆失令、所喜者皆無力、所忌者皆得時得勢、閑神刦占、喜神反黨助忌神、喜其合而遇沖、忌其合而遇合、體陽用陰、故二陰生於南、陽生則陰成、如午中之己土是也、歲運又不能補喜去忌、必多鬱困、然局雖陰晦、而運途配合陽明、亦能舒暢、象雖陽明、而運途配其陰晦、亦主困鬱、故運途更宜審察、如用亥中甲木、天干有壬癸、則運宜戊寅己卯、天干有庚辛、則運宜丙寅丁卯、天干有丙丁、則運宜壬寅癸卯、天干有戊己、則運宜甲寅乙卯、如用午中己土、天干有壬癸、則運宜戊午己未、天干有庚辛、則運宜丙午丁未、天干有甲乙、則運宜庚午辛未、此從藏神而論、明支亦同此論、如用天干之木、地支水旺、則運宜丙寅丁卯、天干有水、則運宜戊寅己卯、地支金多、則運宜甲戌乙亥、天干有金、則運宜壬寅癸卯、地支土多、則運宜甲寅乙卯、天干有土、則運宜甲子乙丑、地支火多、則運宜甲辰乙巳、天干有火、則運宜壬子癸丑、如此配合、庶無爭戰之患、而有制化之情、反此則不美矣、細究之、自有深機也、

殺 戊辰 傷刦殺　乙丑
食 甲子 刦　丙寅
　 壬子 刦　丁卯
印 辛亥 食比　戊辰　己巳　庚午

壬水生于仲冬、三逢祿旺、所謂崑崙之水、可順而不可逆也、喜其子辰拱水、則戊土之根不固、月干甲木爲用、洩其泛濫之水、此卽局中顯奮發之機也、運至丙寅丁卯、寒木得火以發榮、去陰寒之金土、是以早登甲第、翰苑名高、至戊辰運、逆水之性、以致阻壽、

傷 甲申 印刦官　丁丑
財 丙子 比　戊寅
　 癸亥 刦傷　己卯
比 癸亥 刦傷　庚辰　辛巳　壬午

癸水生于仲冬、三逢旺支、其勢汪洋、喜其甲丙並透、支中絕處逢生、木土互相護衛、金得流行、水得溫和、木得發榮、火得生扶、用神必是甲木、爲奮發之機、一交戊寅、雲程直上、己卯早遂仕路之光、庚辰辛巳雖有制化之情、却無生扶之意、以致蹭蹬仕途、未能顯秩也、

官		財	印
壬	丁	庚	甲
寅	亥	午	申
印劫傷	官印	比食	財官傷

丙子　乙亥　甲戌　癸酉　壬申　辛未

此造天干四字、地支皆坐祿旺、惟日主坐當令之祿、足以任其財官、清而且厚、精足神旺、所以東西南北之運、皆无咎也、出身遺業百餘萬、早登科甲、仕至方伯、六旬外退歸林下、一妻四妾、十三子、優游晚景、壽越九旬、

比		食	比
癸	癸	乙	癸
丑	丑	丑	丑
比卩殺	比卩殺	比卩殺	比卩殺

己未　庚申　辛酉　壬戌　癸亥　甲子

此天干三癸、地支一氣、食神清透、殺印相生、皆云名利兩全之格、予云癸水至陰、又生季冬、支皆溼土、土溼水弱、溝渠之謂也、且水土冰凍、陰晦溼滯、無生發之氣、名利皆虛、凡富貴之造、寒暖適中、精神奮發、未有陰寒溼滯、偏枯之象、而能富貴者也、至壬申年、父母皆亡、讀書又不能通、又無恆業可守、人又陰弱、一無作爲、竟爲乞丐、

恩怨

兩意情通中有媒。雖然遙立意尋追。有情却被人離間。怨起恩中死不灰。

〔原注〕喜神合神。兩情相通。又有人引用生化。如有媒矣。雖是隔遠分立。其情自相和好。則有恩而無怨。合神喜神雖有情。而忌神離間。求合不得。終身多怨。至于可憎之神。遠之爲妙。可愛之神。近之尤切。又有一般邂逅相逢者。得之不勝其樂。私情偷合者。去之亦足爲奇。

任氏曰、恩怨者、喜忌也、日主所喜之神遠、得合神化而近之也、所謂兩意情通、如中有媒矣、喜神遠隔、得旁神引通而相和好、則有恩而無怨矣、只有閑神忌神而無喜神、得閑神忌神合化喜神、所謂邂逅相逢也、喜神遠隔、與日主雖有情、被閑神忌神隔絕、日主與喜神各不能顧、得閑神忌神合會、化作喜神、謂私情牽合也、更爲有情喜神與日主緊貼、可謂有情、遇合化爲忌神、喜神與日主雖不緊貼、却有情于日主、中有忌神隔占、或喜神與閑神合助忌神、如被人離間、以恩爲怨、死不灰心、如日主喜丙火在時干、月透壬水爲忌、如年干丁火合壬化木、不特去其忌神、而反生助喜神、如日主喜庚金在年干、雖有情而遠立、月干乙木合庚金而近之、此閑神化爲喜神、如中有媒矣、日主喜火局內無火、反有癸水之忌、得戊土合癸水、化其爲喜神、謂邂逅相逢也、日主喜金、惟年支坐酉、與日主遠隔、日主坐巳、忌神緊貼、得丑支會局、以成金之喜神、謂私情牽合也、餘可例推、

印 丁酉 傷
殺 甲辰 財比官
　 戊戌 比印傷
比 戊午 刦印

癸卯　壬寅　辛丑　庚子　己亥　戊戌

此重重厚土、甲木退氣、不能疎土、則土情必在年支酉金、發洩菁華、金逢火、蓋其意亦欲日主之生、雖然遠隔、兩意情通、喜辰酉合而近之、如中有媒矣、初運癸卯壬寅、離間喜神、功名蹭蹬、困苦刑傷、辛丑運中、晦火會金入泮、連登科甲、庚子己亥、戊戌、西北土金之地、仕至尙書、

比 丁酉 才
卩 乙巳 傷刦財
　 丁丑 食才殺
刦 丙午 食比

甲辰 癸卯 壬寅 辛丑 庚子 己亥

丁火生于巳月午時、比刦並旺、又逢木助、其勢猛烈、年支酉金、本日主之所喜、遙隔遠列、又被丁火蓋之、巳火刦之、似乎無情、最喜坐下丑土、烈火逢溼土、則成生育慈愛之心、邀巳酉合成金局、歸之庫內、其情似相和好、不特財來就我、又能洩火吐秀、故能發甲、仕至藩臬、名利雙全、

官 癸酉 財
食 戊午 刦傷
　 丙辰 印食官
卩 甲午 刦傷

丁巳 丙辰 乙卯 甲寅 癸丑 壬子

丙火生于午月午時、旺可知矣、一點癸水、本不相濁、戊土合之、又助火之烈、年支酉金、本有情與辰合、又被午火離間、求合不得、所謂怨起恩中也、兼之運走東南火木之地、一生祇有刑傷破耗、並無財喜之事、剋二妻七子、遭回祿四次、至寅運而亡、

閑神

一二閑神用去麽。不用何妨莫動他。半局閑神任閑着。要緊之場作自家。

〔原注〕喜神不必多也。一喜而十備矣。忌神不必多也。一忌而十害矣。自喜忌之外。不足以爲喜。不足以爲忌。皆閑神也。如以天干爲用。成氣成合。而地支之神。虛脫無氣。沖合自適。升降無情。如以地支爲用。成助成合。而天干之神。游散浮泛。不礙日主。主陽輔陽。而陰氣停泊。不沖不動。不合不助。主陰輔陰。而陽氣停泊。不沖不動。不合不助。日月有情。年時不顧。日主無害。日主無氣無情。日時得所。年月不顧。日主無害。日主無沖無合。雖有閑神。只不去動他。但要緊之地。自結營寨。至於運道。只行自家邊界。亦足爲奇。

任氏曰、有用神必有喜神、喜神者、輔格助用之神也、然有喜神、亦必有忌神、忌神者、破格損用之神也、自用神喜神忌神之外、皆閑神也、惟閑神居名、故有一二半局之稱、閑神不傷體用、不礙喜神、可不必動他也、任其閑着、至歲運遇破格損用之時、而喜神不能輔格護用之際、謂要緊之場、得閑神制化歲運之凶神忌物、匡扶格局喜用、或得閑神合歲運之神、化爲喜用而輔格助用、爲我一家人也、此章本文所重者在末句要緊之場作自家也、原注未免有誤、至云雖有閑神只不去動他要緊之場、自結營寨、至于運道、只行自家邊界、誠如是論、不但不作自家、反作賊鬼隄防矣、此非一定之理也、如用木、木有餘以火爲喜神、以金爲忌神、以水爲仇神、以土爲閑神、木不足、以水爲喜神、以土爲忌神、以金爲仇神、以火爲閑神、是以用神必得喜神之佐、閑神之助、則用神有勢、不怕忌神矣、木論如此、餘者可知、

食		才	殺
丙	甲	戊	庚
寅	寅	子	寅
比食才	比食才	印	比食才

乙未　甲午　癸巳　壬辰　辛卯　庚寅　己丑

甲木生于子月、兩陽進氣、旺印生身、支坐三寅、松柏之體、旺而且堅、一點庚金臨絕、不能剋木、反爲忌神、寒木向陽、時干丙火清透、敵其寒凝、洩其菁英、而爲用神、冬火本虛、以寅木爲喜神、月干戊土能制水、又能生金、故爲閑神、以水爲仇神、喜其丙火清純、至卯運洩水生火、早登科甲、壬辰癸巳、得閑制合、官途平坦、甲午乙未、火旺之地、仕至尚書、

殺		傷	比
庚	甲	丁	甲
午	寅	卯	子
傷財	比食才	刦	印

癸酉　壬申　辛未　庚午　己巳　戊辰

甲木生于仲春、支逢祿刃、干透比肩、旺之極矣、時上庚金、無根爲忌、月干丁火爲用、通輝之氣、所以早登雲路、仕至觀察、惜無土之閑神、運至壬申、金水並傷體用、故不能免禍耳、

出門要向天涯遊。何事裙釵恣意留。〔原注〕本欲奮發有爲者也。而日主有合。不顧用神。用神有合。不顧日主。不欲貴而遇貴。不欲祿而遇祿。不欲合而遇合。不欲生而遇生。皆有情而反無情。如裙釵之留不去也。

任氏曰、此乃貪合不化之意也、既合宜化之、化之喜者、名利自如、化之忌者、災咎必至、合而不化、謂伴住留連、貪彼忌此、而無大志有爲也、日主有合、不顧用神之輔我、而忌其大志也、用神有合、不顧日主之有爲、不佐其成功也、又有合神眞、本可化者、反助其從合之神而不化也、又有日主休囚、本可從者、反逢合神之助而不從也、此皆有情而反無情、如裙釵之恣意留也、

官　乙未　官刦印
食　庚辰　財比官
　　戊辰　財比官
印　丙辰　財比官

己卯　戊寅　丁丑　丙子　乙亥　甲戌

戊土生于季春、乙木官星透露、盤根在未、餘氣在辰、本可爲用、嫌其合庚、謂貪合忌剋、不願日主之喜我、合而不化、庚金亦可作用、又有丙火當頭、至二十一歲、因小試不利、卽棄詩書、不事生產、以酒爲事、且曰高車大纛、吾不爲榮、連陌度阡、吾不爲富、惟此怡悅性情、適吾口體、以終吾身、足矣、

刦　丁丑　官財傷
官　癸卯　印
　　丙戌　食刦財
財　辛卯　印

壬寅　辛丑　庚子　己亥　戊戌　丁酉

丙火生于仲春、印正官淸、日元生旺、足以用官、所嫌丙辛一合、不顧用神之輔我、辛金柔軟、丙火逢之而怯、柔能制剛、戀戀不捨、忌有爲之志、更嫌卯戌合而化刦、所以幼年過目成誦、後因戀酒色、廢學亡資、竟爲酒色喪

身、一事無成、

不管白雪與明月。任君策馬朝天闕。〔原注〕日主乘用神而馳驟。無私意牽制也。用神隨日主而馳驟。無私情羈絆也。足以成其大志。是無情而有情也。

任氏曰、此乃逢沖得用之意也、沖則動也、動則馳也、局中除用神喜神之外、而日主與他神有所貪戀者、得用神喜神沖而去之、則日主無私意牽制、乘喜神之勢而馳驟矣、局中用神喜神與他神有所貪戀者、日主能沖克他神而去之、則喜神無私情之羈絆、隨日主而馳驟矣、此無情而反有情、如丈夫之志、不戀私情而大志有爲也、

劫	財		比
丁	辛	丙	丙
卯	亥	寅	申
印	卩殺	食比卩	食殺才

庚戌　己酉　戊申　丁未　丙午　乙巳

此造殺雖秉令、而印綬亦旺、兼之比刦並透、身旺足以用殺、用殺不宜合殺、合則不顯、加以辛金貼身、而日主之情、必貪戀羈絆、喜其丁火刦去辛金、使日主無貪戀之私、申金沖動寅木、使日主無牽制之意、更妙申金滋殺、日主依喜用而馳驟矣、至戊申運、登科發甲、大志有爲也、

印	才		卩
辛	丙	壬	庚
巳	申	寅	戌
殺才卩	殺比卩	殺才食	殺財印

乙未　甲午　癸巳　壬辰　辛卯　庚寅

壬水生于申月、雖秋水通源、而財殺並旺、以申金爲用、第天干丙辛、地支申巳皆合、合之能化、亦可幫身、合之不化、反爲羈絆、不顧日主、喜我爲用也、且金當令、火通根、只有貪戀之私、而無化合之意、妙在日主自剋丙火、使丙火無暇合辛、寅去沖動申金、使其剋木、則丙火之

根反拔、而日主之壬、固無牽制之私、用神隨日主而馳驟矣、至癸巳運、連登甲第、仕至觀察、而成其大志也、

從象

從得眞者只論從。從神又有吉和凶。〔原注〕日主孤立無氣。天地人元。絕無一毫生扶之意。財官强甚。乃爲眞從也。旣從矣。當論所從之神。如從財。只以財爲主。財神是木而旺。又看意向。或要火要土要金。而行運得所者吉。否則凶。餘皆仿此。金不可剋木。剋木財衰矣。

任氏曰、從象不一、非專論財官而已也、日主孤立無氣、四柱無生扶之意、滿局官星、謂之從官、滿局財星、謂之從財、如日主是金、財神是木、生于春令、又有水生、謂之太過、喜火以行之、生于夏令、火旺洩氣、喜水以生之、生于冬令、水多木泛、喜土以培之、火以暖之則吉、反是必凶、所謂從神又有

吉和凶也、尚有從旺從强從氣從勢之理、比從財官、更難推算、尤當審察、此四從、諸書所未載、余之立說、試驗碻實非虛言也、

從旺者、四柱皆比刦、無官殺之制、有印綬之生、旺之極者、從其旺神也、要行比刦印綬則吉、如局中印輕、行傷食亦佳、官殺運、謂之犯旺、凶禍立至、遇財星、羣刦相爭、九死一生、

從强者、四柱印綬重重、比刦疊疊、日主又當令、絕無一毫財星官殺之氣、謂二人同心、强之極矣、可順而不可逆也、則純行比刦運則吉、印綬運亦佳、食傷運、有印綬沖剋必凶、財官運、爲觸怒强神、大凶、

從氣者、不論財官印綬食傷之類、如氣勢在木火、要行木火運、氣勢在金水、要行金水運、反此必凶、

從勢者、日主無根、四柱財官食傷並旺、不分强弱、又無刦印生扶日主、

又不能從一神而去、惟有和解之可也、視其財官食傷之中、何者獨旺、則從旺者之勢、如三者均停、不分强弱、須行財運以和之、引通食傷之氣、助其財官之勢、則吉、行官殺運次之、行食傷運又次之、如行比刦印綬、必凶無疑、試之屢驗、

財	傷		傷
戊	丙	乙	丙
戌	辰	未	戌
殺食財	卩財比	食才比	財食殺

丁巳　戊午　己未　庚申　辛酉　壬戌

乙木生于季春、蟠根在未、餘氣在辰、似乎財多身弱、但四柱皆財、其勢必從、春土氣虛、得丙火以實之、且火乃木之秀氣、土乃火之秀氣、三者爲全、無金以洩之、無木以靡之、更喜運走南方火地、秀氣流行、所以第發丹墀、鴻筆奏三千之績、名題金榜、鰲頭冠五百之仙也、

食	壬寅	才殺卩	癸卯
食	壬寅	才殺卩	甲辰
	庚寅	才殺卩	乙巳
卩	戊寅	才殺卩	丙午
			丁未
			戊申

庚金生于孟春、四支皆寅、戊土雖生猶死、喜其兩壬透于年月、引通庚金、生扶嫩木而從財也、亦是秀氣流行、更喜運走東南不悖、木亦得其敷榮、所以早登甲第、仕至黃堂、

才	丙寅	食才殺	辛卯
卩	庚寅	食才殺	壬辰
	壬午	財官	癸巳
傷	乙巳	卩殺才	甲午
			乙未
			丙申

壬水生于孟春、木當令、而火逢生、一點庚金臨絕、丙火力能煆之、從財格眞、水生木、木生火、秀氣流行、登科發甲、仕至侍郎、

凡從財格、必要食傷吐秀、不但功名顯達、而且一生無大起倒凶災、蓋從財最忌比刼運、柱中有食傷、能化比刼生財之妙也、若無食傷吐秀、書香難遂、一逢比刼、無生化之情、必有起倒刑傷

也、

十神	柱	藏干
官	丁卯	財
食	壬寅	才殺卩
	庚午	印官
殺	丙戌	卩官劫

辛丑　庚子　己亥　戊戌　丁酉　丙申

庚生寅月、支全火局、財生殺旺、絶無一毫生扶之意、月干壬水、丁壬合而化木、又從火勢、皆成殺黨、從象斯眞、中鄉榜、挑知縣、酉運丁艱、丙運仕版連登、申運詿誤落職、

十神	柱	藏干
殺	辛巳	官傷財
殺	辛丑	卩殺才
	乙酉	殺
比	乙酉	殺

庚子　己亥　戊戌　丁酉　丙申　乙未

乙木生于季冬、支全金局、干透兩辛、從殺斯眞、戊戌運連登甲第、置身翰苑、丁酉丙申、火截脚而金得地、仕版連登、乙未運、沖破金局、木得蟠根、不祿、

印 癸卯 刦
刦 乙卯 刦
　 甲寅 比食才
刦 乙亥 比卩

甲寅　癸丑　壬子　辛亥　庚戌　己酉

甲木生于仲春、支逢兩卯之旺、寅之祿、亥之生、干有乙之助、癸之印、旺之極矣、從其旺神、初行甲運、早采芹香、癸丑北方溼土、亦作水論、登科發甲、壬子印星照臨、辛亥金不通根、支逢生旺、仕至黃堂、一交庚戌、土金並旺、觸其旺神、故不能免咎也、

比 丙午 刦傷
卩 甲午 刦傷
　 丙午 刦傷
卩 甲午 刦傷

乙未　丙申　丁酉　戊戌　己亥　庚子

丙生仲夏、四柱皆刃、天干並透甲丙、强旺極矣、可順而不可逆也、初運乙未、早遊泮水、丙運登科、申運大病危險、丁運發甲、酉運丁艱、戊戌己運、仕途坦平、亥運犯其旺神、死于軍前、

傷	傷		官
癸	癸	庚	丁
酉	亥	申	亥
刦	食才	卩食比	才食

壬戌　辛酉　庚申　己未　戊午　丁巳

庚金生于孟冬、水勢當權、金逢祿旺、時干丁火無根、局中氣勢金水、亦從金水而論、丁反爲病、初交癸亥、去其丁火、其樂自如、壬戌運入泮、而喪服重重、因戌土之制水也、辛酉庚申、登科發甲、出仕琴堂、己未運轉南方、火土齊來、註誤落職、戊午、更多破耗而亡、

財	刦		傷
丙	壬	癸	甲
戌	辰	巳	寅
卩才官	比官食	印財官	官財傷

癸巳　甲午　乙未　丙申　丁酉　戊戌

癸水生于季春、柱中財、官、傷三者並旺、印星伏而無氣、日主休囚無根、惟官星當令、須從官星之勢、所喜坐下財星、引通傷官之氣、至甲午運、會成火局生官、雲程直上、乙未出仕、申酉運、有丙丁蓋頭、仕途平坦、戊戌運仕至觀察、至亥運幫身、沖去巳火、不祿、所謂弱之極者不可益也、

官　癸酉　財　　甲子
印　乙丑　官財傷　癸亥
　　丙申　才殺食　壬戌
比　丙申　才殺食　辛酉
　　　　　　　　　庚申
　　　　　　　　　己未

丙火生丑臨申、衰絕無煙、酉丑拱金、月干乙木凋枯無根、官星坐財、傷逢財化、以成金水之勢、癸亥運中、入泮登科、辛酉庚申、去印生官、由縣令而遷州牧、宦囊豐厚、己未南方燥土、傷官助刦、不祿、

化象

化得眞者只論化。化神還有幾般話。〔原注〕如甲日主生於四季。單遇一位己土。在月時上合之。不遇壬癸甲乙戊而有一辰字。乃爲化得眞。又如丙辛生於冬月。戊癸生於夏月。乙庚生於秋月。丁壬生於春月。獨自相合。又得龍以運之。此爲眞化矣。既化矣。又論化神。如甲己化土。土陰寒。要火氣昌旺。土太旺。又要取水爲財。木爲官。金爲食傷。隨其所向。論其喜忌。再見

甲乙。亦不作爭合妒合論。蓋眞化矣。如烈女不更二夫。歲運遇之。皆閑神也。

任氏曰、合化之原、昔黃帝祀天于圜邱、天降十干、爰命大撓作十二支以配之、故日干曰天干、其所由合、卽天一地二天三地四天五地六天七地八天九地十之義、依數推之、則甲一乙二丙三丁四戊五己六庚七辛八壬九癸十也、如洛書以五居中、一得五爲六、故甲與己合、二得五爲七、故乙與庚合、三得五爲八、故丙與辛合、四得五爲九、故丁與壬合、五得五爲十、故戊與癸合、合則化、化亦必得五土而後成、五土者、辰也、辰土居春時在三陽、生物之體、氣闢而動、動則變、變則化矣、且十干之合、而至五辰之位、則化氣之元神發露、故甲己起甲子、至五位逢戊辰而化土、乙庚起丙子、至五位逢庚辰而化金、丙辛起戊子、至五位逢壬辰而化水、丁壬起庚子、至五位逢甲辰而化木、戊癸起壬子、至五位逢丙辰而化火、此相合、相化之眞源、近世得傳者少、只知逢龍而化、不知逢五而化、辰龍之說、借引之意、如果辰爲眞龍、則辰年生人爲龍、可行雨、而寅年生人爲虎、必傷人矣、至於化象作用、亦有喜忌配合之理、所以化神還有幾般話也、非化斯神喜見斯神、執一而論也、是化象亦要究其衰旺、審其虛實、察其喜忌、則吉凶有驗、否泰了然矣、如化神旺而有餘、宜洩化神之神爲用、化神衰而不足、宜生助化神之神爲用、如甲己化土、生于未戌月、土燥而旺、干透丙丁、支藏巳午、謂之有餘、再行火土之運、必太過而不吉也、須從其意向、柱中有水、要行金運、柱中有金、要行水運、無金無水、土勢太旺、必要金以洩之、火土過燥、要帶水之金運以潤之、生于丑辰月、土溼爲弱、火雖有而虛、水本無而實、或干支雜其金水、謂之不足、亦須從其意向、柱中有金、要行火運、柱中有水、要行土運、金水並見、過於虛溼、要帶火之土運以實之、助起化神爲吉也、至于爭合妒合之說、乃謬論也、既合而化、如貞婦配義夫、從一而終、不生二心、見戊己是彼之同類、遇甲乙是我之本氣、有相讓之誼、合而不化、勉强之意、必非佳耦、見戊己多而起爭妒之風、遇甲乙衆而更强弱之性、甲己之合如此、餘可例推、

劫	乙丑	財官印
比	甲申	才卩殺
	甲辰	印才劫
財	己巳	才食殺

癸未　壬午　辛巳　庚辰　己卯　戊寅

年月兩干之甲乙、得當令之申金、丑內之辛金制定、不起爭妒之風、時干己土臨旺、與日主親切而合、合神眞實、乃謂眞化、但秋金當令、化神洩氣不足、至午運、助化神、中鄉榜、辛巳金火土並旺、登黃甲、宴瓊林、入翰苑、仕黃堂、庚辰合乙制化比劫、仕至藩臬、

才	卩		財
戊	壬	甲	己
辰	戌	辰	巳
刦才印	官傷才	刦才印	殺食才

癸亥　甲子　乙丑　丙寅　丁卯　戊辰

甲木生于季秋、土旺乘權、剋去壬水、又無比刦、合神更眞、化氣有餘、惜運走東北水木之地、功名仕路、不及前造、至丑運丁酉年、暗會金局、洩化神而吐秀、登科、戊戌年發甲、仕至州牧、

官	財		食
己	丁	壬	甲
卯	卯	午	辰
傷	傷	財官	傷殺刦

丙寅　乙丑　甲子　癸亥　壬戌　辛酉

壬水生于仲春、化象斯眞、最喜甲木元神透露、化氣有餘、餘則宜洩、斯化神吐秀、喜其坐下午、午生辰土、秀氣流行、少年科甲、翰苑名高、惜乎中運水旺之地、未能顯秩、終于縣宰、

官	財		劫
己	丁	壬	癸
卯	卯	午	卯
傷	傷	官財	傷

丙寅　乙丑　甲子　癸亥　壬戌　辛酉

此與前造只換一卯字、化象更眞、化神更有餘、嫌其癸劫爭財、年干己土、透隔無根、不能去其癸水、午火未能流行、此癸水、眞乃奪標之客也、雖中鄉榜、終不能出仕、

財	官		劫
丙	戊	癸	壬
戌	戌	巳	戌
卩才官	卩才官	官財印	卩才官

己亥　庚子　辛丑　壬寅　癸卯　甲辰

癸水生于季秋、丙火透而通根、化火斯眞、嫌其時透壬水剋丙、只中鄉榜、直至卯運、壬水絕地、挑知縣、歷三任而不升、亦壬水奪財之故也、

假從

眞從之象有幾人。假從亦可發其身。〔原注〕日主弱矣。財官強矣。不能不從。中有比助暗生。從之不眞。至於歲運財官得地。雖是假從。亦可取富貴。但其人不能免禍。或心術不端耳。

任氏曰、假從者、如人之根淺力薄、不能自立、局中雖有刦印、亦自顧不暇、而日主亦難依靠、只得投從於人也、其象不一、非專論財官而已也、與眞從大同小異、四柱財官得時當令、日主虛弱無氣、雖有比刦印綬生扶、而柱中食神生財、財仍破印、或有官星制刦、則日主無從依靠、只得依財官之勢、財之勢旺、則從財、官之勢旺則從官、從財行食傷財旺之地、從官行財官之鄉、亦能興發、看其意向、配其行運爲是、然假從之象、只要行運安頓、假行眞運、亦可取富貴、何謂眞運、如從財有比刦分爭、行官殺運必貴、行食傷運必富、有印綬暗生、要行財運、有官殺洩財之氣、要行食傷運、如從官殺、有比刦幫身、逢官運而名高、有食傷破官、行財運而祿重、有印綬洩官、要財運以破印、謂假行眞運、不貴亦富、反此者凶、或趨勢忌義、心術不端耳、若能歲運不悖、抑假扶眞、縱使身出寒微、亦能崛起家聲、所爲亦必正矣、此乃源濁流清之象、宜深究之、

才	癸巳	傷印劫	甲寅
殺	乙卯	殺	癸丑
	己亥	財官	壬子
才	癸酉	食	辛亥
			庚戌
			己酉

春土虛脫、殺勢當權、財遇旺支、喜其巳亥逢沖破印、格成棄命從殺、第卯酉沖殺、巳酉半會金局、不作眞從而論、所以出身寒微、妙在中隔亥水、謂源濁流清、故能崛起家聲、出類拔萃、早游泮水、壬子運中、連登科甲、以中書而履黃堂、擢觀察、辛亥運金虛水實、相生不悖、仕途平坦、將來庚戌、土金並旺、水木兩傷、恐不免意外風波耳、

封	殺		殺
丁	壬	丙	壬
丑	寅	申	辰
傷財官	卩比食	才殺食	印食官

辛丑　庚子　己亥　戊戌　丁酉　丙申

丙火生于初春、火虛木嫩、嫩木逢金、緊貼相沖、連根拔盡、申金又得辰土生扶、殺勢愈旺、格成從殺、用財更妙、年支丑土、生金晦火、故身出官家、早登科甲，運走西北金水、仕至觀察、雖逢土運、仍得金以化之、所以無險阻也、

官	封		財
乙	己	戊	癸
卯	卯	辰	亥
官	官	比官財	財殺

戊寅　丁丑　丙子　乙亥　甲戌　癸酉

戊土生于仲春、木正當權、坐下辰土、蓄水養木、四柱絕無金氣、又得亥時、水旺生木、又無火以生化之、格取從官、非身衰論也、雖非科甲出身、運走丙子乙亥、連登仕版、位至封疆、至癸酉運、落職而亡、

殺　丁卯　才
官　丙寅　印官財
　　辛亥　財傷
刦　庚寅　印官財

乙丑　甲子　癸亥　壬戌　辛酉　庚申

辛金生於孟春、天干丙丁庚辛、陰陽相剋、且金絕火生、地支寅木當令、日時寅亥化木、格取從殺、運走水地、生木助火、一無凶處、連登甲榜、由縣宰至郡守、生三子、皆秀發、

才　癸亥　官財
殺　乙卯　殺
　　己未　卩比殺
卩　丁卯　殺

甲寅　癸丑　壬子　辛亥　庚戌　己酉

己土生於仲春、春木當令會局、時干丁火、被年上癸水剋去、未土又會木局、不得不從殺矣、科甲出身、仕至觀察、

假化

假化之人亦多貴。孤兒異姓能出類。〔原注〕日主孤弱而遇合神眞。不能不化。但暗扶日主。合神又虛弱。及無龍以運之。則不眞化。至於歲運扶起合神。制伏忌神。雖爲假化。亦可取富貴。雖是異姓孤兒亦可出類拔萃。但其人多執滯偏拗。作事迍邅。骨肉欠遂。

任氏曰、假化之局、其象不一、有合神眞而日主孤弱者、有化神有餘而日帶根苗者、有合神不眞而日主無根者、有化神不足而日主無氣者、有既合化神而日主得刦印生扶者、有既合化而閑神來傷化氣者、故假化比眞化尤難、更宜細究、庶得假化之機、如甲己之合、生于丑戌月、合神雖眞、而日主孤弱無助、不能不化、但秋冬氣翕而寒、又有金氣暗洩、歲運必須逢火、去其寒溼之氣、則中氣和暖矣、生于辰未之月、化神雖有餘、而辰乃木之餘氣、未是通根身庫、木未嘗無根、但春夏氣闢而暖、又有水木藏根、歲運必須土金之地、去其木之根苗、則無分爭矣、如乙庚之合、日主是木、生于夏令、合神雖不眞、而日主洩氣無根、土燥又不能生金、歲運必須帶水之土、則能洩火養金矣、生于冬令、金逢洩氣而不足、木不納水而無氣、縱有土而凍、不能生金止水、歲運必須帶火之土、則解凍而氣和、金得生而不寒矣、如丁壬之合、日主是丁、生于春令、壬水無根、必從丁合、不知木旺自能生火、則丁火反不從壬化木、或有比刦之助、歲運必須逢水、則火受制而木得成矣、如丙辛之合、日主是火、生于冬令、重重金水、既合且化、嫌其柱中有土、暗來損我化神、溼土雖不能止水、而水究竟混濁不淸、歲運必須逢金土、則氣流行而生水、化神自眞矣、如是配合、以假成眞、亦能名利雙全、光前裕後也、總之格象非眞、未免幼遭孤苦、早見蹭蹬、否則其人執傲遲疑、倘歲運不能抑假扶眞、一生作事迍邅、名利無成也、

財	比		財
己	甲	甲	己
卯	戌	子	巳
刦	才傷官	印	才食殺

癸酉　壬申　辛未　庚午　己巳　戊辰

天干兩甲逢兩己、各自相合、地支卯戌合、雖不能化火生土、却無爭妒之意、雖是假化、却有情而不悖、未運破其子水、中鄉榜、庚午己巳、生助化神、出仕琴堂、

比	食		財
甲	丙	甲	己
子	子	申	巳
印	印	殺印才	才食殺

丁丑　戊寅　己卯　庚辰　辛巳　壬午

甲木生于仲冬、印綬當權、本是殺印相生、無如坐下絕地、虛極不受水生、見己土貪合、合神雖眞而失令、必賴丙火之生、解其寒凝之氣、嫌其旺水秉令、則火亦虛脫、不能生扶化神、假而不淸、因之人品不端、至庚辰運、甲午年、剋木生土、中鄉榜而不仕、

比 甲寅 比食才	傷 丁丑 印官財	甲戌 官傷才	財 己巳 殺食才

戊寅　己卯　庚辰　辛巳　壬午　癸未

甲木生于丑月、己土通根臨旺、年之祿比、見丁火有相生之誼、無爭妒之勢、雖是假化、却有情而不悖、至庚辰運、科甲連登、辛巳壬午、南方火地、生助化神、仕至黃堂、

傷 甲寅 傷財官	印 辛未 食殺才	癸亥 刦傷	官 戊午 才殺

壬申　癸酉　甲戌　乙亥　丙子　丁丑

癸水生於季夏、木火並旺、月干辛金無氣、不能生水、日主雖臨旺地、仍受火土兩逼、時干戊土合神眞而且旺、日主不能從合矣、初運壬申癸酉、金水並旺、孤苦不堪、至甲戌運、支會火局、出外大得際遇、乙亥水逢木洩、支得會局、名成異路、財帛豐盈、一交丙子、火不通根、註誤落職、至壬子年不祿、

食	財		印
甲辰	丁卯	壬辰	辛亥
傷殺刦	傷	傷殺刦	比食

戊辰　己巳　庚午　辛未　壬申　癸酉

壬水生于仲春、雖時逢祿印、而化神當令、又年干元神透出、時干辛金無根臨絕、丁火合神足以剋之、辛金不能生水、則亥水非壬之祿旺、乃甲之長生、日干不得不從合而化矣、運走南方火地、采芹食廩、戰勝棘闈、至壬申癸酉、金水破局、不但不能出仕、而且刑傷破耗、

此等假化最多、若作身弱用印、則悞矣、

任鐵樵增注
李雨田校訂

滴天髓闡微

誠意伯祕授天官五星元徹通旨

六親論

順局

一出門來只見兒。吾兒成氣構門閭。從兒不管身強弱。只要吾兒又得兒。

〔原注〕此與成象從象傷官不同。只取我生者爲兒。如木遇火。成氣象。如戊己日遇申酉戌。成西方氣。或巳酉丑全會金局。不論日主强弱。而又看金能生水氣。轉成生育之意。此爲流通。必然富貴。

任氏曰、順者、我生之也、只見兒者、食傷多也、構門閭者、月建逢食傷也、月爲門戶、必要食傷在提綱也、不論身强弱者、四柱雖有比刦、仍去生助食傷也、吾兒又得兒者、必要局中有財、以成生育之意也、如己身碌碌庸庸、無作無爲、得子孫昌盛、振起家聲、又要運行財地、兒又生孫、可享兒孫之榮矣、故爲順局、從兒與從財官不同也、然食傷生財、轉成生育、秀氣流行、名利皆遂、故以食傷爲子、財卽是孫、孫不能克祖、可以安享榮華、如見官星、謂孫又生兒、則曾祖必受其傷、故見官殺必爲己害、如見印綬、是我之父、父能生我、我自有爲、焉能容子、子必遭殃、無生育之意、其禍立至、是以從兒格最忌印運、次忌官運、官能洩財、又能克日、而食傷又與官星不睦、忘生育之意、起爭戰之風、不傷人丁、則散財矣、

才　丁卯　食
刦　壬寅　傷財官
　　癸卯　食
財　丙辰　食官比

辛丑　庚子　己亥　戊戌　丁酉　丙申

癸水生于孟春、支全寅卯辰東方一氣、格成水木從兒、以時干丙火爲用、所謂兒又生兒、只嫌月干壬水爲病、喜丁火合壬化木、反生丙火、轉成生育之意、所以早登科甲、置身翰苑、仕至封疆、申運木火絕地、不祿、

才 比 　 財
丁 癸 癸 丙
巳 卯 卯 辰
印財官 食 食 比官食

壬寅 辛丑 庚子 己亥 戊戌 丁酉

癸水生于仲春、木旺乘權、四柱無金、亦水木從兒、寅運支類東方、甲戌年入泮、丙子年中鄉榜、其不及前造者、月干癸水爭財、無制合之美也、喜其財星有勢、仕路定可亨通、

傷 刦 　 食
己 丁 丙 戊
未 丑 戌 戌
印傷刦 傷財官 食刦財 食刦財

丙子 乙亥 甲戌 癸酉 壬申 辛未

丙火生於季冬、滿局皆土、格成火土從兒、丑中辛財爲用、謂一個玄機暗裏存也、所嫌丁火蓋頭、通根未戌、忌神深重、未能顯秩、妙在中運走癸酉壬申、喜用齊來、宦途順遂、

傷	己	未	印傷刦	庚午
財	辛	未		己巳
	丙	戌	財刦食	戊辰
食	戊	戌		丁卯
				丙寅
				乙丑

丙火生於季夏、滿局皆土、格取從兒、月干辛金獨發、所謂從兒又見兒也、大象觀之勝於前造、其功名富貴反不及者、何也、前造金雖不現、而丑內蓄藏三冬溼土、能晦火養金、此辛金顯露、而九夏鎔金、根氣不固、未戌丁火當權、所謂凶物深藏也、兼之運走東南木火之地、雖中鄉榜、一教終身、

比	傷		食
甲	丁	甲	丙
午	丑	午	寅
財傷	財官印	財傷	才食比

戊寅 己卯 庚辰 辛巳 壬午 癸未

甲木生於季冬、火虛而幸通根有焰、格取從兒、木雖進氣、又逢祿比幫身、所謂從兒不論身强弱、非身弱論也、前造過於燥烈、此則溼土逢燥、地潤天和、生育不悖、聯登甲第、仕至侍郎、

傷	傷		才
辛	辛	戊	壬
丑	丑	申	子
	劫傷財	比才食	財

庚子 己亥 戊戌 丁酉 丙申 乙未

戊土生於季冬、辛金並透通根、坐下申金壬水、水旺而逢生、純粹可觀、早游泮水、至亥運、類聚北方、高攀秋桂、交戊戌、戊通根燥土、奪去壬水、至丙寅年沖去申金壬水之根、體用兩傷、不祿、

食	食		傷
庚	庚	戊	辛
子	辰	申	酉
財	財比官	比才食	傷

辛巳　壬午　癸未　甲申　乙酉　丙戌

此造戊生季春、局中層疊庚辛、格取從兒、喜其支會財局、生育有情、與前大同小異、此因中年運走土金、生助財星、所以甲第聯登、仕至郡守、前造之不祿不仕、實運之背也、

傷	比		傷
壬	辛	辛	壬
寅	亥	亥	辰
印官財		財傷	食印才

壬子　癸丑　甲寅　乙卯　丙辰　丁巳

辛金生於孟冬、壬水當權、財逢生旺、金水兩涵、格取從兒、讀書一目數行、至甲寅運、登科發甲、乙卯運、由署郎出守黃堂、一交丙辰、官印齊來、又逢戊戌年沖動印綬、破其傷官、不祿、

傷 壬子 食　　壬子
比 辛亥 財傷　癸丑
比 辛卯 才　　甲寅
比 辛卯 才　　乙卯
　　　　　　　丙辰
　　　　　　　丁巳

辛金生於孟冬、水勢當權、雖天干三透辛金、而地支臨絕、格取從兒、讀書過目成誦、早年入泮、甲寅拔貢出仕縣宰、乙卯運、仕路順遂、丙辰詿誤、至戌年旺土克水、而歿。

凡從兒格行運不背逢財者。未有不富貴者也。且秀氣流行。人必聰明出類、學問精醕。

反局

君賴臣生理最微。兒能救母洩天機。母慈滅子關頭異。夫健何爲又怕妻。

〔原注〕木君也。土臣也。水泛木浮。土止水則生木。木旺火熾。金伐木則生火。火旺土焦。水克火則生土。土重金埋。木克土則生金。金旺水濁。火克金則生水。皆君賴臣生也。其理最妙。

任氏曰、君賴臣生者、印綬太旺之意也、此就日主而論、如日主是木爲君、局中之土爲臣、四柱重逢壬癸亥子、水勢泛濫、木氣反虛、不但不能生木、抑且木亦不能納受其水、木必浮泛矣、必須用土止水、則木可託根、而水方能生木、木亦受其水矣、破其印而就其財、犯上之意、故爲反局也、雖就日主而論、四柱亦同此論、如水是官星、木是印綬、水勢太旺、亦能浮木、亦須見土而能受水、以成反生之妙、所以理最微也、火土金水、皆同此論、

印 壬辰 印刦才
印 壬子 印
　 甲寅 比食才
才 戊辰 印刦才

癸丑　甲寅　乙卯　丙辰　丁巳　戊午

甲木生於仲冬、雖日坐祿支、不致浮泛、而水勢太旺、辰土雖能蓄水、喜其戊土透露、辰乃木餘氣、足以止水託根、謂君賴臣生也、所以早登科甲、翰苑名高、更妙南方一路火土之運、祿位未可限量也、

印	印		才
壬	壬	甲	戊
戌	子	子	辰
官傷才	印	印	刦才印

癸丑　甲寅　乙卯　丙辰　丁巳　戊午

甲木生於仲冬、前造坐寅而實、此則坐子而虛、所喜年支帶火之戌土、較辰土力量大過矣、蓋戊土之根固、足以補日主之虛、行運亦同、功名亦同、仕至尚書、

印			印
己	戊	辛	己
巳	辰	酉	亥
刦官印	才印食	比	傷財

丁卯　丙寅　乙丑　甲子　癸亥　壬戌

陳提督造、辛生辰月、土雖重疊、春土究屬氣闢而鬆、木有餘氣、亥中甲木逢生、辰酉輾轉相生、反助木之根原、遙沖巳火、使其不生戊己之土、亦君賴臣生也、其不就書香者、木之元神不透也、然喜生化不悖、又運走東北水木之地、故能武職超羣、

劫 戊午 卩比	卩 丁巳 劫印傷	己卯 殺	傷 庚午 比卩

戊午　己未　庚申　辛酉　壬戌　癸亥

己土生于孟夏、局中印星當令、火旺土焦、又能焚木、至庚子年春闈奏捷、帶金之水足以制火之烈、潤土之燥也、其不能顯秩、仕路蹭蹬者、局中無水之故也、

〔原注〕木爲母。火爲子。木被金傷。火克金則生木。火遭水克。土克水則生火。土遇木傷。金克木則生土。金逢火煉。水克火則生金。水因土塞。木克土則生水。皆兒能生母之意。此意能奪天機。

任氏曰、兒能生母之理、須分時候而論也、如木生冬令、寒而且凋、逢金水必凍、不特金能克木、而水亦能克木也、必須火以克金、解水之凍、木得陽和而發生矣、火遭水克、生於春初冬盡、木嫩火虛、非但火忌水、而木亦忌水、必須土來止水、培木之精神、則火得生、而木亦榮矣、土遇木傷、生于春末冬初、木堅土虛、縱有火、不能生濕土、必須用金伐木、則火有熖而土得

生矣、金逢火煉、生于春末夏初、木旺火盛、必須水來克火、又能濕木潤土、而金得生矣、水因土塞、生於秋冬、金多水弱、土入坤方、而能塞水、必須木以疏土、則水勢通達而無阻隔矣、成母子相依之情、若木生夏秋、火生秋冬、金生冬春、水生春夏、乃休囚之位、自無餘氣、焉能用生我之神、以制克我之神哉、雖就日主而論四柱之神、皆同此論、

比　甲申　卩才殺
食　丙寅　比食才
　　甲申　殺卩才
殺　庚午　傷財

丁卯　戊辰　己巳　庚午　辛未　壬申

春初木嫩、雙沖寅祿、又時透庚金、木嫩金堅、金賴丙火逢生臨旺、尤妙五行無水、謂兒能救母、使庚申之金、不傷甲木、至巳運、丙火祿地、中鄉榜、庚午運、發甲、辛未運、仕縣宰、總嫌庚金蓋頭、不能升遷、壬申運不但仕路蹭蹬、亦恐不祿、

劫　甲申　官印財
傷　丙子　卩
　　乙酉　殺
傷　丙戌　財食殺

丁丑　戊寅　己卯　庚辰　辛巳　壬午

乙木生於仲冬、雖逢相位、究竟冬凋不茂、又支類西方、財殺肆逞、喜其丙火並透、則金不寒、水不凍、寒木向陽、兒能救母、爲人性情慷慨、雖在經營、規模出俗、掷業十餘萬、其不利於書香者、由戊土生殺壞印之故也、

才　丙辰　傷殺劫
傷　乙未　傷官財
　　壬辰
食　甲辰

丙申　丁酉　戊戌　己亥　庚子　辛丑　壬寅　癸卯

壬水生於季夏、休囚之地、喜其三逢辰支、通根身庫、辰土能蓄水養木、甲乙並透、通根制土、兒能生母、微嫌丙火洩木生土、功名不過一衿、妙在中晩運走東北水木之地、捐納出仕、位至藩臬、富有百餘萬、

才	癸	卯	甲寅
殺	乙	卯 殺	癸丑
	己	卯	壬子
食	辛	未 卩比殺	辛亥
			庚戌
			己酉

己土生於仲春、四殺當令、日元虛脫極矣、還喜濕土能生木、不愁木盛、若戊土必不支矣、更妙未土、通根有餘、足以用辛金制殺、兒能生母、至癸酉年、辛金得祿、中鄉榜、庚戌出仕縣令、所嫌者、年干癸水、生木洩金、仕路不顯、宦囊如洗、為官清介、人品端方、

〔原注〕木母也。火子也。太旺謂之慈母。反使火熾而焚滅。是謂滅子。火土金水亦如之。

任氏曰、母慈滅子之理、與君賴臣生之意相似也、細究之、均是印旺、其關頭異者、君賴臣生、局中印綬雖旺、柱中財星有氣、可以用財破印也、母慈滅子、縱有財星無氣、未可以財星破印也、只得順母之性、助其子也、歲運仍行比刦之地、庶母慈而子安、一見財星食傷之類、逆母之性、無生育之意、災咎必不免矣、

殺	印		印
癸	甲	丁	甲
卯	寅	卯	辰
卩	傷刦印	卩	殺傷卩

癸丑　壬子　辛亥　庚戌　己酉　戊申　丁未　丙午

此造俗謂殺印相生、身強殺淺、金水運名利雙收、不知癸水之氣、盡歸甲木、地支寅卯辰全、木多火熄、母慈滅子、初運癸丑壬子、生木剋火、刑傷破耗、辛亥庚戌己酉戊申、土生金旺、觸犯木之旺神、顛沛異常、無存身之地、是以六旬以前、一事無成、丁未運助起日元、順母之性、得際遇、娶妾連生兩子、及丙午二十年、發財數萬、壽至九旬外、

印	官		印
戊	丙	辛	戊
戌	辰	丑	戌
印殺比	食印才	卩比食	印殺比

丁巳　戊午　己未　庚申　辛酉　壬戌

辛金生於季春、四柱皆土、丙火官星、元神洩盡、土重金埋、母多滅子、初運火土、刑喪破敗、蕩焉無存、一交庚申、助起日元、順母之性、大得際遇、及辛酉、拱合辰丑、捐納出仕、壬戌運、土又得地、註誤落職、

官　印　　　印
丙　戊　辛　戊
戌　戌　丑　戌
印殺比　印殺比　卩比食

己　庚　辛　壬　癸　甲
亥　子　丑　寅　卯　辰

此與前只換一戌字、因初運己亥庚子辛丑金水、丑土養金、出身富貴、辛運加捐、一交壬運、水木齊來、犯母之性、彼以土重逢木必佳、强爲出仕、犯事落職、

卩　卩　　　卩
壬　壬　甲　壬
子　寅　子　申
印　才食比　印　才卩殺

癸　甲　乙　丙　丁　戊
卯　申　巳　午　未　申

此俗論木生孟春、時殺獨淸、許其名高祿重、不知春初嫩木、氣又寒凝、不能納水、時支申金、乃壬水生地、又子申拱水、乃母多滅子也、惜運無木助、逢火運與水戰、猶恐名利無成也、初行癸卯甲辰、東方木地、順母助子、蔭庇大好、一交乙巳運轉南方、父母並亡、財散人離、丙午水火交戰、家業破盡而逝、

〔原注〕木是夫也。土是妻也。木雖旺。土能生金而克木。是謂夫健而怕妻。火土金水如之。其有水逢烈火而生土。火逢寒金而生水。水生金者。潤地之燥。火生木者。解天之凍。火焚木而水竭。土滲水而木枯。皆反局。學者細須詳其元妙。

任氏曰、木是夫也、土是妻也、木旺土多、無金不怕、一見庚申辛酉字、土生金、金克木、是謂夫健而怕妻也、歲運逢金、亦同此論、如甲寅乙卯日元、是謂夫健、四柱多土、局內又有金、或甲日寅月、乙日卯月、年時土多、干透庚辛之金、所謂夫健怕妻、如木無氣而土重、卽不見金、夫衰妻旺、亦是怕妻、五行皆同此論、其有水生土者、制火之烈、火生水者、敵金之寒、水生金者、潤土之燥、火生木者、解水之凍、火旺逢燥土而水竭、火能克水矣、土燥遇金重而水滲、土能克木矣、金重見水泛而木枯、金能克木矣、水狂得木盛而火熄、水能克土矣、木衆逢火烈而土焦、木能克金矣、此皆五行顚倒之

深機、故謂反局、學者宜細詳元妙之理、命學之微奧、其盡洩於此矣、

財	己	亥	卩比		丁	卯
才	戊	辰	刦才印		丙	寅
	甲	寅	比食才		乙	丑
官	辛	未	傷財刦		甲	子
					癸	亥
					壬	戌

甲寅日元、生於季春、四柱土多、時透辛金、土生金、金剋木、謂夫健怕妻、初運木火、去其土金、早游泮水、連登科甲、甲子癸亥、印旺逢生、日元足以任其財官、仕路超騰、

財	己	巳	殺食才		丁	卯
才	戊	辰	刦才印		丙	寅
	甲	子	印		乙	丑
官	辛	未	傷財刦		甲	子
					癸	亥
					壬	戌

甲木生於季春、木有餘氣、坐下印綬、中和之象、財星重疊當令、時透官星、土旺生金、夫健怕妻、初運木火、去其土金、早年入泮、科甲連登、仕路不能顯秩者、只因土之病也、前造有亥、又坐祿支、更健於此、此則子未相穿壞印、彼則寅能制土護印也、

[illegible]　乙亥　印官
才　辛巳　傷刦財
　　丁巳
財　庚戌　傷比才

庚辰　己卯　戊寅　丁丑　丙子　乙亥

戴尚書造、丁巳日元、生於孟夏、月時兩透庚辛、地支又逢生助、巳亥逢沖、去火存金、夫健怕妻、喜其運走東方木地、助印扶身、大魁天下、宦海無波、一交子運、兩巳受制、不祿、

財　癸亥　殺才
殺　甲子　財
　　戊戌　比印傷
財　癸丑　刦傷財

癸亥　壬戌　辛酉　庚申　己未　戊午

戊戌日元、生於子月亥年、月透甲木逢生、水生木、木剋土、夫健怕妻、最喜坐下戌之燥土、中藏丁火印綬、財雖旺、不能破印、所謂玄機暗裏存也、第嫌支類北方、財勢太旺、物極必反、雖位至方伯、宦資不豐、

財 癸亥 才殺
　 癸亥
印劫 戊午
殺 甲寅 比卩殺

壬戌 辛酉 庚申 己未 戊午 丁巳

倉提督造、戊午日元、生于亥月亥年、時逢甲寅、殺旺、財殺肆逞、夫健怕妻、惜乎印星顯露、財星足以破印、以致難就書香、幸而寅拱午印、剋處逢生、以殺化印、所以武職超羣、

任氏曰、予觀夫健怕妻之命、頗多貴顯者、少究其理、重在一健字之妙也、如日主不健、爲財多身弱、終身困苦矣、夫健怕妻、怕而不怕、倡隨之理然也、運遇生旺扶身之地、自然出人頭地、若夫不健而怕妻、妻必姿性越理、男牽欲而失其剛、婦妞悅而忘其順、豈能富貴乎、 妞音耗、愛而不釋也、

戰局

天戰猶自可。地戰急如火。 〔原注〕干頭遇甲庚乙辛。謂之天戰。而得地支順靜者無害。地支寅申卯酉謂之地戰。則天干不能爲力。其勢速凶。蓋天主動。地主靜故也。庚申甲寅乙卯辛

酉之類是也。皆見謂之天地交戰。必凶無疑。遇歲運合之會之。視其勝負。亦有可存可發者。其有一沖兩沖者。只得一個合神有力。或無神庫神貴神。以收其動氣。息其爭氣。亦有佳者。至于喜神伏藏死絕者。又要沖動引用生發之氣。

任氏曰、天干氣專、而得地支安靜、易於制化、故天戰猶自可也、地支氣雜、天干雖順靜、難于制化、故地戰急如火也、且天干宜動不宜靜、動則有用、靜則愈專、地支宜靜不宜動、靜則有用、動則根拔、必得合神有力、會神成局、息其動氣、或庫神收其動神、安其靜神、謂動中助靜、以凶化吉、如甲寅庚申乙卯辛酉丙寅壬申丁卯癸酉之類、天地交戰、雖有合神會神、亦不息其動氣、其勢速凶、如謂兩不沖一、此謬言也、兩寅一申、沖去一寅、存一寅也、如兩申逢一寅、縱使不沖、金多木少、亦能克盡矣、故天干論克、地支言沖、沖卽克也、顯然之理、又何疑耶、至於用神伏藏、或用神被合、柱中無

引用之神、反宜沖而動之、方能發用、故合有宜不宜、沖亦有宜不宜也、須深究之、

殺　　　才
癸　酉
印　　　印
乙　卯
　　　　食比印
丁　未
才　　　印官
辛　亥

甲寅　癸丑　壬子　辛亥　庚戌　己酉

李都司造、丁火生於仲春、支全木局、癸坐酉支、似乎財滋弱殺、殺印相生、不知卯酉逢沖、破其印局、天干乙辛交戰、又傷印之元神、則財殺肆逞、至辛運壬子年、又逢財殺、犯法遭刑、

印　　　殺
癸　酉
殺
辛　酉
　　　　比
乙　卯
才　　　比
己　卯

庚申　己未　戊午　丁巳　丙辰　乙卯

天干乙辛己癸、地支兩卯兩酉、金銳木凋、天地交戰、金當令、反有己土之生、木休囚、癸水不能生扶、中運南方火運制殺、異路出身、升知縣、至辰運、生金助煞、遂罹國法、

比	比		食
壬	壬	壬	甲
申	寅	午	辰
卩比殺	食才殺	財官	刦殺傷

癸卯　甲辰　乙巳　丙午　丁未　戊申

壬水生於寅月、年月兩透比肩、坐申逢生、水勢通源、且春初木嫩、逢沖似乎不美、喜其坐下午火、能解春寒、木得發生、金亦有制、更妙時干甲木、元神發露、天干之水、亦有所歸、運行大地、有生化之情、無爭戰之患矣、是以棘闈奏捷、出宰名區、至申運、兩沖寅木、不祿、

比	比		印
壬	壬	壬	辛
申	寅	申	丑
卩比殺	食才殺	卩比殺	刦印官

癸卯　甲辰　乙巳　丙午　丁未　戊申

天干三壬、地支兩申、春初木嫩、難當兩申夾沖、五行無火、少制化之情、更嫌丑時濕土生金、謂氣濁神枯之象、初運癸卯甲辰、助其木之不足、蔭庇有餘、乙巳刑沖並見、刑喪破敗、丙午羣比爭財、天干無木之化、家破身亡、

官 乙亥 才殺
傷 辛巳 食卩比
　 戊申 食才比
殺 甲寅 殺卩比

庚辰　己卯　戊寅　丁丑　丙子　乙亥

天干乙辛甲戊、地支寅申巳亥、天地交戰、似乎不美、然喜天干乙辛、去官星之混殺、地支寅申、制殺之肆逞、巳亥逢沖、壞印本屬不喜、喜在立夏後十天、戊土司令、則亥水受制、而巳火不傷、中年運途、木火助印扶身、聯登甲第、仕至郡守、至子運、扶起亥水生煞壞印、不祿、

刦 乙亥 比卩
官 辛巳 才食殺
　 甲子 印
殺 庚午 財傷

庚辰　己卯　戊寅　丁丑　丙子　乙亥

天干甲乙庚辛、地支巳亥子午、天地交戰、局中火旺水衰、印綬未嘗不喜官殺之生、不知庚辛在巳午之上、與亥子茫無關切、正謂剋洩交加、兼之運途不逢水地、刑耗異常、剋三妻四子、至丁丑運合去子水、晦火生金、一事無成而亡、

合局

合有宜不宜。合多不爲奇。〔原注〕喜神有能合而助之者。如以庚爲喜神。得乙合而助金。凶神有能合而去之者。如以甲爲凶神。得己合而去之。動局有能合而靜者。如子午相沖。得丑合而靜。生局有能合而成者。如甲生于亥。得寅合而成。皆是也。若助起凶神之合。如己爲凶神。甲合之則助土。羈絆喜神之合。如乙是喜神。庚合之則羈絆。掩蔽動局之合。丑未喜神。子午合之則閉。助其生局之合。不喜甲木。寅亥合之則助木。皆不宜也。大率多合則不流通。不奮發。雖有秀氣。亦不爲奇矣。

任氏曰、合固美事、然喜合而合之最美、若忌合而合之、比沖愈凶也、何也、沖得合而靜之則易、合得沖而靜之則難、故喜神有能合而助之者爲美、如庚爲喜神、得乙合而助之者是也、凶神有能合而去之者更美、如甲爲凶神、得己合而去之者是也、閑神凶神、有能合而化喜者、如癸爲凶神、戊爲閑神、戊癸合而化火爲喜神是也、閑神忌神有能合而化喜者、如壬爲閑神、丁爲忌神、丁壬合而化木爲喜神是也、如子午逢沖、喜神在午、得丑合之、寅申逢沖、喜神在寅、得亥合之、皆是宜也、如忌神得合而助之者、己以爲忌神、甲合之、則爲助忌之合、以乙爲喜神、庚合之、則爲戀凶之合、有喜神閑神合化忌神者、以丙爲喜神、辛爲閑神、丙辛合化水爲忌神是也、有閑神忌神合化凶神者、以壬爲閑神、丁爲忌神、丁壬合化木爲凶神是也、如卯酉逢沖、喜神在卯、得辰合之、化金仍克木者、巳亥逢沖、喜神在巳、得申合之、化水仍克火者、皆是不宜也、大率忌神合而化去之、喜神合而化來之、若忌神合而不去、不足爲喜、喜神合而不來、不足爲美、反爲羈絆貪戀而無用矣、來與不來、即化與不化也、宜審察之、

財	才		印
辛	庚	丙	乙
亥	寅	子	未
殺卩	食比卩	官	刦傷印

己丑　戊子　丁亥　丙戌　乙酉　甲申

朱中堂造、丙子日元、生於春初、火虛木嫩、用神在木、忌神在金、最喜亥水流通金性、合寅生木爲宜、時支未土、又得乙木盤根之制、去濁留淸、中和純粹、爲人寬厚和平、一生宦途安穩、

殺	卩		印
戊	庚	壬	辛
子	申	寅	丑
刦	殺比卩	殺才食	官印刦

辛酉　壬戌　癸亥　甲子　乙丑　丙寅

壬寅日元、生於孟秋、秋水通源、重重印綬、戊丑之土、能生金、不能制水、置之不用、只得順水之性、以寅木爲用、至癸運、洩金生木入泮、亥運、支類北方、去其丑土滲滯之病、又生合寅木、科甲連登、名高翰苑、所嫌者、寅申逢沖、秀氣有傷、降知縣、甲子水木齊來、仕路平安、乙運合庚助虐、罷職囘家、丑運生金、不祿、

劫	殺		劫
丁亥	壬寅	丙午	丁酉
殺卩	食比卩	傷劫	財

辛丑　庚子　己亥　戊戌　丁酉　丙申

丙午日元、生于寅月、天干兩透丁火、旺可知矣、壬水通根亥支、正殺印相生、所嫌者丁壬寅亥化木爲忌、以致劫刃肆逞、羣劫爭財、初交北方金水、遺業豐盛、戊戌運又會火局、剋盡金水、家破身亡、

劫	殺		卩
己亥	甲戌	戊寅	丙辰
才殺	傷印比	殺卩比	官比財

癸酉　壬申　辛未　庚午　己巳　戊辰

謝侍郎造、戊生季秋土司令、劫印並透、日主未嘗不旺、但甲木進氣、支得長生祿旺、又辰爲木之餘氣、洩火養木、無金以制之、殺勢旺矣、喜其甲己合之爲宜、則日主不受其剋、更妙中年運走土金、制化合宜、名高祿重、

劫 己巳 比卩食
殺 甲戌 比印傷
　 戊寅 比卩殺
卩 丙辰 財比官

癸酉　壬申　辛未　庚午　己巳　戊辰

此與前造只換一亥字、則土無水潤、不能養木、甲己之合爲不宜、殺無氣勢、劫肆逞矣、壬申運生化、雖得一衿而不第、中運又逢土金、刑妻剋子、家業潛消、至巳運而卒、毫厘千里之隔也、

傷 丁未 劫財傷
卩 壬寅 才食比
　 甲子 印
食 丙寅 才食比

辛丑　庚子　己亥　戊戌　丁酉　丙申

甲木生于寅月寅時、木嫩氣虛、以丙火解凍敵寒爲用、以壬水剋丙爲忌、最喜丁壬之合化木、反生丙火、癸酉年本屬不吉、喜其大運在己、能克癸水、棘闈奏捷、戊運卯年發甲、惜限於地、未能大用、

	傷	印		比
	丁	壬	甲	甲
	亥	寅	戌	子
	印比	比食才	官傷才	印

辛丑　庚子　己亥　戊戌　丁酉　丙申

甲生寅月、得時當令、如用丁火、壬水合去、如用戌土、寅亥生合剋戌、一生成敗不一、刑耗多端、還喜中運不背、溫飽而已、所以合之宜者、名利裕如、合之不宜者、刑傷破敗、

君象

君不可抗也。貴乎損上以益下。〔原注〕日主爲君。財神爲臣。如甲乙日主。滿局皆木。內有一二土氣。是君盛臣衰。其勢要多方以助臣。火生之。土實之。金衞之。庶下全而上安。

任氏曰、君不可抗者、無犯上之理也、損上者、洩上也、非克制也、上洩則下受益矣、如以甲乙日主爲君、滿局皆木、內只有一二土氣、君旺盛而臣極衰矣、其勢何如哉、惟有順君之性、火以行之、火行則木洩、土得生扶、爲損上以益下、則上不亢君、下得安臣矣、若以金衞之、則抗君矣、且木盛能令

金自缺、君仍不能抗、反觸其怒、而臣更洩氣、不但無益、而有害也、豈能上安而下全乎、

比 甲	戌	官傷才
食 丙	寅	比食才
甲	戌	官傷才
刦 乙	亥	卩比

祿、

丁卯　戊辰　己巳　庚午　辛未　壬申

甲生于寅月、又得亥之生、比刦之助、年日兩支之戌土虛弱、謂君盛臣衰、最喜月透丙火、順君之性、戌土得生拱之情、則上安而下全、己巳運、火土並旺、科甲連登、庚午辛未、火得地、金無根、又有丙火回光、庚辛不能抗君、午未足以益臣、仕至藩臬、壬申沖寅、剋丙、逆君之性、不

比　印
甲子　乙亥
比　官
甲戌　丙子
傷才
甲寅　丁丑
才食比
戊寅
刦　比卩
乙亥　己卯
庚辰

甲寅日元、生於季秋、土王用事、不比春時虛土、所以此一戌、足以抵彼之兩戌、生亥時、又天干皆木、君盛臣衰、所嫌者、局中無火以行之、羣比爭財、無以益臣、則上不安而下難全矣、初運北方水旺、助君之勢、刑喪破耗、祖業不保、丁丑運、火土齊來、稍成家業、戊寅己卯土無根木臨旺、回祿三次、起倒異常、刑妻剋子、至卯而亡、

臣象

臣不可過也。貴乎損下而益上。〔原注〕日主爲臣。官星爲君。如甲乙日主。滿盤皆木。內有一二金氣。是臣盛君衰。其勢要多方以助金。用帶土之火以洩木氣。用帶火之土。以生金神。庶君安臣全。若木火又盛。無可奈何。則當存君之子。少用水氣。一路行火地方得發福。

任氏曰、臣不可過、須化之以德也、庶臣順而君安矣、如甲乙日主、滿局皆

木、內只一二金氣、臣盛而君衰極矣、若金運制臣、是衰勢而行威令、必有抗上之意、必須帶火之土運、木見火而相生、臣心順矣、金逢土而得益、君心安矣、若水木並旺、不見火土、當存君之子、一路行水木之運、亦可安君、若木火並旺、則宜順臣之心、一路行火運、亦可安君、所謂臣盛而性順、君衰而仁慈、亦上安而下全、若純用土金以激之、非安上全下之意也、

才 戊寅 比食才
比 甲寅
　 甲寅
殺 庚午 傷財

乙卯　丙辰　丁巳　戊午　己未　庚申

甲寅日元、年月皆寅、滿盤皆木、時上庚金無根、臣盛君衰極矣、喜其午時流通木性、則戊土弱而有根、臣心順矣、又逢丙辰丁巳戊午己未、帶土之火、生化不悖、臣順君安、早登科甲、仕至侍郎、庚申運、不能用臣、不祿、

印	劫		官
癸	乙	甲	辛
卯	卯	寅	未
劫	劫	才食比	傷財劫

甲寅　癸丑　壬子　辛亥　庚戌　己酉

甲寅日元、年月皆卯、又透乙癸、未乃南方燥土、木之庫根、非生金之土、故辛金之君、無能爲矣、當存君之子、以癸水爲用、運逢甲寅癸丑、遺緒豐盈、壬子辛亥、名利兩優、一交庚戌、土金並旺、不能容臣、犯事落職、破耗剋子而亡、

比	比		殺
戊	戊	戊	甲
午	午	午	寅
	劫印		殺印比

己未　庚申　辛酉　壬戌　癸亥　甲子

此造三逢戊午、時殺雖坐祿支、局中無水、火土燥烈、臣盛君衰、且寅午拱會、木從火勢、轉生日主、君恩雖重、而日主之意向、反不以甲木爲念、故運走西方金地、功名顯赫、甚重私情、不以君恩爲念也、運逢水旺、又不能存君之子、詿誤落職、

官　甲寅　官印劫　丁丑
印　丙子　才　戊寅
　　己酉　食　己卯
比　己巳　傷印劫　庚辰
辛巳
壬午

己酉日元、生於仲冬、甲寅官生坐祿、子水財星當令、財旺生官、時逢印綬、此謂君臣兩盛、更妙月干丙火一透、寒土向陽、轉生日主、君恩重矣、早登科甲、翰苑名高、緣坐下酉金、支得巳時之拱、火生之、金衛之、水養之、而日主之力量足以克財、故其爲官重財、而忘君恩矣、

母象

知慈母恤孤之道。始有瓜瓞無疆之慶。〔原注〕日主爲母。日之所生者爲子。如甲乙日主。滿柱皆木。中有一二火氣。是母旺子孤。其勢要多方以生子孫。成瓜瓞之緜緜。而後流發于千世之下。

任氏曰、母衆子孤、不特子仗母勢、而母之情亦依乎子、故子母二人、皆不宜損抑、只得助其子勢、則母慈而子益昌矣、如日主甲乙木爲母、內只有

一二火氣、其餘皆木、是母多子病、一不可見水、見水子必傷、二不可見金、見金則觸母性、母子不和、子勢愈孤、惟行帶火土之運、則母性必慈、其性向子、子方能順母之意而生孫、以成瓜瓞衍慶于千世之下、若行帶水之土運、則母情有變、而反不容子矣、

財	戊	午	食才
刦	甲	寅	財傷刦
	乙	卯	祿比
才	己	卯	祿比

乙卯　丙辰　丁巳　戊午　己未　庚申

乙卯日元、生於寅月卯時、滿盤皆木、只有年支午火、母旺子孤、喜其會子、寅午半會、母之性慈而向子、子亦能順母之意、而生戊土之孫、更喜運中火土、所以少年早登虎榜、身入鳳池、仕至侍郎、一交庚申、觸母之性、不祿、

印 癸卯	劫	乙卯	甲寅
食 丙辰	劫才印	癸丑	壬子
甲寅	比祿食才	辛亥	庚戌
劫 乙亥	比印		

甲寅日元、生於季春、支類東方、又生亥時、一點丙火虛露、母衆子孤、辰乃溼土、晦火養木、兼之癸水透干、時逢亥旺、母無慈愛恤孤之心、反有滅子之意、初運乙卯甲寅、尚有生扶愛子之情、其樂自如、一交癸丑帶水之土、母心必變、子不能安、破敗異常、至壬子、剋絕其子、家破人離、自縊而亡、

子象

知孝子奉親之方。始克諧成大順之風。〔原注〕日主爲子。生日者爲母。如甲乙滿局皆是木。中有一二水氣。爲子衆母衰。其勢要多方以安母。用金以生水。用土以生金。則成母子之情。爲大順矣。設或無金。則水之神依乎木而行木火金盛地亦可。

任氏曰、子衆母衰、母之性依乎子、須要安母之心、亦不可逆子之性、如甲

乙日爲主、滿局皆木、中有一二水氣、謂子衆母孤、母之情依乎子、必要安母之心、一不可見土、見土則子戀婦而不顧母、母不安矣、二不可見金、見金則母勢强而不容子、子必逆矣、惟行帶水之金運、使金不克木而生水、則母情必依子、子情亦順母矣、以成大順之風、若行帶土之金運、婦性必悍、母子皆不能安、人事莫不皆然也、此四章雖主木論、火土金水亦如之、

印	癸亥	比印
刦	乙卯	刦
	甲寅	比食才
刦	乙亥	印比

甲寅　癸丑　壬子　辛亥　庚戌　己酉

甲寅日元、生于仲春、卯亥寅亥拱合、滿局皆木、則年干癸水無勢、子旺母孤、其情依乎木、木之性亦依乎水、謂母子情協、初運甲寅癸丑、蔭庇有餘、早游泮水、壬子中鄉榜、辛亥金水相生、由縣宰遷省牧、庚戌土金並旺、母子不安、註誤落職而亡、

劫　乙亥　比印　戊寅　丁丑
財　己卯　劫　丙子
　　甲寅　比食才　乙亥　甲戌
比　甲子　印　癸酉

甲寅日元、生于仲春、滿局皆木、亥卯又拱、時支子水衰極、其情更依乎木、日主戀己土之私情、而不顧母、丁丑運、火土齊來、反不容母、諺云、婦不賢則家不和、刑傷破耗、丙子火不通根、平安無咎、甲戌又逢土旺、破耗異常、乙亥癸酉、生化不悖、續妻生子、重振家聲、壬申晚景愈佳、金水相生之故也、

性情

五氣不戾。性情中和。濁亂偏枯。性情乖逆。〔原注〕五氣在天。則爲元亨利貞。賦在人。則仁義禮智信之性。惻隱羞惡辭讓是非誠實之情。五氣不戾者。則其存之而爲性。發之而爲情。莫不中和矣。反此者乖戾。

任氏曰、五氣者、先天洛書之氣也、陽居四正、陰居四隅、土寄居于艮坤、此

後天定位之應、東方屬木、于時爲春、于人爲仁、南方屬火、于時爲夏、于人爲禮、西方屬金、于時爲秋、于人爲義、北方屬水、于時爲冬、于人爲智、坤艮爲土、坤居西南者、以火生土、以土生金也、艮居東北者、萬物皆主于土、冬盡春來、非土不能止水、非土不能栽木、猶仁義禮智之性、非信不能成、故聖人易艮于東北者、卽信以成之之旨也、賦於人者、須要五行不戾、中和純粹、則有惻隱辭讓誠實之情、若偏枯混濁、太過不及、則有是非乖逆驕傲之性矣、

財	己丑	印官財	乙丑
食	丙寅	才食比	甲子
	甲子	印	癸亥
才	戊辰	印才刦	壬戌
			辛酉
			庚申

甲子日元、生于孟春、木當令、而不太過、火居相位、不烈、土雖多而不燥、水雖少而不涸、金本無而暗蓄、則不受火之剋、而得土之生、無爭戰之風、有相生之美、爲人不苟、無驕諂刻薄之行、有謙恭仁厚之風、

比　己酉　食
卩　丁卯　殺
　　己卯
殺　乙丑　才食比

丙寅　乙丑　甲子　癸亥　壬戌　辛酉

己卯日元、生于仲春、土虛寡信、木多金缺、陰火不能生溼土、禮義皆虛、且八字純陰、一味趨炎附勢、其心存損人利己之事、萌幸災樂禍之意、

比　丙戌　財刦食
印　乙未　印傷刦
　　丙子　官
卩　甲午　刦傷

丙申　丁酉　戊戌　己亥　庚子　辛丑

丙生季夏、火焰土燥、天干甲乙、枯木助火之烈、更嫌子水沖激之炎、偏枯混亂之象、性情乖張、處世多驕傲、且急燥如風火、順其性千金不惜、逆其性一芥中分、因之家業破敗無存、

火烈而性燥者。遇金水之激。〔原注〕火烈而能順其性。必明順。惟金水激之。其燥急不可禦矣。

任氏曰、火燥而烈、其炎上之性、只可純用溼土潤之、則知禮而成慈愛之德、若遇金水激之、則火勢愈烈而不知禮、災禍必生也、溼土者、丑辰也、晦其光、斂其烈、則明矣、

	比	印		傷
干	丙	甲	丙	己
支	戌	午	午	丑
	財刦才	刦傷		官財傷

乙未　丙申　丁酉　戊戌　己亥　庚子

丙午日元、生于午月、年月又逢甲丙、猛烈極矣、最喜丑時、干支皆溼土、能收丙之烈、能晦午之光、順其性、悅其情、不陵下也、其人威而不猛、嚴而不惡、名利雙輝、

財 辛巳 才比食　癸巳
卩 甲午 刦傷　壬辰
丙子 官　辛卯
卩 甲午 刦傷　庚寅
己丑
戊子

丙火生于午月午時、木從火勢、烈之極矣、無土以順其性、金無根、水無源、激其猛烈之性、所以幼失父母、依兄嫂居、好勇不安分、年十六七、身材雄偉、膂力過人、好習拳棒、樂與里黨無賴交游、放宕無忌、兄嫂不能禁、後因搏虎、而被虎噬、

水奔而性柔者。全金木之神。〔原注〕水盛而奔。其性至剛至急。惟有金以行之。木以納之。則柔矣。

任氏曰、水性本柔、其衝奔之勢、剛急爲最、若逢火衝之、土激之、則逆其性而更剛矣、奔者、旺極之勢也、用金以順其勢、用木以疏其淤塞、所謂從其旺勢、納其狂神、其性反柔、剛中之德、易進難退之意也、雖智巧多能、而不

失仁義之情矣、

劫	食		卩
癸	甲	壬	庚
亥	子	申	子
比食	劫	卩比殺	劫

癸亥　壬戌　辛酉　庚申　己未　戊午

壬申日元、生于子月、年時亥子、干透癸庚、其勢衝奔、不可遏也、月干甲木凋枯、又被金伐之、不能納水、反用庚金、順其氣勢、爲人剛柔相濟、仁德兼資、積學篤行、不求名譽、初運癸亥、從其旺神、蔭庇大好、壬戌水不通根、戌土激之、刑喪破耗、辛酉庚申入泮補廩、又得四子、家業日增、一交己未、激其衝奔之勢、連剋三子、破耗異常、至戊運而亡、

比	比		比
壬	壬	壬	壬
寅	子	辰	寅
食才殺	劫	傷殺劫	

癸丑　甲寅　乙卯　丙辰　丁巳　戊午

天干四壬、生于子月、衝奔之勢、最喜寅時、疎其辰土之淤塞、納其壬水之旺神、所以不驕不傲、賦性穎異、讀書過目不忘、爲文倚馬萬言、甲寅入泮、乙卯登科、奈數奇不能得遂所學、至丙辰、衝激旺水、羣比爭財不祿、

劫 癸 未 傷官財　壬戌
劫 癸 亥 比食　辛酉
　 壬 子 劫　庚申
殺 戊 申 印比殺　己未
戊午
丁巳

壬子日元、生于亥月申時、年月兩透癸水、只可順其勢、不可逆其流、所嫌未戊兩字、激水之性、故其爲人是非倒置、作事不端、無所忌憚、初運壬戌、支逢土旺、父母皆亡、辛酉庚申、洩土生水、雖無賴邪僻之行、倖免凶咎、一交己未、助土激水、一家五口、回祿燒死、

木奔南而軟怯。〔原注〕木之性見火爲慈。奔南則仁之性行於禮。其性軟怯。得其中者。爲惻隱辭讓。偏者爲姑息爲繁縟矣。

任氏曰、木奔南、洩氣太過、柱中有金、必得水以通之、則火不烈、如無金、必得辰土以收火氣、得其中矣、爲人恭而有禮、和而中節、如無水以濟土、土以晦火、發洩太過、則聰明自恃、又多遷變不常、而成婦人之仁矣、

殺 庚辰（刦才印）　癸未
卩 壬午　甲申
　 甲午（傷財）　乙酉
食 丙寅（比食才）　丙戌
　　　　　　　　　丁亥
　　　　　　　　　戊子

甲午日元、生于午月、木奔南方、雖時逢祿元、丙火逢生、寅午拱火、非日主有矣、最喜月透壬水以濟火、然壬水無庚金之生、不能克丙爲用、庚金無辰土、亦不能生水、此造所妙者辰也、晦火養木蓄水生金、使火不烈、木不枯、金不鎔、水不涸、全賴辰之一字、得中和之象、申運壬水逢生、及乙酉金旺水生、入泮補廩而舉于鄉、丙戌火土並旺、服制重重、丁亥壬水得地、出宰閩中、德教並行、改成民化、所謂剛柔相濟、仁德兼資也、

食 丙戌（官傷才）　乙未
比 甲午（傷財）　丙申
　 甲申（殺卩才）　丁酉
食 丙寅（比食才）　戊戌
　　　　　　　　　己亥
　　　　　　　　　庚子

甲申日元、生于午月、兩透丙火、支會火局、木奔南方、燥土不能晦火生金、無水則申金克盡、柔軟極矣、其爲人曬私恩、不知大體、作事狐疑少決斷、所爲心性多疑、貪小利、背大義、一事無成、

金見水以流通。〔原注〕金之性最方正。有斷制執殺。見水則義之性行而爲智。智則元神不滯。故流通得氣之正者。是非不苟。有斟酌。有變化。得氣之偏者。必泛濫流蕩。

任氏曰、金者、剛健中正之體也、能任大事、能決大謀、見水則流通、剛殺之性、能用智矣、得氣之正者、金旺遇水也、其人內方外圓、能知權變、處世不傷廉惠、行藏自合中庸、得氣之偏者、金衰水旺也、其人作事荒唐、口是心非、有挾術待人之意也、

才 甲申 比食卩
傷 癸酉 刦
　 庚子 傷
財 乙酉 刦

甲戌　乙亥　丙子　丁丑　戊寅　己卯

庚生酉月、又年時申酉、秋金銳銳、喜其坐下子水、透出癸水元神、流通金性、洩其精華、爲人任大事而布置有方、處煩雜而主張不靡、且慷慨好施、克己利人也、

食	壬	申	比食卩
食	壬	子	傷
	庚	辰	財卩傷
殺	丙	子	傷

癸丑　甲寅　乙卯　丙辰　丁巳　戊午

庚生仲冬、天干兩透壬水、支會水局、金衰水旺、本屬偏象、更嫌時透丙火混局、金主義而方、水司智而圓、金多水少、智圓行方、水泛金衰、方正之氣絕、圓智之心盛矣、中年運逢火土、衝激壬水之性、刑傷破耗、財散人離、半生奸詐、誘人財物、盡付東流、凡人窮達富貴數已注定、君子樂得爲君子、小人枉自爲小人、

最拗者西水還南。〔原注〕西方之水。發源最長。其勢最旺。無土以制之。木以納之。如浩蕩之勢。不順行。反行南方。則逆其性。非强拗而難制乎。

任氏曰、西方之水、發源崑崙、其勢浩蕩、不可遏也、亦可順其性、用木以納之、則智之性行于仁矣、如用土制之、若不得其情、有反衝奔之患、其性仍

逆而强拗、至于還南、其衝激之勢、尤難砥定、强拗異常、全無仁禮之性矣、

刦 癸亥 比食　　己未
卩 庚申 殺比卩　戊午
　 壬申　　　　丁巳
食 甲辰 傷殺刦　丙辰
　　　　　　　　乙卯
　　　　　　　　甲寅

壬申日元、生于亥年申月、亥爲天門、申爲天關、卽天河之口、正西方之水、發源最長、所喜者、時干甲木得辰土、通根養木、足以納水、則智之性行而爲仁、禮亦備矣、爲人有驚奇之品彙、無巧利之才華、中年南方火運、得甲木生化、名利兩全、

刦 癸亥 比食　　己未
卩 庚申 殺比卩　戊午
　 壬子 刦　　　丁巳
才 丙午 財官　　丙辰
　　　　　　　　乙卯
　　　　　　　　甲寅

壬子日元、生于申月亥年、西方之水、浩蕩之勢、無歸納之處、時逢丙午、衝激以逆其性、爲人强拗無禮、乘之運走南方火土、家業破敗無存、至午運、强人妻、被人毆死、俗以丙火爲用、運逢火土爲佳、不知金水同心、可順而不可逆、須逢木運、生化有情、可免凶災、而人亦知禮矣、

至剛者東火轉北。〔原注〕東方之火。其氣焰欲炎上。局中無土以收之。水以制之。焉能安焚烈之勢。若不順行而反行北方。則逆其性矣。能不剛暴耶。

任氏曰、東方之火、火逞木勢、其炎上之性、不可禦也、只可順其剛烈之性、用溼土以收之、則剛烈之性、化爲慈愛之德矣、一轉北方、焉制焚烈之勢、必剛暴無禮、若無土以收之、仍行火木之運、順其氣勢、亦不失慈讓惻隱之心矣、

比 丙寅	卩比食	乙未
卩 甲午	傷刦	丙申
丙午		丁酉
傷 己丑	傷財官	戊戌
		己亥
		庚子

丙午日元、生于午月寅年、年月又透甲丙、其焚烈炎上之勢、不可遏也、最妙丑時在支、溼土收其猛烈之性、爲人有容有養、驕諂不施、運逢土金、仍得丑土之化、科甲連登、仕至郡守、

劫　　　印
丁卯　乙巳
比
丙午　甲辰
丙午　癸卯
　　傷劫　壬寅
才
庚寅　辛丑
食比卩　庚子

丙午日元生于午月、年時寅卯、庚金無根、置之不用、格成炎上、局中無土吐秀、書香不利、行伍出身、至卯運得官、壬運失職、寅運得軍功、驟升都司、辛丑運生化之機旡氣、一交庚子、衝激午刃、又逢甲子年雙衝羊刃、死于軍中、

順生之機。遇擊神而抗。〔原注〕如木生火。火生土。一路順其性情次序自相和平。中遇擊神。而不得遂其順生之性。則抗而勇猛。

任氏曰、順則宜順、逆則宜逆、則和平而性順矣、如木旺得火以通之、順也、土以行之、生也、不宜見金水之擊也、木衰得水以生之、反順也、金以助水、逆中之生也、不宜見火土之擊也、我生者爲順、生我者爲逆、旺者宜順、衰

者宜逆、則性正情和、如遇擊神、旺者勇急、衰者懦弱、如格局得順逆之序、其性情本和平、至歲運遇擊神、亦能變爲强弱、宜細究之、

財	己亥	卩比	乙丑
食	丙寅	比食才	甲子
	甲寅		癸亥
卩	壬申	殺卩才	壬戌
			辛酉
			庚申

甲寅日元、生于寅月、木旺得丙火透出、順生之機、通輝之象、讀書過目成誦、所嫌者時遇金水之擊、年干己土虛脫、不制其水、兼之初運北方水地、不但功名難遂、而且破耗刑傷、一交辛酉、助水之擊、合去丙火而亡、

殺	庚寅	比食才	己卯
才	戊寅		庚辰
	甲午	傷財	辛巳
卩	壬申	殺卩才	壬午
			癸未
			甲申

甲午日元、生于寅月、戊土透出、寅午拱火、順生之機、德性慷慨、襟懷磊落、亦嫌時逢金水之擊、讀書未售、破耗多端、兼之中運不齊、有志未伸、還喜春金不旺、火土通根、體用不傷、後昆繼起、

逆生之序。見閑神而狂。〔原注〕如木生亥。見戌酉申則氣逆。非性之所安。一遇閑神。若巳酉丑逆之則必發而爲狂猛。

任氏曰、逆則宜逆、順則宜順、則性正情和矣、如木旺極得水以生之、逆也、金以成之、助逆之生也、不宜見已丑之閑神也、如木衰極得火以行之、反逆也、土以化之、逆中之順也、不宜見辰未之閑神也、此旺極衰極、乃從旺從弱之理、非前輩旺衰得中之意、如旺極見閑神、必爲狂猛、衰極見閑神、必爲姑息、歲運見之亦然、火土金水如之、

卩 壬子 印
官 辛亥 卩比
　 甲寅 比食才
比 甲子 印

壬子　癸丑　甲寅　乙卯　丙辰　丁巳

甲寅日元、生于亥月、水旺木堅、旺之極矣、一點辛金、從水之勢、不逆其性、安而且和、逆生之序、更妙無土、不逆水性、初運北方、入泮登科、甲寅乙卯、從其旺神、出宰名區、丙辰尚有拱合之情、雖落職而免凶咎、丁巳遇閑神

沖擊、逆其性序而卒、

卩	官		財
壬	辛	甲	己
寅	亥	寅	巳
比食才	比卩		殺食財

壬子　癸丑　甲寅　乙卯　丙辰　丁巳

甲寅日元、生于寅年亥月、辛金順水、不逆木性、逆生之序、所嫌巳時爲閑神、火土沖剋逆其性、又不能制水、初交壬子、遺緒豐盈、癸丑地支閑神結黨、刑耗多端、甲寅乙卯、丁財並益、一交丙辰、助起火土、妻子皆傷、又遭回祿、自患顛狂之症、投水而亡、

才	傷		財
戊	丁	甲	己
戌	巳	寅	巳
官傷才	殺食才	比食才	殺食才

戊午　己未　庚申　辛酉　壬戌　癸亥

甲寅日元、生于巳月、丙火司令、雖坐祿支、其精洩盡、火旺木焚、喜土以行之、此衰極從弱之理、初運戊午己未、順其火土之性、祖業頗豐、又得一衿、庚申逆火之性、洩土之氣、至癸亥年、沖激火勢而亡、

陽明遇金。鬱而多煩。〔原注〕寅午戌為陽明。有金氣伏於內。則成其鬱鬱而多煩悶。

任氏曰、陽明之氣、本多暢遂、如遇溼土藏金、則火不能克金、金又不能生水、而成憂鬱、一生得意者少、而失意者多、則心鬱志灰、而多煩悶矣、必要純行陰濁之運、引通金水之性、方遂其所願也、

	天干	地支	藏干
印	乙	丑	官財傷
比	丙	戌	食刦財
	丙	午	傷刦
才	庚	寅	食比卩

身、

乙酉　甲申　癸未　壬午　辛巳　庚辰

丙火日主、支全寅午戌、食神生旺、眞神得用、格局最佳、初運乙酉甲申、引通丑內藏金、家業頗豐、又得一衿、所嫌者、支會火局、時上庚金臨絕、又有比肩爭奪、不能作用、丑中辛金伏鬱于內、是以十走秋闈不第、且少年運走南方、三遭回祿、四傷其妻、五剋其子、至晚年孤貧一

殺　　比　　　　傷
壬戌　丙午　丙寅　己丑
財刦食　刦傷　刀比食　官財傷

丁未　戊申　己酉　庚戌　辛亥　壬子

丙寅日元、生于午月、支全火局、陽明之象、此緣刦刃當權、壬水無根、置之不用、不及前造多矣、丑中辛金伏鬱、所喜者、運走西北陰濁之地、出身吏部、發財十餘萬、異路出仕、升州牧、名利兩全、而多暢遂也、

陰濁藏火。包而多滯。〔原注〕酉丑亥爲陰濁。有火氣藏於內。則不發輝而多滯。

任氏曰、陰晦之氣、本難奮發、如遇溼木藏火、陰氣太盛、不能生無焰之火、而成溼滯之患、故心欲速而志未逮、臨事而模稜少決、所爲心性多疑、必須純行陽明之運、引通木火之氣、則豁然而通達矣、

比	卩		刦
癸	辛	癸	壬
亥	酉	丑	戌
刦傷	卩	比卩殺	卩才官

庚申　己未　戊午　丁巳　丙辰　乙卯

陳榜眼造、癸水生于仲秋、支全酉亥丑爲陰濁、天干三水一辛、逢戌時、陰濁藏火、亥中溼木、不能生無焰之火、喜其運走東南陽明之地、引通包藏之氣、身居鼎甲、發揮素志也、

才	卩		比
丁	辛	癸	癸
丑	亥	亥	亥
比卩殺	刦傷		

庚戌　己酉　戊申　丁未　丙午　乙巳

地支三亥一丑、天干二癸一丁、陰濁之至、年干丁火、雖不能包藏、虛而無焰、亥中甲木、無從引助、喜其運走南方、陽明之地、又逢丙午丁未流年、科甲連登、仕至觀察、

食		刃	比
癸	辛	己	辛
巳	酉	亥	丑
劫官印	比	傷財	食比刃

癸巳　甲午　乙未　丙申　丁酉　戊戌

支全丑亥酉、月干溼土逢辛癸、陰濁之氣、時支巳火、本可暖局、大象似比前造更美、不知巳酉丑全金局、則亥中甲木受傷、巳火丑土之財官、竟化梟而生刦矣、縱運火土、不能援引、出家爲僧、

羊刃局。戰則逞威。弱則怕事。傷官格。清則謙和。濁則剛猛。用神多者。情性不常。時支枯者。虎頭蛇尾。

〔原注〕羊刃局。凡羊刃。如是午火。干頭透丙。支又會戌會寅。或得卯以生之。皆旺。透丁爲露刃。子沖爲戰。未合爲藏。再逢亥水之克壬癸水之制。丑辰土之洩。則弱矣。傷官格。如支會傷局。干化傷象。不重出。無食混。身旺有財。身弱有印。謂之清。反是則濁。夏木之見水。冬金之得火。清而且秀。富貴非常。

任氏曰、羊刃局、旺則心高志傲、戰則恃勢逞威、弱則多疑怕事、合則嬌情

立異、如丙日主、以午爲羊刃、干透丁火爲露刃、支會寅戌、或逢卯生、干透甲乙、或逢丙助、皆謂之旺、支逢子爲沖、遇亥申爲制、得丑辰爲洩、干透壬癸爲尅、逢己土爲洩、皆謂之弱、支得未爲合、遇巳爲幫、則中和矣、傷官須分眞假、眞者身弱有印、不見財爲淸、假者身旺有財、不見印爲貴、眞者、月令傷官、或支無傷局、又透出天干者是也、假者、滿局比刦、無官星以制之、雖有官星氣力不能敵、柱中不論食神傷官、皆可作用、縱無亦美、只不宜見印、見印破傷爲凶、凡傷官格淸而得用、爲人恭而有禮、和而中節、人才卓越、學問淵深、反此者傲而多驕、剛而無禮、以强欺弱、奉勢趨利、用神多者、少恆一之志、多遷變之心、時支枯者、狐疑少決、始勤終怠、夏木之見水、必先有金、則水有源、冬金之遇火、須身旺有木、則木有焰、富貴無疑、若夏水無金、冬火無木、淸枯之象、名利皆虛也、

比　刃　　　殺
丙　甲　丙　壬
寅　午　申　辰
刃比食　劫傷　才殺食　官食印

乙　丙　丁　戊　己　庚
未　申　酉　戌　亥　子

丙火生于午月、陽刃局逢寅申、生拱又逢比助、旺可知矣、最喜辰時、壬水透露更妙、申辰洩火生金而拱水、正得既濟、所以早登科甲、仕版連登、掌兵刑重任、執生殺大權、

比　刃　　　殺
丙　甲　丙　壬
申　午　寅　辰
才殺食　劫傷　刃比食　官食印

乙　丙　丁　戊　己　庚
未　申　酉　戌　亥　子

此與前八字皆同、前則坐下申金、生拱壬水有情、此則申在年支、遠隔又被比劫所奪、至申運生殺、又甲子流年會成殺局、沖去羊刃、中鄉榜、以後一阻雲程、與前造天淵之隔者、申金不接壬水之氣也、

食　戊子　官
食　戊午　傷刦
　　丙辰　官食印
食　戊戌　食刦財

己未　庚申　辛酉　壬戌　癸亥　甲子

丙日午提、刃強當令、子沖之、辰洩之、弱可知矣、天干三戊、竊日主之精華、兼之運走西北金水之地、則羊刃更受其敵、不但功名蹭蹬、而且財源鮮聚、至甲寅年、會火局、疏厚土、恩科發榜、

比　庚午　印官
財　乙酉　刦
　　庚午
食　壬午

丙戌　丁亥　戊子　己丑　庚寅　辛卯

和中堂造、庚生仲秋、支中官星三見、則酉金陽刃受制、五行無土、弱可知矣、喜其時上壬水爲輔、吐其秀氣、所以聰明權勢爲最、第月干乙木透露、戀財而爭合、一生所愛者財、不知急流勇退、但財臨刃地、日在官鄉、官能制刃、財必生官、官爲君象、故運走庚寅、金逢絕地、官得生拱、其財仍歸官矣、由此觀之、財乃害人之物、所謂欲不除、似蛾撲燈、焚身乃止、

如猩嗜酒、鞭血方休、悔無及矣、

	四柱	藏干	運
官	己丑	劫印官	乙亥
才	丙子	劫	甲戌
	壬辰	傷殺劫	癸酉
殺	戊申	比卩殺	壬申
			辛未
			庚午

印提臺造、壬水生于子月、官殺並透通根、全賴支會水局、助起羊刃、謂殺刃兩旺、惜乎無木、秀氣未吐、身出寒微、喜其丙火敵寒解凍、爲人寬厚和平、行伍出身、癸酉運、助刃幫身、得官、壬申運、正謂一歲九遷、仕至極品、一交未運制刃、至丁丑年火土並旺、又剋合子水不祿、

	四柱	藏干	運
官	辛卯	劫	甲午
劫	乙未	劫財傷	癸巳
	甲子	印	壬辰
殺	庚午	傷財	辛卯
			庚寅
			己丑

稽中堂造、甲子日元、生于未月午時、謂夏木逢水、傷官佩印、所喜者卯木剋住未土、則子水不受其傷、足以沖午、有病得藥、去濁留清、天干甲乙庚辛、各立門戶、不作混論、乃滋印之喜神、更妙運走東北水木之地、體用合宜、一生宦途平順、

殺　庚午　財傷
卩　壬午　財傷
　　甲戌　才傷官
殺　庚午

癸未　甲申　乙酉　丙戌　丁亥　戊子

甲木生于午月、支中三午一戌、火焰土燥、傷官肆逞、月干壬水無根、全賴庚金滋水、所以科甲聯登、其仕路蹭蹬者、祗因地支皆火、天干金水、木無託根之地、神有餘而精不足之故也、

才　甲子　傷
殺　丙子　傷
　　庚辰　傷卩財
比　庚辰

丁丑　戊寅　己卯　庚辰　辛巳　壬午

周侍郎造、庚金生于仲冬、金水寒冷、月干丙火、得年之甲木生扶、解其寒凍之氣、謂冬金得火、但子辰雙拱、日元必虛、用神不在丙火而在辰土、比肩佐之、所以運至庚辰辛巳、仕版連登、

殺	傷		殺
丁	壬	辛	丁
巳	子	巳	酉
	食	劫官印	比

辛亥　庚戌　己酉　戊申　丁未　丙午

熊中丞學鵬造、辛金生于仲冬、金寒水冷、過于洩氣、全賴酉時扶身、巳酉拱而佐之、天干丁火、不過取其敵寒解凍、非用丁火也、用神必在酉金、故運至土金之地、仕路顯赫、一交丁未敗事矣、凡冬金喜火取其暖局之意、非作用神也、

疾病

五行和者。一世無災。〔原注〕五行和者。不特全而不缺。生而不克。只是全者宜全。缺者宜缺。生者宜生。尅者宜尅。則和矣。主一世無災。

任氏曰、五行在天爲五氣、青赤黃白黑也、在地爲五行、木火土金水也、在人爲五臟、肝心脾肺腎也、人爲萬物之靈、得五行之全、表于頭面、象天之五氣、裏于臟腑、象地之五行、故爲一小天也、是以臟腑各配五行之陰陽

而屬焉、凡一臟配一腑、腑皆屬陽、故爲甲丙戊庚壬、臟皆屬陰、故爲乙丁己辛癸、或不和、或太過、不及、則病有風熱溼燥寒之症矣、必得五味調和、亦有可解者、五味者、酸苦甘辛鹹也、酸者屬木、多食傷筋、苦者屬火、多食傷骨、甘者屬土、多食傷肉、辛者屬金、多食傷氣、鹹者屬水、多食傷血、此五味之相克也、故曰五行和者、一世無災、不特八字五行宜和、卽臟腑五行、亦宜和也、八字五行之和、以歲運和之、臟腑五行之和、以五味和之、和者、解之意也、若五行和、五味調、而災病無矣、故五行之和、非生而不尅、全而不缺爲和也、其要貴在洩其旺神、瀉其有餘、有餘之旺神瀉、不足之弱神受益矣、此之謂和也、若强制旺神、寡不敵衆、觸怒其性、旺神不能損、弱神反受傷矣、是以旺神太過者宜洩、不太過宜尅、弱神有根者宜扶、無根者反宜傷之、凡八字須得一神有力、制化合宜、主一世無災、非全而不缺爲

美、生而不尅爲和也、　珊按、讀此可知鐵樵先生、既知命、又善醫也、

財　癸未　官劫印
殺　甲寅　殺卩比
　　戊戌　傷印比
食　庚申　食才比

癸丑　壬子　辛亥　庚戌　己酉　戊申　丁未　丙午

戊生寅月、木旺土虛、喜其坐戌通根、足以用金制殺、況庚金亦坐祿支、力能伐木、所謂不太過者宜剋也、雖年干癸水生殺、得未土制之、使其不能生木、喜者有扶、憎者得去、五行和矣、且一路運程與體用不背、壽至九旬、耳目聰明、行止自如、子旺孫多、名利福壽俱全、一世無

災無病、

殺　甲寅　殺卩比
食　庚午　印劫
　　戊寅
殺　甲寅

辛未　壬申　癸酉　甲戌　乙亥　丙子

局中七殺五見、一庚臨午無根、所謂弱神無根、宜去之、旺神太過、宜洩之也、用午火則和矣、喜其午火當令、全無水氣、雖運逢金水、木能破局而無礙、運走木火、名利兩全、此因神氣足、精氣自生、是以富貴福壽、一世無災、

子廣孫多、後嗣濟美、

傷 甲子 比 丁丑
財 丙子 戊寅
癸亥 刦 己卯
食 乙卯 傷 庚辰
食 辛巳
壬午

癸亥日元、年月坐子、旺可知矣、最喜卯時洩其菁英、裏發于表、木氣有餘、火虛得用、謂精足神旺、喜其無土金之雜、有土則火洩不能止水、反與木不和、有金則木損、更助其汪洋、其一生無災者、緣無土金之混也、年登耄耋、而飲啖愈壯、耳目聰明、步履康健、見者疑五十許人、名利兩全、子孫衆多、

血氣亂者。生平多疾。〔原注〕血氣亂者。不特火勝水。水克火之類。五氣反逆。上下不通。往來不順。謂之亂。主人多病。

任氏曰、血氣亂者、五行背而不順之謂也、五行論水爲血、人身論脈即血

也、心胞主血、故通手足厥陰經、心屬丁火、心胞主血、膀胱屬壬水、丁壬相合、故心能下交於腎、則丁壬化木、而神氣自足、得既濟相生、血脈流通而無疾病矣、故八字貴乎克處逢生、逆中得順而爲美也、若左右相戰、上下相克、喜逆逢順、喜順逢逆、火旺水涸、火能焚木、水旺土蕩、水能沉金、土旺木折、土能晦火、金旺火虛、金能傷土、木旺金缺、木能滲水、此五行顛倒相剋之理、犯此者、必多災病、

劫 丙	申 財官傷	丙	申
卩 乙	未 比食卩	丁	酉
丁	未	戊	戌
財 庚	戌 傷比才	己	亥
		庚	子
		辛	丑

丁生季夏、未戌燥土、不能晦火生金、丙火足以焚木剋金、則土愈燥而不洩、申中壬水涸而精必枯、故初患痰火、亥運水不敵火、反能生木助火、正杯水車薪、火勢愈烈、吐血而亡、

殺　刦　　　卩
壬　丁　丙　甲
寅　未　申　午
卩比食　印傷刦　才殺食　刦傷

戊申　己酉　庚戌　辛亥　壬子　癸丑

丙火生于未月午時、年干壬水無根、申金遠隔、本不能生水、又被寅沖午刦、則肺氣愈虧、兼之丁壬相合化木、從火則心火愈旺、腎水必枯、所以病犯遺泄、又有痰嗽、至戌運全會火局、肺愈絕、腎水燥、吐血而亡、

卩　比　　　殺
甲　丙　丙　壬
辰　寅　寅　辰
　卩比食　　印食官

丁卯　戊辰　己巳　庚午　辛未　壬申

木當令、火逢生、辰本溼土、能蓄水、被丙寅所剋、脾胃受傷、肺金自絕、木多滲水、而腎水亦枯、至庚運、木旺金缺、金水並見、木火金肆逞矣、吐血而亡、此造木火同心、可順而不可逆、反以壬水爲忌、故初逢丁卯戊辰己巳等運、反無礙、

忌神入五臟而病凶。〔原注〕柱中所忌之神。不制不化。不沖不散。隱伏深固。相克五臟則其病凶。忌木而入土則脾病。忌火而入金則肺病。忌土而入水則腎病。忌金而入木則肝病。忌水而入火則心病。又看虛實。如木入土。土旺者。則脾自有餘之病。發於四季月。土衰者。則脾有不足之病。發於春冬月。餘皆仿之。

任氏曰、忌神入五臟者、陰濁之氣、埋藏于地支也、陰濁深伏、難制難化、爲病最凶、如其爲喜、一世無災、如其爲忌、生平多病、土爲脾胃、脾喜緩、胃喜和、忌木而入土、則不和緩而病矣、金爲大腸肺、肺宜收、大腸宜暢、忌火而入金、則肺氣上逆、大腸不暢而病矣、水爲膀胱腎、膀胱宜潤、腎宜堅、忌土而入水、則腎枯膀胱燥而病矣、木爲肝膽、肝宜條達、膽宜平、忌金而入木則肝急而生火、膽寒而病矣、火爲小腸心、心宜寬、小腸宜收、忌水而入火則心不寬、小腸緩而病矣、又要看有餘不足、如土太旺、木不能入土、則脾胃自有餘之病、脾本忌溼、胃本忌寒、若土溼而有餘、其病發于春冬、反忌火以燥之、土燥而有餘、其病發于夏秋、反忌水以潤之、如土虛弱、木足以疎土、若土濕而不足、其病發于夏秋、土燥而不足、其病發于冬春、蓋虛濕之土、遇夏秋之燥、虛濕之土、逢春冬之濕、使木託根而愈茂、土受其剋而愈虛、若虛濕之土、再逢虛溼之時、虛溼之土、再逢虛燥之時、木必虛浮、不能盤根、土反不畏其剋也、餘仿此、

才	庚	寅	卩比食
傷	己	丑	傷財官
	丙	子	官
印	乙	未	印傷刦

庚寅　辛卯　壬辰　癸巳　甲午　乙未

丙火生于季冬、坐下子水、火虛無焰、用神在木、木本凋枯、雖處兩陽、萌芽未動、庚透臨絕、爲病甚淺、所嫌者月支丑土、使庚金通根、丑內藏辛、正忌神深入五臟、又己土乃庚金嫡母、晦火生金、足以破寅、子水爲腎、丑合之不能生木、化土反能助金、丑土之爲病、不但生金、抑且移累於水、是

以病患肝腎兩虧、至卯運、能破丑土、名列宮牆、乙運庚合、巳丑拱金、虛損之症、不治而亡、

	丁亥	辛亥	辛未	壬辰
天干	殺	比		傷
地支	傷財		才卩殺	才印食

庚戌　己酉　戊申　丁未　丙午　乙巳

辛金生于孟冬、丁火剋去比肩、日主孤立無助、傷官透而當令、竊去命主元神、用神在土不在火也、未爲木之庫根、辰乃木之餘氣、皆藏乙木之忌、年月兩亥、又是木之生地、亥未拱木、此忌神入五臟歸六腑、由此論之謂脾虛腎泄、其病患頭眩遺洩、又更盛於胃脘痛、無十日之安至己酉運、日主逢祿、采芹得子、戊運剋去壬水補廩、申運壬水逢生、病勢愈重、丁運日主受傷而卒、

觀右兩造、其病症與八字五行之理、顯然應驗、果能深心細究、其壽夭窮通、豈不能預定乎、

客神遊六經而災小。

〔原注〕客神比忌神爲輕。不能埋沒。游行六道。則必有災。如木游於土之地而胃災。火游於金之地而大腸災。土行水地膀胱災。金行木地膽災。水行火地小腸災。

任氏曰、客神遊六經者、陽虛之氣、浮于天干也、陽而虛露、易制易化、爲災必小、猶病之在表、外感易于發散、不至大患、故災小也、究其病源、仍從五行陰陽、以分臟腑、而五臟論法、亦勿以天干爲客神論、虛地支爲忌神論實、必須究其虛中有實、實處反虛之理、其災祥了然有驗矣、

食　壬辰　財卩傷
才　甲辰
　　庚午　官印
殺　丙戌　官刦卩

乙巳　丙午　丁未　戊申　己酉　庚戌　辛亥

庚午日元、生于辰月戌時、春金殺旺、用神在土、月干甲木、木本是客神、得兩辰蓄水藏木、不但遊六經而且入五臟、且年干壬甲相生、不克丙火、初運南方生土、所以脾胃無病、然熬水煉金而患弱症、至戊申運、土金並旺、局中以木爲病、木主風、金能剋木、接連己酉庚戌三十載、發財十餘萬

辛亥運、金不通根、木得長生、忽患風疾而卒、

刦	殺		卩
癸	戊	壬	庚
丑	午	寅	戌
官印刦	官財	食才殺	殺財印

丁巳　丙辰　乙卯　甲寅　癸丑　壬子

壬寅日元、生于五月戌時、殺旺又逢財局、殺愈肆逞、所以客神不在午火、反在寅木、助其火勢、客神又化忌神、戊癸化火、則金水相傷、運至乙卯、金水臨絕、得肺腎兩虧之症、聲啞而嗽、於甲戌年正月木火並旺而卒、

印	才		才
乙	庚	丙	庚
亥	辰	子	寅
殺卩	官食印	官	食比卩

己卯　戊寅　丁丑　丙子　乙亥　甲戌

丙子日元、生于季春、濕土司令、蓄水養木、用神在木、得亥之生、辰之餘、寅之助、乙木雖與庚金合而不化、庚金浮露天干爲客神、不能深入臟腑、而游六經也、水爲精、亥子兩見、辰又拱而蓄之、木爲氣、春令有餘、寅亥生合火爲神、時在五陽進氣、通根年月、氣貫生時、精氣神三者俱足、則邪

氣無從而入、行運又不背、一生無疾、名利裕如、惟土虛濕又金以洩之、所以脾胃虛寒、不免泄瀉之病耳、

木不受水者血病。〔原注〕水東流而木逢沖。或虛脫。皆不受水也。必主血病。蓋肝屬木。納血。不納則病。

任氏曰、春木不受水者、喜火之發榮也、冬木不受水者、喜火之解凍也、夏木之有根而受水者、去火之烈、潤地之燥也、秋木得地而受水者、洩金之銳、化殺之頑也、春冬生旺之木、要其衰而受水、夏秋休囚之木、要其旺而受水、反此則不受、不受則血不流行、故致血病矣、

食	食		才
丁	丁	乙	己
亥	未	亥	卯
印刦	比才食	印刦	比祿

丙午　乙巳　甲辰　癸卯　壬寅　辛丑

乙木生於未月、休囚之位、年月兩透丁火、洩氣太過、最喜時祿通根、則受亥水之生、潤其燥烈之土、更妙會局幫身、通輝之象、至甲辰運、虎榜居首、科甲聯登、格取食神用印也、

傷	比		食
丙	乙	乙	丁
戌	未	巳	亥
財食殺	比才食	官傷財	印刦

丙申　丁酉　戊戌　己亥　庚子　辛丑

乙木生於未月、干透丙丁、通根巳戌、發洩太過、不受水生、反以亥水爲病、格成順局從兒、初交丙申丁酉、得丙丁蓋頭、平順之境、戊戌運剋盡亥水、名利兩得、至己亥水地、病患臌脹、只因四柱火旺又逢燥土、水無所歸、故得此病而亡、

土不受火者氣傷。〔原注〕土逢沖而虛脫則不受火。必主氣病。蓋脾屬土而容火。不容則病矣。

任氏曰、燥實之土不受火者、喜水之潤也、虛濕之土不受火者、忌水之剋也、冬土有根而受火者、解天之凍、去地之濕也、秋土得地而受火者、制金之有餘、補土之洩氣也、過燥則地不潤、過濕則天不和、是以火不受、木不容、過燥必氣虧、過溼必脾虛、不受則病矣、

劫	傷		劫
己	辛	戊	己
巳	未	戌	未
食卩比	官劫印	傷印比	官劫印

庚午　己巳　戊辰　丁卯　丙寅　乙丑

戊土生於未月、重疊厚土、喜其天干無火、辛金透出、謂裏發于表、其精華皆在辛金、運走己巳戊辰、生金有情、名利裕如、丁卯運辛金受傷、地支火土並旺、不能疏土、反從火勢、則土愈旺、辛屬肺、肺受傷、血脈不能流通、病患氣血兩虧而亡、

財	比		傷
壬	己	己	庚
申	亥	丑	辰
刦財傷	官財	比食才	才刦殺

庚寅　辛卯　壬辰　癸巳　甲午　乙未

己亥日元、生于丑月、虛溼之地、辰丑蓄水藏金、庚壬透而通根、只得任其虛溼之氣、反以水爲用而從財也、初運庚寅辛卯、天干逢金生水、地支遇水剋土、蔭庇有餘、壬辰癸巳、不但財業日增、抑且名列宮牆、巳運剋妻破財、此造四柱無火、得申時壬水逢生、格成假從財、故遺業豐厚、讀書入學、妻子兩全、若一見火、爲財多身弱、一事無成、至甲午運、木無根而從火、己巳年火土並旺、氣血必傷、病患腸胃血症而亡、

金水傷官。寒則冷嗽。熱則痰火。火土印綬。熱則風痰。燥則皮癢。論痰多木火。生毒鬱火金。金水枯傷而腎經虛。水木相勝而脾胃泄。

〔原注〕凡此皆五行不和之病。而知其病。知其人。則可以斷其吉凶。如木之病何如。又看木是日主之何神。若木是財

而能發土病。則斷其財之衰旺。妻之美惡。父之興衰。亦不必顯驗。然有可應而六親與事體又不相符者。殆以病而免其咎者也。

任氏曰、金水傷官、過於寒者、其氣辛涼、真氣有虧、必主冷嗽、過於熱者、水不勝火、火必剋金、水不勝火者、心腎不交也、火能克金者、肺家受傷也、冬令虛火上炎、故主痰火、

火土印綬、過於熱者、木從火旺也、火旺焚木、木屬風、故主風痰、過於燥者、火炎土焦也、土潤則血脈流行、而營衛調和、皮屬土、土喜煖、煖即潤也、所以過燥則皮癢、過溼則生瘡、夏土宜溼、冬土宜燥、在人則無病、在物則發生、總之火多主痰、水多主嗽、

木火多痰者、火旺逢木、木從火勢、則金不能剋木、水不能勝火、火必剋金而傷肺、不能下生腎水、木又洩水氣、腎水必燥、陰虛火炎、痰則生矣、

生毒鬱火金者、火烈水涸、火必焚木、木被火焚、土必焦燥、燥土能脆金、金鬱於內、脆金逢火、肺氣上逆、肺氣逆則肝腎兩虧、肝腎虧則血脈不行、加以七情憂鬱而生毒矣、

土燥不能生金、火烈自能暵水、腎經必虛、

土虛不能制水、木旺自能剋土、脾胃必傷、　凡此五行不和之病、細究之必驗也、然與人事可相通也、不可專執而論、如病不相符、可究其六親之吉凶事體之否泰、必有應驗者、

如日主是金、木是財星、局中火旺、日主不能任其財、必生火而助殺、反爲日主之忌神、即或有水、水仍生木、則金氣愈虛、金爲大腸肺、肺傷而大腸不暢、不能下生腎水、木洩水而生火、必主腎肺兩傷之病、

然亦有無此病者、必財多破耗、衣食不敷、是其咎也、

然亦有無病而財源旺者、其妻必陋惡、子必不肖也、斷斷必有一驗、其中亦有妻賢子肖而無病、且財源旺者、歲運一路土金之妙也、然亦有局中金水、與木火停勻、而得肺腎之病者、或財多破耗、或妻陋子劣者、亦因歲運一路木火、而金水受傷之故也、宜仔細推詳、不可執一而論也、

傷	壬辰	才印食
傷	壬子	食
	辛酉	比
卩	己丑	卩比食

癸丑　甲寅　乙卯　丙辰　丁巳　戊午

辛金生於仲冬、金水傷官、局中全無火氣、金寒水冷、土溼而凍、初患冷嗽、然傷官佩印、格局純清、讀書過目成誦、早年入泮、甲寅乙卯、洩水之氣、家業大增、至丙辰運、水火相剋而得疾、丙寅年火金旺、水愈激、竟成弱症而亡、

印　己丑　食比印
官　丙子　食
　　辛酉　比
傷　壬辰　食印才

乙亥　甲戌　癸酉　壬申　辛未　庚午

金水傷官、丙火透露、去其寒凝、故無冷嗽之病、癸酉入學補廩、而舉於鄉、問曰、金水傷官喜官星、何以癸酉金水之運而得功名、余曰、金水傷官喜火、不過要其煖局、非取以爲用也、取火爲用者、十無一二、取水爲用者、十有八九、取火者必要木火齊來、又要日元旺相、此造日元雖旺、局中少木、虛火無根、必以水爲用神也、壬申運由教習得知縣、辛未運丁丑年、火土並旺、合取壬水、子水亦傷、得疾而亡、

才　甲戌　劫官印
殺　丙子　傷
　　庚子　傷
殺　丙戌　劫官印

丁丑　戊寅　己卯　庚辰　辛巳　壬午

庚金生於子月、丙火並透、地支兩戌燥土、乃丙之庫根、又得甲木生丙、過於熱也、運至戊寅己卯、而患痰火之症、庚辰比肩幫身、支逢溼土、其病勿藥而愈、加捐出仕、辛巳長生之地、名利兩全、其不用火者、身衰之故也、

凡金水傷官用火、必要身旺逢財、中和用水、衰弱用土也、

比	己	巳	傷印刦
傷	庚	午	比刃
	己	亥	財官
印	丙	寅	官印刦

己巳 戊辰 丁卯 丙寅 乙丑 甲子

己土生于仲夏、火土印綬、己本濕土、又坐下亥水、丙火透而逢生、年月又逢祿旺、此之謂熱、非燥也、寅亥化木生火、夏日可畏、兼之運走東南木地、風屬木、故患風疾、且巳亥體陰、用陽也得午助、心與小腸愈旺、亥逢寅洩、庚金不能下生、腎氣愈虧、又患遺泄之症、幸善調養、而病勢無增、至乙丑、運轉北方、前病皆愈、甲子癸亥水地、老而益壯、又納妾生子、發財數萬、

傷 辛未 印刦官　　丁酉
比 戊戌 比印傷　　丙申
比 戊戌　　　　　乙未
印 丁巳 比卩食　　甲午
　　　　　　　　　癸巳
　　　　　　　　　壬辰

戊土生於戌月、未戌皆帶火燥土、時逢丁巳、火土印綬、戊本燥土、又助其印、時在季秋、此之謂燥、非熱也、年干辛金、丁火刦之、辛屬肺、燥土不能生金、初患痰症、肺家受傷之故也、其不致大害者、運走丙申丁酉、西方金地、至乙未甲午、木火相生、土愈燥、竟得蛇皮瘋、所謂皮痒也、癸巳運水無根、不能剋火及激其焰、其疾卒以亡身、此火土逼乾癸水、腎家絕也、

比 己丑 才食比　　丙子
卩 丁丑　　　　　乙亥
　 己亥 官財　　　甲戌
殺 乙丑　　　　　癸酉
　　　　　　　　　壬申
　　　　　　　　　辛未

己土生于季冬、支逢三丑、日主本旺、過於寒濕、丁火無根、不能去其寒濕之氣、乙木凋枯、置之不用、書香難就、己土屬脾、寒而且濕、故幼多瘡毒、癸酉壬申運、財雖大旺、兩脚寒濕瘡、數十年不愈、又中氣大虧、亦乙木凋枯

之意也、

食	財		殺
丙	己	甲	庚
戌	亥	戌	午
官傷才	比卩		傷財

庚子　辛丑　壬寅　癸卯　甲辰　乙巳

甲木生於亥月、印雖當令、四柱土多剋水、天干庚金無根、又與亥水遠隔、戌中辛金、鬱而受剋、午丙引出戌中丁火、亥水被戌土制定、不能克火、所謂鬱火金也、庚爲大腸、丙火剋之、辛爲肺、午火攻之、壬爲膀胱、戌土傷之、謂火毒攻內、甲辰運木又生火、沖出戌中辛金、被午剋之、生肺癰而亡、

殺	印		比
庚	癸	甲	甲
寅	未	午	戌
才食比	傷財刦	財傷	才傷官

甲申　乙酉　丙戌　丁亥　戊子　己丑

木火傷官用印、得庚金貼身、生癸水之印、純粹可觀、讀書過目不忘、惜庚癸兩字、地支不載、更嫌戌時會起火局、不但金水枯傷、而且火能熱木、命主元神洩盡、幼成弱症、肺腎兩虧、至丙戌運、逼水剋金而殀、

傷 癸酉 刦　甲寅
財 乙卯 財　癸丑
　 庚戌 刦官卩　壬子
卩 戊寅 才殺卩　辛亥
　　　　　庚戌
　　　　　己酉

春木當權、卯酉雖沖、木旺金缺、土亦受傷、更嫌卯戌寅戌拱合化殺、本主脾虛肺傷疾、然竟一生無病、但酉弱卯强、妻雖不剋、而中冓難言、生二子、皆不肖、爲匪類、故免其病、財亦旺也、

出身

巍巍科第邁等倫。一個元機暗裏存。〔原注〕凡看命看人之出身最難。如狀元出身。格局清奇迴異。若隱若露。奇而難決者。必有元機須搜尋之。

任氏曰、命論人之出身最難、故有元機存焉、元機者、不特格局清奇迴異、用神眞假之分、須究支中藏神司命、包羅用神喜神、使閑神忌神不能爭戰、反有生拱之情、又有格局本無出色處、而名冠羣英者、必先究其世德之美惡、次論山川之靈秀、所以鍾靈毓秀、從世德而來者、不論命也、故世

德心田居一、山川居二、命格居三、然看命之要、非殺印相生爲貴、官印雙清爲美也、如顯然殺印財官、動人心目者、必非佳造、若用神輕微、喜神暗伏、秀氣深藏者、初看並無好處、越看越有精神、其中必有元機、宜仔細搜尋、

財	財		刦
壬	壬	己	戊
辰	寅	未	辰
殺刦才	官印刦	殺比印	殺刦才

癸卯　甲辰　乙巳　丙午　丁未　戊申

己土生于孟春、官當令、天干覆以財星、生官有情、然春初己土濕而且寒、年月壬水、通根身庫、喜其寅中丙火司令爲用、伏而逢生、所謂元機暗裏存也、至丙運、元神發露、戊辰年比助時干、剋去壬水、則丙火不受剋、大魁天下、以俗論之、官星不透、財輕刦重、謂平常命也、

卩　壬戌　才傷官
比　甲辰　印才刦
　　甲戌　才傷官
食　丙寅　才食比

乙巳　丙午　丁未　戊申　己酉　庚戌

甲木生于季春、木有餘氣、又得比祿之助、時干丙火獨透、通輝純粹、年干壬水、坐下燥土之制、又逢比肩之洩、展轉相生、則丙火更得其勢、至戊運、戊之元神透出制壬、兩冠羣英、三元及第、其仕路未能顯秩者、運走西方金地、洩土生水之故也、

印　甲寅　傷刦印
比　丁丑　食才殺
　　丁卯　卩
財　庚戌　傷比才

戊寅　己卯　庚辰　辛巳　壬午　癸未

丁火生于季冬、局中印綬疊疊、弱中變旺、足以用財、庚金虛露、本無出色、喜其丑內藏辛爲用、亦是元機暗裏存也、丑乃日元之秀氣、能引比肩來生、又得卯戌合、而丑土不傷、所以身居鼎右、探花及第、

官　食　　　　　食才
丁　亥　　　　　辛　亥
食　　　　　　　傷
壬　子　　　　　庚　戌
　　　　　　　　傷
庚　子　　　　　己　酉
劫　　　　　　　比殺印
辛　巳　　　　　戊　申
　　　　　　　　丁　未
　　　　　　　　丙　午

庚金生于仲冬、傷官太旺、過于洩氣、用神在土、不在火也、柱中之火、不過取其煖局耳、四柱無土、取巳中藏戊、水旺剋火、火能生土、亦是元機暗裏存也、至戊運丙辰年、火土相生、巳中元神並發、亦居鼎右、

清得盡時黃榜客。雖存濁氣亦中式。〔原注〕天下之命。未有不清而發科甲者。清得盡者。非必一一成象。雖五行盡出而能安放得所。生化有情。不混閑神忌客。决發科甲。即有一二濁氣。而清氣或成一個體段。亦可發達。

任氏曰、清得盡者、非一行成象、兩氣雙清也、雖五行盡出、而清氣獨逢生旺、或眞神得用、或清氣深藏者、黃榜標名也、若清氣當權、閑神忌客、不司令、不深藏、得歲運制化者、亦發科甲也、清氣當權、雖有濁氣、安放得所、不

犯喜用者、雖不能發甲、亦發科也、清氣雖不當令、得閑神忌客不黨濁氣、匡扶清氣、或歲運安頓者、亦可中式也、

封	戊	辰	
殺	乙	卯	殺
	己	卯	
印	丙	辰	才封殺

丙辰　丁巳　戊午　己未　庚申　辛酉

平傳臚造、己土生于卯月、殺旺提綱、乙木元神透露、支類東方、時干丙火生旺、局中不雜金水、清得盡者也、若一見金、不但不能剋木、而金自傷、觸其旺神、徒與不和、爲不盡也、

傷	癸	未	
印	己	未	官印財
	庚	子	傷
才	甲	申	卩食比

戊午　丁巳　丙辰　乙卯　甲寅　癸丑

庚金生於未月、燥土本難生金、喜其坐下子水、年透元神、謂三伏生寒、潤土養金、雖然土旺水衰、妙在中時拱子、有洩土生水扶身之美、更妙火不顯露、清得盡也、初交戊午丁巳丙運、生土逼水、功名蹭蹬、家業破耗、辰運

支全水局，舉於鄉，交乙卯制去己未之土，登黃甲，入詞林，又掌文柄，仕路顯赫，

印	印		傷
癸	癸	甲	丁
未	亥	午	卯
傷財刦	比卩	財傷	刦

壬戌　辛酉　庚申　己未　戊午　丁巳

甲木生于亥月，癸水並透，其勢泛濫，冬木喜火，最喜卯時，不特丁火通根，抑且日主臨旺，又會木局，洩水生火扶身，更妙無金，清得盡矣，至己未運，制其癸水，丙辰流年，捷南宮，入翰苑，官居清要，

刦	殺		食
壬	己	癸	乙
辰	酉	卯	卯
食官比	卩	食	食

庚戌　辛亥　壬子　癸丑　甲寅　乙卯

癸卯日元，食神太重，不但日元洩氣，而且制殺太過，喜其秋水通源，獨印得用，更妙辰酉合而化金，金氣愈堅，局中全無火氣，清得盡矣，所以早登雲路，名高翰苑，惜中運逢木，仕路恐不能顯秩也，

印	己	亥	食才
才	甲	戌	劫官印
	庚	子	
殺	丙	子	傷

癸酉　壬申　辛未　庚午　己巳　戊辰

庚金生于戌月、地支兩子一亥、干透丙火、剋洩交加、喜其印旺月提、雖嫌甲木生火剋土、得甲己合而化土、清得盡也、至己巳流年、印星有助、沖去亥水甲木長生、名題鴈塔、

印	己	亥	食才
殺	丙	子	傷
	庚	子	傷
劫	辛	巳	比殺印

乙亥　甲戌　癸酉　壬申　辛未　庚午

庚金生於仲冬、地支兩子一亥、干透丙火、剋洩並見、喜其己土透露、洩火生金、五行無木、清得盡也、至己巳年、印星得助、名高翰苑、所不足者、印不當令、又己土遙列而虛、故降任知縣、

比	殺		殺
丙	壬	丙	壬
申	辰	子	辰
才殺食		官	印食官

癸巳　甲午　乙未　丙申　丁酉　戊戌

丙火生于季春、兩殺並透、支會殺局、喜其辰土當令制殺、辰中木有餘氣而生身、病在申金、無此盡美、所以天資過人、丁卯年合殺、而印星得地、中鄉榜、辛未年去其子水、木火皆得餘氣、春闈亦捷、究竟申金爲嫌、不得大用歸班、更嫌運走西方、以酒色爲事也、此似王衍梅造

殺	比		傷
戊	壬	壬	乙
午	戌	子	巳
財官	印財殺	刦	印才殺

癸亥　甲子　乙丑　丙寅　丁卯　戊辰

壬水生于戌月、水進氣、而得坐下陽刃幫身、年干之殺、比肩擡之、謂身殺兩停、其病在午、子水沖之、又嫌在巳、子水隔之、使其不能生殺、且戌中辛金暗藏爲用、同胞雙生、皆中進士、

官 庚戌 殺食財
殺 辛巳 官傷財
　 乙卯 比祿
財 戊寅 劫傷財

壬午　癸未　甲申　乙酉　丙戌　丁亥

乙木生于巳月、傷官當令、足以制官伏殺、坐下祿支扶身、寅時又藤蘿繫甲、至庚辰年、支類東方、中鄉榜、不發甲、只因四柱無印、戊土洩火生金之故也、同胞雙生、其弟生卯時、雖亦得祿、不及寅中甲木有力而藏之爲美、故運至己亥年、印星生拱、始中鄉榜也、

財 癸亥 才殺
官 乙卯 官
　 戊午 劫印
殺 甲寅 比卩殺

甲寅　癸丑　壬子　辛亥　庚戌　己酉

戊土生于仲春、官殺並旺臨祿、又財星得地生扶、雖坐下午火印綬、虛土不能納火、格成棄命從殺、官殺一類既從、不作混論、至子運沖去午火、庚子年金生水旺、沖盡午火、中鄉榜、

卩	食		傷
戊	壬	庚	癸
子	戌	寅	未
傷	卩官刦	卩殺才	官印財

癸亥　甲子　乙丑　丙寅　丁卯　戊辰

庚金生於戌月、印星當令、金亦有氣、用神在水、不在火也、至庚申流年、壬水逢生、又洩土氣、北闈奏捷、所嫌者、戊土元神透露、不利春闈、兼之中運木火、財多破耗、

印	卩		
戊	己	辛	戊
子	未	亥	子
食	殺卩才	財傷	食

庚申　辛酉　壬戌　癸亥　甲子　乙丑

辛金生于季夏、局中雖多燥土、妙在坐下亥水年時逢子潤土養金、能邀其未拱木爲用、至丁卯年、全會木局、有病得藥、棘闈奏捷、

秀才不是塵凡子。清氣還嫌官不起。〔原注〕秀才之命。與異路人貧人富人之命。無甚

大別。然終有一種淸氣處。但官星不起。故無爵祿。

任氏曰、秀才之命、與異路貧富人無甚分別、細究之、必有淸氣存焉、官星不起者、非官星不透之謂也、如官星太旺、日主不能用其官、如官星太弱、官星不能剋日主、如官旺用印見財者、如官衰用財遇刦者、如印多洩官星之氣者、如官多無印者、如官透無根地支不載、如官坐傷位、傷坐官位、如忌官逢財、喜官遇傷者、皆謂之官星不起也、縱有淸氣、不過一衿終身、有富而秀者、身旺財旺、與官星不通也、或傷官顧財不顧官也、有貧而秀者、身旺官輕、財星受刦也、或財官太旺、印星不現、或傷官用印、見財不見官也、有學問過人、竟不能得一衿、老于儒童者、此亦有淸氣存焉、格局原可發秀、只因運途不齊、破其淸氣、以致終身不能稍舒眉曲也、亦有格局本可登科發甲者、亦因運途不齊、屢困場屋、終身一衿、不能得路于靑雲

也、有格局本無出色、竟能科甲連登、此因一路運途合宜、助其清氣官星、去其濁氣忌客之故也、

卩　癸巳　官傷財　辛酉
印　壬戌　財食殺　庚申
　　乙卯　比祿　己未
財　戊寅　比傷刦　戊午
丁巳
丙辰

乙卯日元、生於季秋、得寅時之助、日主不弱、足以用巳火之秀氣、戌土火庫收之、壬癸當頭剋之、格局本無出色、且辛金司令、壬水進氣通源、幸得時透戌土、去濁留清、故文望若高山北斗、品行似良玉精金、中運逢火、丙子年優貢、惜子水得地、難得登雲、

印　癸未　刦財傷　己未
殺　庚申　　　　戊午
　　甲申　殺卩才　丁巳
刦　乙亥　卩比　丙辰
乙卯
甲寅

甲申日元、生於孟秋、庚金兩坐祿旺、喜亥時絕處逢生、化殺有情、癸水元神透出、清可知矣、但嫌殺勢太旺、日主虛弱、不能假殺爲權、所以起而不起也、廩貢終身、

官 印 食
壬午 甲辰 丁巳 己酉
比食 丨傷殺 財刦傷 才

乙巳 丙午 丁未 戊申 己酉 庚戌

丁火生于季春、官星雖起、坐下無根、其氣歸木、日主臨旺、時財拱會有情、刦與官星不通、且中年運走土金、財星洋溢、官星有損、功名不過一衿、家業數十萬、若換酉年午時、名利雙輝矣、

官 印 刦
癸未 乙卯 丙午 丁酉
印傷刦 印 刦傷 財

甲寅 癸丑 壬子 辛亥 庚戌 己酉

丙午日元、生于卯月、局中木火兩旺、官坐傷位、一點財星刦盡、謂財刦官傷、壬運雖得一衿、貧乏不堪、子運冋沖、又逢未破、剋妻、辛運丁火冋刦、剋子、亥運會木生火而亡、

殺 戊申 卩比殺　辛酉
卩 庚申　壬戌
壬申　癸亥
食 甲辰 傷殺刦　甲子
乙丑
丙寅

此造大象觀之、殺生印、印生身、食神清透、連珠相生、清而純粹、學問過人、品行端方、惜乎無火、清而少神、用土則金多氣洩、用木則金銳木凋、兼之運走西北金水之地、讀書六十年、不克博一衿、家貧出就外傳四十載、受業者登科發甲、自己不獲一衿、莫非命也、

官 己亥 比食　壬申
刦 癸酉 印　辛未
壬申 卩比殺　庚午
殺 戊申　己巳
戊辰
丁卯

此造官殺並透無根、金水大旺、太不及前造之純粹也、喜其運走南方火土、精足神旺、至未運、早游泮水、午運科甲連登、己巳戊辰、仕路光亨、與前造天淵之隔者、非命也、實運美也、

異路功名莫說輕。日干得氣遇財星。〔原注〕刀筆得成名者。與不成名者自異。必是財

星得個門戶。通得官星。中有一種清徹之氣。所以得出身。其若于刀筆而不能出身者。終是財星與官不相通也。

任氏曰、異路功名、有刀筆成名者、有捐納出身者、雖有分別、總不外日干有氣、財官相通也、或財星得用、暗成官局、或官伏財鄉、兩意情通、或官衰逢財、兩神和協、或印旺官衰、財星破印、或身旺無官、食傷生財、或身衰官旺、食神制官、必有一種清純之氣、方可出身、其仕路之高卑、須究格局之氣勢、運途之損益可知矣、不能出身者、日干太旺、財輕無食傷、喜官而官星不通、或無官也、如日干太弱、財星官星並旺者、有財官雖通、傷官刦占者、有財星得用、暗成刦局者、有喜印逢財、忌印逢官者、皆不能出身也、

財　印　　　才
己　壬　甲　戊
巳　申　寅　辰
才食殺　才卩殺　才食比　印才刦

辛未　庚午　己巳　戊辰　丁卯　丙寅

甲木生于孟秋、七殺當令、巳火食神貪生己土、忘剋申金、兼之戊己並透、破印生殺、以致祖業難登、書香不繼、喜其秋水通源、日坐祿旺、明雖沖剋、暗却相生、由部書出身、至丁卯丙寅運、扶身制殺、仕至觀察、

官　傷　　　食
庚　丙　乙　丁
午　戌　卯　丑
才食　財食殺　祿比　才殺卩

丁亥　戊子　己丑　庚寅　辛卯　壬辰

乙卯日元、生于季秋、丙丁並透通根、五行無水、庚金置之不論、最喜財神歸庫、木火通輝、性孝友、尤篤行誼、由部書出身、仕至州牧、其不利于書香者、庚金通根在丑也、

刦 食 　 財
己 庚 戊 癸
丑 午 申 亥
刦傷財 刦印 比才食 殺才

己 戊 丁 丙 乙 甲
巳 辰 卯 寅 丑 子

戊土生于午月、印星秉令、時逢癸亥、正日元得氣遇財星也、但金氣太旺、又年支溼土、晦火生金、日元反弱、則印綬暗傷、書香難遂、捐納出身、至丁卯丙寅運、木從火勢、生化不悖、仕至黃堂、喜其午火眞神得用、爲人忠厚和平、後運乙丑、晦火生金、不祿、

才 殺 　 印
壬 甲 戊 丙
子 辰 戌 辰
財 財比官 比印傷

乙 丙 丁 戊 己 庚
巳 午 未 申 酉 戌

戊戌日元、生于季春、時逢火土、日元得氣、雖春時虛土、而殺透通根、兼之壬水得地、貼身相生、此謂身殺兩停、非身強煞淺也、天干壬水剋丙、所以書香不利、喜其初運南方、捐納出身、仕名區、宰大邑、但財露生煞爲病、恐將來運走西方、水生火絕、緣其人好奢少儉、若不急流勇退、難免不測風波、

官 癸巳 食比才
卩 甲寅 卩比食
　 丙戌 食刦財
才 庚寅

癸丑　壬子　辛亥　庚戌　己酉　戊申

丙火生于孟春、官透爲用、清而純粹、惜乎金水遙隔、無相生之意、且木火並旺、金水無根、書香不繼、游幕捐納縣令、究竟財官不通門戶、丁丑年大運在戌、火土當權、得疾而亡、

傷 壬辰
財 甲辰 食才印
　 辛酉
官 丁酉 比

乙巳　丙午　丁未　戊申　己酉　庚戌

辛金生于季春、支逢辰酉、干透壬丁、似乎佳美、不知地支溼土逢金、丁火虛脫無根、甲木雖能生火、地支辰酉化金、亦自顧不暇、捐納部屬、不但財多破耗、而且不能得缺、雖壬水生甲、遺業數十萬、但運走土金、未免家業退、而子息艱也、

地位

臺閣勛勞百世傳。天然清氣發機權。

〔原注〕能知人之出身。至于地位之大小。亦不易推。若夫爲公爲卿。清中又有一種權勢出入矣。不專在一端而論。

任氏曰、臺閣宰輔、以及封疆之任、清氣發乎天然、秀氣出乎純粹、四柱之內、皆與喜神有情、格局之中、並無可嫌之物、所用者皆眞神、所喜者皆眞氣、此謂清氣顯機權也、度量寬宏能容物、施爲純正不貪私、有潤澤生民之德、懷任重致遠之才也、

食 庚申 比才食
　 庚辰 財比官
　 戊辰
比 戊午 刦印

此董中堂造、天然清氣在庚金也、

官 甲子 才
印 丙寅 刦印官
　 己丑 比食才
官 甲子 才

此劉中堂造、天然清氣在丙火也、

殺 壬申 食殺才
　 壬寅 食比卩
　 丙子 官
印 乙未 刦傷印

此鐵尙書造、天然清氣在乙木也、

印 己亥 才食
官 丁卯 財
　 庚申 卩食比
比 庚辰 傷卩財

此秦侍郎造、天然清氣在丁火也、

兵權獬豸弁冠客。刃煞神清氣勢特。〔原注〕掌生殺之權。其風紀氣勢。必然超特清中精神自異。又或刃殺兩顯也。

任氏曰、掌生殺大權、兵刑重任者、其精神清氣、自然超特、必以刃旺敵殺、氣勢出入也、局中殺旺無財、印綬用刃者、或無印而有羊刃者、此謂殺刃神清也、氣勢轉者、刃旺當權也、必文官而掌生殺之任、刃旺者、如春之甲用卯刃、乙用寅刃、夏之丙用午刃、丁用巳刃、秋之庚用酉刃、辛用申刃、冬之壬用子刃、癸用亥刃是也、若刃旺敵殺、局中無食神印綬、而有財官者、氣勢雖特、神氣不清、乃武將之命也、如刃不當權、雖能敵殺、不但不能掌兵權、亦不能貴顯也、其人疾惡太嚴、如刃旺殺弱亦然、必傲物而驕慢也、

食	印		殺
壬	己	庚	丙
寅	酉	午	戌
卩殺才	劫	印官	劫卩官

庚戌　辛亥　壬子　癸丑　甲寅　乙卯

庚日丙時，支逢生旺，寅納壬水，不能制殺，全賴酉金羊刃當權爲用，隔住寅木，使其不能會局，此正刃殺神清，氣勢特也，早登科甲，屢掌兵刑生殺之任，仕至刑部尚書。

才	殺		殺
庚	壬	丙	壬
戌	午	子	辰
食劫財	傷劫	官	官食印

癸未　甲申　乙酉　丙戌　丁亥　戊子

丙子日元，月時兩透壬水，日主三面受敵，柱中無木洩水生火，反有庚金生水洩土，全賴午火旺刃當權爲用，更喜戊之燥土，制水會火，鄉榜出身，丙戌丁亥運，仕至按察。

傷 乙卯 傷　丁亥
殺 戊子 刦　丙戌
　 壬辰 刦殺傷　乙酉
殺 戊申 殺比卩　甲申
　　　　　　　　癸未
　　　　　　　　壬午

壬辰日元、天干兩煞通根辰支、年干乙木凋枯、能洩水而不能制土、正剋洩交加、最喜子水當權會局、殺刃神清、至酉運生水剋木、又能化殺、科甲連登、甲申癸運、仕路光亨、至按察、未運羊刃受制、不祿、

食 丙辰 印才刦　壬辰
官 辛卯 刦　癸巳
　 甲申 才卩殺　甲午
殺 庚午 財傷　乙未
　　　　　　　　丙申
　　　　　　　　丁酉

甲申日元、生于仲春、官殺並透通根、日時臨于死絕、必用卯之羊刃、喜其丙火合辛、不但無混殺之嫌、抑且卯木不受其制、刃殺神清、且運走南方火地、科甲出身、仕臬憲、

分藩司牧財官和。清純格局神氣多。〔原注〕方面之官。財官爲重。必清奇純粹。格正局

全。又有一段精神。

任氏曰、方面之任以及州縣之官、雖以財官爲重、必須格局清純、更須日元生旺、神貫氣足、然後財官情協、則精氣神三者足矣、又加官旺有印、官衰有財、財旺無官、印旺有財、左右相通、上下不悖、根通年月、氣貫日時、身殺兩停、殺重逢印、殺輕遇財者、皆是也、必有利民濟物之心、反此者、非所宜也、

才	食		刦
丁	乙	癸	壬
丑	巳	酉	子
比卩殺	印財官	卩	比

甲辰　癸卯　壬寅　辛丑　庚子　己亥

癸水生于巳月、火土雖旺、妙在支全金局、財官印三者皆得生助、更喜子時刦比幫身、精神旺足、尤喜中年運走北方、異路出身、仕至郡守、名利兩全、生七子皆出仕、

劫 丙寅 印劫傷
傷 戊戌 才比傷
　 丁酉 才
印 乙巳 財劫傷

己亥 庚子 辛丑 壬寅 癸卯 甲辰

丁火生于戌月、局中木火重重、傷官用財、格局本佳、部書出身、仕至縣令、惜柱中無水、戊乃燥土、不能生金、晦火、木生火旺、巳酉無拱合之情、所以妻妾生十子皆剋、

官 丙子 食
劫 庚寅 財官印
　 辛巳 劫官印
印 戊子 食

辛卯 壬辰 癸巳 甲午 乙未 丙申

辛金生于寅月、財旺逢食、官透遇財、又逢劫印相扶、中和純粹、精神兩足、初看似乎身弱、細究之、木嫩火虛、印透通根、日元足以用官、中年南方火運、異路出身、仕至黃堂、

印　丁　亥　才殺
卩　丙　午　劫印
　　戊　寅
殺　甲　寅　比卩殺

乙巳　甲辰　癸卯　壬寅　辛丑　庚子

戊土生于午月、局中偏官雖旺、印星太重、木從火勢、火必焚木、一點亥水、不能生木剋火、交癸運、剋丁生甲、北籍連登科甲、出宰名區、辛運合丙、仕路順遂、交丑運，剋水告病致仕、

財　己　巳　才食殺
才　戊　辰　印才劫
　　甲　子　印
官　辛　未　傷財劫

丁卯　丙寅　乙丑　甲子　癸亥　壬戌

甲子日元、生于季春、木有餘氣、坐下印綬、官星清透、且子辰拱印有情、更妙運走東北水木之地、功名登甲榜、只嫌子未破印、仕路未免有阻、老于教職、

便是諸司幷首領。也從清濁分形影。〔原注〕至貴者莫如天也得一以清。而位乎上。故

膺一命之榮。莫不得清氣。所以雜職、或佐貳首領等官。豈無一段清氣。而與濁氣者自別。然清濁之形影難辨。不專是財官印綬內有清濁。凡格局、氣象、用神、合神、日主、化氣、從氣、神氣、精氣、以序收藏發生意向。節度性情。理勢源流。主從之間皆有之。先于皮面。尋其形影。得其形而遂可以尋其精髓。乃論大小尊卑。

任氏曰、命者、天地陰陽五行之所鍾也、清者貴也、濁者賤也、所以雜職佐貳等官、亦膺一命之榮、雖非格正局淸眞神得用、而氣象格局之中、沖合理氣之內、必有一點清氣、雖清氣濁氣之形影難辨、總不外乎天淸地濁之理、天干象天、地支象地、地支上升于天干者、輕清之氣也、天干下降于地支者、重濁之氣也、天干之氣本清、不忌濁也、地支之氣本濁、必要清也、此命理之貴乎變通也、天干濁、地支清者貴、地支濁、天干淸者、賤也、地支之氣上升者影也、天干之氣下降者形也、於升降形影、沖合制化中、分其

清濁、究其輕重、論其尊卑可也、

才	才		卩
壬	壬	戊	丙
辰	寅	戌	辰
財比官	比卩殺	比印傷	財比官

癸卯　甲辰　乙巳　丙午　丁未　戊申

戊土生于寅月、木旺土虛、天干兩壬剋丙生寅、此天干之氣濁、財星壞印、所以書香不繼、喜寅能納水生火、日主坐戌之燥土、使壬水不致沖奔、其清處在寅也、異路出身、丙運升縣令、

卩	印		傷
壬	癸	甲	丁
午	丑	寅	卯
財傷	財官印	才食比	刦

甲寅　乙卯　丙辰　丁巳　戊午　己未

甲木生于丑月、水土寒凝、本喜火以敵寒、更妙日時寅卯氣旺，丁火吐秀、其清在火也、所嫌壬癸透干、丁火必傷、難遂書香之志、然地支無水、干雖濁、支從午火留清、異路出身、至戊午運、合癸制壬、有病得藥、升知縣、

殺 壬辰 官食印
印 乙巳 食比才
　 丙子 官
傷 己丑 傷財官

丙午　丁未　戊申　己酉　庚戌　辛亥

丙火生于巳月、天地煞印留清、所嫌者丑時合去子水、則壬水失勢、化助傷官、則日元洩氣、一點乙木、不能疏土、異路出身、雖獲盜有功、而上意不合、竟不能升、

食 乙酉 卩
財 丙戌 官才卩
　 癸酉 卩
才 丁巳 官財印

乙酉　甲申　癸未　壬午　辛巳　庚辰

癸酉日元、生于戌月、地支官印相生、清可知矣、所嫌者、天干丙財得地、兼之乙木助火剋金、所以書香難遂、喜秋金有氣、異路出身、至巳運逢財壞印、丁艱回籍、

殺	比		比
甲	戊	戊	戊
申	辰	子	午
食才比	官比財	財	刦印

己巳　庚午　辛未　壬申　癸酉　甲戌

戊子日元、生于辰月午時、天干三戊、旺可知矣、甲木退氣臨絕、不但無用、反爲混論、其精氣在地支之申、洩其精英、惜春金不旺、幸子水沖午、潤土養金、雖捐納佐貳、仕途順遂、

刦	食		印
癸	甲	壬	庚
巳	子	子	戌
財殺印	刦	刦	印財殺

癸亥　壬戌　辛酉　庚申　己未　戊午

壬子日元、生于仲冬、天干又透庚癸、其勢泛濫、甲木無根、不能納水、巳火被衆水所剋、亦難作用、故屢次加捐、耗財不能得缺、雖時支戌、砥定汪洋、又有庚金之洩、兼之中運辛酉庚申、洩土生水、刦刃肆逞、以致有志難伸、

歲運

休囚係乎運。尤係乎歲。戰沖視其孰降。和好視其孰切。〔原注〕日主譬如吾身。局中之神譬之舟馬引從之人。大運譬所蒞之地。故重地支。未嘗無天干。太歲譬所遇之人。故重天干。未嘗無地支。必先明一日主。配合七字。權其輕重。看喜行何運。忌行何運。如甲日以氣機看春。以人心看仁。以物理看木。大率看氣機而餘在其中。遇庚辛申酉字面。如春而行之於秋。斲伐其生生之機。又看喜與不喜而行運生甲伐甲之地。可斷其休咎也。太歲一至。休咎卽顯。於是詳論戰沖和好之勢。而得勝負適從之機。則休咎了然在目。

任氏曰、富貴雖定乎格局、窮通實係乎運途、所謂命好不如運好也、日主如我之身、局中喜神用神是我所用之人、運途乃我所臨之地、故以地支爲重、要天干不背、相生相扶爲美、故一運看十年、切勿上下截看、不可使蓋頭截脚、如上下截看、不論蓋頭截脚、則吉凶不驗矣、

如喜行木運、必要甲寅乙卯、次則甲辰乙亥壬寅癸卯、喜行火運、必要

丙午丁未、次則丙寅丁卯丙戌丁巳、喜行土運、必要戊午己未戊戌己巳、次則戊辰己丑、喜行金運、必要庚申辛酉、次則戊申己酉庚辰辛己、喜行水運、必要壬子癸亥、次則壬申癸酉辛亥庚子、甯使天干生地支、弗使地支生天干、天干生地支而蔭厚、地支生天干而氣洩、

何謂蓋頭、如喜木運而遇庚寅辛卯、喜火運而遇壬午癸巳、喜土運而遇甲戌甲辰乙丑乙未、喜金運而遇丙申丁酉、喜水運而遇戊子己亥、何謂截脚、如喜木運而遇甲申乙酉乙丑乙巳、喜火運而遇丙子丁丑丙申丁酉丁亥、喜土運而遇戊寅己卯戊子己酉戊申、喜金運而遇庚午辛亥庚寅辛卯庚子、喜水運而遇壬寅癸卯壬午癸未壬戌癸巳是也、

蓋干頭喜支、運以重支、則吉凶減半、截脚喜干、支不載干、則十年皆否、

假如喜行木運、而遇庚寅辛卯、庚辛本爲凶運、而金絕寅卯、謂之無根、雖有十分之凶、而減其半、如原局天干有丙丁透露、得囘制之能、又減其半、或再遇太歲逢丙丁、制其庚辛、則無凶矣、寅卯本爲吉運、因蓋頭有庚辛之剋、雖有十分之吉、亦減其半、如原局地支有申酉之沖、不但無吉而反凶矣、

又如喜木運、遇甲申乙酉、木絕于申酉、謂之不載、故甲乙之運不吉、如原局天干又透庚辛、或太歲干頭遇庚辛、必凶無疑、所以十年皆凶、如原局天干透壬癸、或太歲干頭逢壬癸、能洩金生木、則和平無凶矣、故運逢吉不見其吉、運逢凶不見其凶者、緣蓋頭截脚之故也、

太歲管一年否泰、如所遇之人、故以天干爲重、然地支不可不究、雖有與神之生剋、不可與日主運途之沖戰、最凶者天剋地沖、歲運沖剋日

主旺相、雖凶無礙、日主休囚、必罹凶咎、日犯歲君、日主旺相无咎、日主休囚必凶、歲君犯日、亦同此論、故太歲宜和、不可與大運一端論也、如運逢木吉、歲逢木反凶者、皆戰沖不和之故也、依此而推、則吉凶無不驗矣、

比	庚	辰	財卩傷	戊子
官	丁	亥	食才	己丑
	庚	辰	財卩傷	庚寅
官	丁	丑	傷劫印	辛卯
				壬辰
				癸巳

庚辰日元、生于亥月、天干丁火並透、辰亥皆藏甲乙、足以用火、初運戊子己丑、晦火生金、未遂所願、庚運丙午年、庚坐寅支截腳、天干兩丁足可敵一庚、又逢丙午年、剋盡庚金、是年進而中、丁未又連捷榜下知縣、寅運官資頗豐、辛卯截腳、局中丁火回剋、仕至郡守、壬辰水生庫根、至壬申年、兩丁皆傷、不祿、

財	印		官
乙	戊	庚	丁
未	子	辰	丑
財印官	傷	財印傷	印劫傷

丁亥　丙戌　乙酉　甲申　癸未　壬午

庚辰日元、生于子月、未土穿破子水、天干木火、皆得辰未之餘氣、足以用木生火、丙運入泮、癸酉年行乙運、癸合戊化火、酉是丁火長生、均以此年必中、殊不知乙酉截脚之木、非木也、實金也、癸酉年水逢金生、又在冬令、焉能合戊化火、必剋丁火無疑、酉中純金、乃火之死地、陰火長生之說、俗傳之謬也、恐今八月又建辛酉、局中木火皆傷、防生不測之災、竟卒于省中、

食	印		劫
戊	乙	丙	丁
子	卯	寅	酉
官	印	印比食	財

丙辰　丁巳　戊午　己未　庚申　辛酉

丙寅日元、生于卯月、木火並旺、土金皆傷、水亦休囚、幼運丙辰丁巳、遺業消磨、戊午己未、燥土不能生金洩火、經營虧空萬金、逃出外方、交庚申辛酉二十年、竟獲居奇之利、發財十餘萬、

卩		官	比
甲	丙	癸	丙
午	午	巳	申
	刦傷	才比食	才殺食

己	戊	丁	丙	乙	甲
亥	戌	酉	申	未	午

丙午日元、生于巳月午時、羣比爭財、逼乾癸水、初運甲午、刃刦猖狂、父母早亡、乙未助刃、家業敗盡、交丙申丁酉、火蓋頭、且局中巳午回剋金、貧乏　堪、交戊戌稍能立脚、

何爲戰。〔**原注**〕如丙運庚年。謂之運伐歲。日主喜庚。要丙降。得戊得丙者吉。日主喜丙。則歲不降運。得戊巳以和爲妙。如庚坐寅午。丙之力量大。則歲運亦不得不降。降之亦保無禍。庚運丙年。謂之歲伐運。日主喜庚。得戊巳以和丙者吉。日主喜丙。則運不降歲。又不可用戊己洩丙助庚。若庚坐寅午。丙之力量大。則運自降歲、亦保無患。

任氏曰、戰者剋也、如丙運庚年、謂之運剋歲、日主喜庚、要丙坐子辰、庚坐申辰、又局中得戊己洩丙、得壬癸剋丙則吉、如丙坐午寅、局中又無水土

制化、必凶、如庚運丙年、謂之歲剋運、日主喜庚則凶、喜丙則吉、喜庚者要庚坐申辰、丙坐子辰、又局中逢水土制化者吉、反此必凶、喜丙者依此而推、

財	辛卯	印	癸巳	
卩	甲午	刦傷	壬辰	
	丙辰	官食印	辛卯	
才	庚寅	食比卩	庚寅	
			己丑	
			戊子	

丙火生于午月、旺刃當權、支全寅卯辰、土從木類、庚辛兩不通根、初交癸巳壬辰、金逢生助、家業饒裕、其樂自如、辛卯金截脚、刑喪破耗、家業十敗八九、庚運丙寅年剋妻、庚坐寅支截脚、丙寅歲剋運、又庚絕丙生、局中無制化之神、于甲午月木從火勢、凶禍連綿、得疾而亡、

殺 辛卯 比		癸巳
劫 甲午 食才		壬辰
乙卯		辛卯
比 乙酉 殺		庚寅
		己丑
		戊子

乙木生于午月、卯酉緊沖日祿、月干甲木臨絕、五行無水、夏火當權洩氣、傷官用劫、所忌者金、初運壬辰癸巳、印透生扶、平順之境、辛卯運、惟辛酉年沖去卯木、刑喪剋破、至庚運丙寅年、所忌者金、而丙火剋去之、局中無土水洩制丙火、又火逢生、金坐絕、入泮、得舒眉曲也、

何爲沖。〔原注〕如子運午年。謂之運沖歲。日主喜子。則要助子。又得年之干頭。遇制午之神。或午之黨多干頭遇戊甲字者必凶。如午運子年。謂之歲沖運。日主喜午。而子之黨多干頭助子者必凶。日主喜子。而午之黨少干頭助子者必吉。若午重子輕。則歲不降。亦無咎。

任氏曰、沖者破也、如子運午年、謂之運沖歲、日主喜子、要干頭逢庚壬、午之干頭逢甲丙、亦无咎、如子之干頭遇丙戊、午之干頭遇庚壬、亦有咎、日

主喜午、子之干頭逢甲戊、午之干頭遇甲丙、則吉、如子之干頭遇庚壬、午之干頭遇甲丙、則凶、如午運子年、謂之歲沖運、日主喜午、要午之干頭逢丙戊、子之干頭遇甲丙、則吉、如午之干頭遇丙戊、子之干頭遇庚壬、必凶、餘可類推、

何爲和。〔原注〕如乙運庚年。庚運乙年。則和。日主喜金則吉。日主喜木則不吉。子運丑年。丑運子年。日主喜土則吉。喜水則不吉。

任氏曰、和者合也、如乙運庚年、庚運乙年合而能化、喜金則吉、合而不化、反爲羈絆、不顧日主之喜我則不吉矣、喜庚亦然、所以喜庚者必要木金得地、乙木無根、則合化爲美矣、若子丑之合、不化亦是剋水、喜水者必不吉也、

何爲好。〔原注〕如庚運辛年。辛運庚年。申運酉年。酉運申年。則好。日主喜陽。則庚與申爲好。喜

陰。則辛與酉爲好。凡此皆宜例推。

任氏曰、好者、類相同也、如庚運申年、辛運酉年、是爲眞好、乃支之祿旺、自我本氣歸垣、如家室之可住、如庚運辛年、辛運庚年、乃天干之助、如朋友之幫扶、究竟不甚關切、必先要旺運通根、自然依附爲好、如運無根氣、其見勢衰而無依附之情、非爲好也、

貞元

造化起於元。亦止於貞。再肇貞元之會。胚胎嗣續之機。〔原注〕三元皆有貞元。如以八字看。以年爲元。月爲亨。日爲利。時爲貞。年月吉者。前半世吉。日時吉者。後半世吉。以大運看。以初十五年爲元。次十五年爲亨。中十五年爲利。後十五年爲貞。元亨運吉者。前半世吉。利貞運吉者。後半世吉。皆貞元之道。然有貞元之妙存焉。非特絕處逢生。北盡東來之意也。至於人之壽終矣。而既終之後。運之所行。果所喜者歟。則其家必興。果所忌者歟。則其家必替。蓋以

父爲貞子爲元也。貞下起元之妙。生生不息之機。子著此論。非欲人知考之年。而示天下萬世。實所以驗奕世之兆。而知數之不可逃也。學者勗之。

任氏曰、貞元之理、河洛圖書之旨也、河洛圖書之旨、卽先後天卦位之易也、先天之卦、乾南坤北、故西北多山、崑崙爲山之祖、東南多水、大海爲水之歸、是以水從山出、山見水止、夫九河瀉地、極汪洋澎湃之勢、溯其源、皆星宿也、夫五岳插天、極崇隆峻險之形、窮其本、皆崑崙也、惟人有祖父亦然、雖支分派衍、莫不皆出于一脈、故一陰生于坤之初、一陽生于乾之始、所以離爲日體、坎爲月體、而貞元之理、原于納甲、納甲之象、出于八卦、故父乾而母坤、震爲長男、繼乾父之體、因坤母之兆、故太陰自每月廿八至初二、盡魄純黑而爲坤象、坤者、猶貞之意也、初三光明三分、一陽初生、震之象也、震者、元之兆也、初八上絃、光明六分、兌之象也、兌者、猶亨之理也、十八日、月盈而虧缺三分、巽之象也、猶利之義也、是以貞元之道、循環之理、盛極而衰、否極而泰、亦此意也、觀此章之旨、不特人生在世、運吉者昌、運凶者敗、至於壽終之後、而行運仍在、觀其運之吉凶、而可知其子孫之興替、故其人既終之後、而其家興旺者、身後運必吉也、其家衰敗者、身後運必凶也、此論雖造化有定、而數之不可逃、爲人子者不可不知考之年、而善繼述之、若考之身後運吉、自可承先啓後、如考之身後運凶、亦可安分經營、挽回造化、若祖宗富貴、自詩書中來、子孫享富貴、卽棄詩書者、若祖宗家業、自勤儉中來、子孫享家業、卽忘勤儉者、是割扶桑之幹、而接于文梓、未有不槁者、決渭河之水、而入于涇川、鮮有不濁者、何也、其本源各自不相附耳、學者當深思之、

中華民國三十六年四月初版

滴天髓闡微 精裝全一冊 定價

校訂者 李雨田

上海西藏中路二百號三二〇室

發行者 李雨田

經售處 上海大東書局

上海百新書局

分售處 各地大東書局

香港百新書局

決疑綱要

（一）君如有一種事件，不知能達目的與否，及希望如何，儘可　垂詢。

（二）君如有兩種事件，或兩條路徑，究竟何去何從，儘可　垂詢。

（三）君如與本身職務，覺有種種不愜，以致煩悶疑慮，儘可　垂詢。

（四）君如以進退關係，或動靜順逆，種種問題，疑團莫釋，儘可　垂詢。

（五）君如以要事託人，賢愚莫辨，或婚姻問題，是否美滿，儘可　垂詢。

（六）君如以親老子幼，及本身職業方針，與壽殀窮通結果，儘可　垂詢。

以上數則，如蒙　垂詢，雨田雖見聞膚淺，當按照潤例，就學言理，竭忱答覆，以副　雅意。